SUPER STEP

スーパーステップ ・・

中学英語 リーディング

1〜3年

基礎から受験まで

KUM◯N

はじめに

●英語の力をつけていくうえで、読解の学習はとても大切です。それによって、単に英語を読めるようになるだけではありません。読むことで、いろいろな表現が身につきますから、自分で英語を使うときにも役立ちます。また、高校入試などでも、かならず長文問題が出題されるので、読解力は欠かすことができません。

●この本は、中学で必要とされる英文読解の力が、基礎から完成まで、きめ細かいステップで学習できるようにつくられています。読解のための重要な事項やスキルを、1つずつ集中的に学習することにより、確実に読解力がステップアップしていきます。

●英文法は読解の基礎ではありますが、文法力がそのまま読解力になるわけではありません。本書の前半では、文法力から読解力への橋渡しをしっかりとやります。これによって、英文法の知識が生かされ、読解力の基礎がしっかりとかたまるでしょう。

●本書の後半では、前半で培った基礎的な読解力を土台にして、長文読解の力を鍛えていきます。ここでは、さまざまな種類・テーマの英文を読み、さまざまな形式の問題を解きながら、〈内容理解の力〉と〈問題に対応する力〉を同時に強化していきます。

●この本は英文読解のためのガイドブックですが、問題集にも負けないくらい、練習量もたっぷりとあります。読解力は理論だけおぼえても不十分で、実際に数多くの英文を読んで"体得"していかなくてはならないからです。これ1冊で、高校受験レベルまでの力がつきます。最後までがんばりましょう。

> 本書では、すべての練習問題および入試問題に音声をつけています。ディクテーション（書き取り）をしたり、聞き流しをしたりと、さまざまな学習に活用しましょう。

この本の特長と使い方

1 きめ細かい ステップアップ学習！

本書では、中学での英語学習や高校受験で必要とされる英文読解の技術が、きめ細かいステップ学習で、確実に、しっかりと身につくようにできています。これ1冊で、長文読解までOKです。

2 文法と読解を むりなく"橋渡し"！

文法力は読解力の基礎ですが、文法力がそのままで読解力になるわけではありません。本書では、文法事項を、読解力をつけるという観点から再構成し、集中的に学習できるようになっています。

3 すっきりとわかる 学習ポイント！

本書では、読解で必要となる情報が、すっきりと、わかりやすく、まとめられています。基礎力に不安のある人は、まずここで、基本となる知識が身についているかどうか、確認をしましょう。

4 短い文章から だんだんと長い文章へ！

この本は読解のためのものなので、単独の文を読むことはあまりありません。それでも、短い文章からだんだんと長いものへとステップアップするようになっているので、基礎から学習する人でも安心です。

---

5 副詞の働きをする節（1）

□ **STEP 29**　　　　　　　　　　　2年

Before I went to Italy, I read a lot about the country. But **when I got there**, everything was still surprising.

最初の文の Before I went to Italy（イタリアへ行く前に）は、時を表す副詞の働きをしています。次の文の when I got there（そこに着いたときには）も、時を表す副詞の働きをしています。

日本語訳 イタリアへ行く前に、私はその国についてたくさん読みました。でも、そこに着いたときには（＝着いてみると）、それでも、すべてがおどろくことばかりでした。

学習の POINT　接続詞の中には、後ろに文の形（主語＋動詞…）がきて、それ全体で副詞的な意味を表す節（＝副詞節）をつくるものがあります。こうした接続詞の中には、"時"を表すものがたくさんあります。

■接続詞がつくる副詞節① : 時を表すもの

when ＋主語＋動詞…	～するとき、～したとき
before ＋主語＋動詞…	～する前に
after ＋主語＋動詞…	～したあとで
while ＋主語＋動詞…	～する間に
until[till] ＋主語＋動詞…	～するときまで（ずっと）
since ＋主語＋動詞…	～して以来、～してから（いままで）

▶ before, after, until, since には前置詞としての用法もある。前置詞の場合は、後ろに文の形ではなく、名詞や動名詞などがくる。
　例 Finish your homework **before** *going out*.
　外出する**前に**宿題を終わらせなさい。〈この before は前置詞〉
▶ 接続詞の中には、and, but のように、副詞節をつくらない接続詞もある。

注意! 接続詞で始まる副詞節は、文の前にくることも後ろにくることもある。後ろにくるときは、ふつうコンマ（ , ）がないので注意しよう。
　例 He was very shy **when he was a young boy**.
　彼は**小さいころは**とても内気だった。

---

5 豊富な練習量で 本物の実力がつく！

読解力をつけるには、理屈ばかりでなく、たくさんの英文を実際に読まなくてはなりません。本書には、英文がたっぷりと収録されています。これをどんどんこなして、本物の実力をつけましょう。

音声の聞き方（聞き方は2種類）

❶音声アプリ「きくもん」をダウンロード

1 くもん出版のガイドページにアクセス
2 指示にそって、アプリをダウンロード
3 アプリのトップページで、『スーパーステップ 中学英語リーディング』を選ぶ

❷くもん出版のサイトから、ダウンロード

音声ファイルをダウンロードすることもできます。

※「きくもん」アプリは無料ですが、ネット接続の際の通信料金は別途発生いたします。

Let's Read!　　CHECK! ☐

After she finished her lunch, Mariko went to town with her friends. She enjoyed shopping there until it got dark.

- After she finished her lunch,：時を表す副詞節。なお、このように副詞節が文の前にくるときは、ふつう節の終わりにコンマがある。「彼女が昼食を終えたあとで」
- went to town：go to town で「町（の中心部）へ行く」の意味を表す。
- until it got dark：時を表す副詞節。「暗くなるまで」

日本語訳 昼食を終えたあと、マリコは友だちと町へ出ました。彼女は暗くなるまで、そこでショッピングを楽しみました。

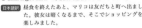

I took these pictures when I visited Kyoto. I liked Kyoto very much. I want to visit there again before I leave Japan.

- took these pictures：「写真を撮る」というときの「撮る」は、ふつう take を使う。
- when I visited Kyoto：時を表す副詞節。「京都を訪れたときに」
- visit there：there はふつう副詞だが、このように名詞として使うこともある。
- before I leave Japan：時を表す副詞節。なお、ここは before leaving Japan と書きかえることもできる。「日本を発つ〔はなれる〕前に」

日本語訳 私はこれらの写真を京都を訪れたときに撮りました。私は京都がとても気に入りました。日本をはなれる前にもう一度そこを訪れたいと思っています。

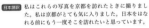

I want to see Mr. Sato while I'm staying here. He was my teacher. I haven't seen him since I was in elementary school.

- while I'm staying here：時を表す副詞節。「私がここに滞在している間に」
- haven't seen him since ～：現在完了で、否定の継続を表している。「～以来ずっと彼に会っていない」
- since I was in elementary school：時を表す副詞節。「私が小学校にいたとき以来」

日本語訳 私はここに滞在している間にサトー先生に会いたいです。彼は私の先生でした。私は小学校にいたとき以来、ずっと彼には会っていないのです。

87

学習学年

2 年

学習の目安にしてください。教科書によって異なることがあります。なお、PART 2 は高校入試レベルです。

CHECK!

CHECK! ☐

各 STEP の学習がすんだら、チェック欄にしるし（✓）をつけましょう。

マーク

各 STEP の例文をわかりやすく説明してあります。

学習のポイント

学習の POINT

各ステップでしっかりと身につけてもらいたい学習のポイントが、簡潔にまとめられています。

表現の解説

- 英文中に出てくる注意すべき語句や文法事項などを解説しています。

---

6 高校入試の読解問題対策も万全！

高校入試では、長文読解問題が必ず出題されます。この本では、そのような長文を読むときのポイントや、さまざまな問題の解き方についても、わかりやすく解説してあります。

本書 PART 2 の解説ページには ⑫ のようなマークが使われています。これは、英語の文章（＝本文）の何行目かを表しています。たとえば、⑫ とあれば本文の12行目を、⑭～⑮ とあれば本文の14行目から15行目を表します。本文の左にも、5行ごとに同じマークがついています。

3

SUPER STEP
スーパーステップ

CONTENTS

PART 1
基礎をかためる

PART 2
実戦力をつける

基礎をかためる

文法力を読解力へ高めるための
基礎トレーニングをします！

STEP 01 〜 STEP 40

1 基本的な文を読む

英語の基本要素や基本文を
1つ1つ確認しながら、
読解力の土台をしっかり築こう！

☐ STEP 01 `1年`

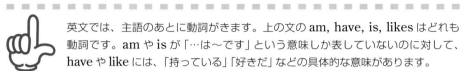

Hello. I **am** Tanaka Ken. I **have** a sister. Her name **is** Mari.
She **is** five. She **likes** animals.

英文では、主語のあとに動詞がきます。上の文の am, have, is, likes はどれも動詞です。am や is が「…は～です」という意味しか表していないのに対して、have や like には、「持っている」「好きだ」などの具体的な意味があります。

日本語訳 こんにちは。私はタナカケン**です**。私は妹〔姉〕を1人**持っています**（＝妹〔姉〕が1人います）。名前はマリ**です**。彼女は5歳**です**。彼女は動物が**好きです**。

学習の POINT！ 英語の文には、大きく分けて be 動詞（am, is, are など）の文と、一般動詞（be 動詞以外の動詞）の文があります。be 動詞はふつう「…は～です」という意味を表し、一般動詞は具体的な動作や状態を表します。

■ be 動詞の文（基本）

主語（S）＋ be動詞（V）＋補語（C）	SはCです

▶ 補語は主語を説明することばで、名詞や形容詞が補語になる。

例 I **am** sleepy.　私はねむい**です**。〈形容詞が補語の文〉

▶ be 動詞は、主語によって形が変化する。主語がI（私）のときは am、主語が3人称（私・あなた以外）で単数（1人・1つ）のときは is、それ以外は are になる。

■ 一般動詞の文（基本）

主語（S）＋ 動詞（V）＋ 目的語（O）	SはOをVする
主語（S）＋ 動詞（V）	SはVする

▶ ここでは、〈S＋V＋O〉の文を中心に学習するが、目的語のない文もある。

例 Birds **fly**.　鳥は**飛びます**。〈目的語のない文〉

注目! 一般動詞も、主語によって形が変化することがある。主語が3人称で単数の場合、ふつう語尾に s や es がつく。（ただし、これは現在の文の場合）

例 I **like** animals.　私は動物が好きです。
〈主語が1人称単数〉

例 She **likes** animals.　彼女は動物が好きです。
〈主語が3人称単数〉

Let's Read!

Makoto is my classmate. He is tall. He plays baseball. He has a brother. He plays soccer. They like sports.

- ● Makoto is：主語が Makoto（3人称単数）なので、be動詞は is が使われている。
- ● my classmate：classmate（同級生）の前についている my は「私の」の意味。
- ● He plays：主語が He（3人称単数）なので、動詞の play に s がついている。
- ● He has：主語が3人称単数のとき、動詞の have は has という特別な形になる。

> 日本語訳 マコトは私の同級生です。彼は背が高いです。彼は野球をします。彼には兄〔弟〕がいます。彼はサッカーをします。彼らはスポーツが好きです。

Mei and I are friends. She is from Hamamatsu. She loves music. She plays the piano and the violin.

- ● Mei and I：「メイと私」の意味。and（〜と…）は2つの語句をつなぐ働きをする。
- ● Mei and I are：主語が複数（2人）なので、be動詞は are が使われている。
- ● from Hamamatsu：from 〜で「〜出身で」の意味。
- ● plays the piano and the violin：「楽器を演奏する」というときは、ふつう楽器名の前に the がつく。「ピアノとバイオリンをひく」

> 日本語訳 メイと私は友だちです。彼女は浜松の出身です。彼女は音楽が大好きです。彼女はピアノとバイオリンをひきます。

My father is forty years old. He is a teacher. He teaches science. My mother is thirty-eight. She is a nurse. I respect my parents.

- ● forty years old：〈数 + year(s) old〉で「〜歳」の意味。4つめの文のように、year(s) old をつけないことも多い。
- ● He teaches：主語が He（3人称単数）なので、動詞の teach に es がついている。語尾が ch や sh の動詞の場合、s ではなく es がつく。
- ● teaches science：science には「科学」の意味のほかに、学科の「理科」の意味もある。

> 日本語訳 私の父は40歳です。彼は教師です。彼は理科を教えています。私の母は38歳です。彼女は看護師です。私は両親を尊敬しています。

☐ STEP 02 ・・・・・・・・・・・・・・・・・・・・・・・・・・ `1年`

That young man is **a famous American** singer. He has **a sweet** voice. **Many** women love **his** music.

 上の文を見ると、文の主語や補語や目的語になる名詞に、さまざまな修飾語がついています。That は「あの〜」、young は「若い」、famous は「有名な」、sweet は「あまい、美しい」、Many は「多くの」、his は「彼の」の意味です。

`日本語訳` **あの若い**男の人は**有名なアメリカ人の**歌手です。彼は**美しい**声を持っています（＝美しい声の持ち主です）。**多くの**女性が**彼の**音楽を愛しています。

学習の **POINT** 文の主語や補語、目的語となる名詞には、しばしば修飾語がつきます。ここではまず、名詞の前につく最も基本的な修飾語を読めるようにしておきましょう。1つの名詞に2つ以上の修飾語がつくこともあります。

■名詞の前につく語（1つの名詞に複数つくこともある）

冠詞	a[an] ＋ 名詞 、the ＋ 名詞	（1つの・1人の）□、その□
形容詞	形容詞＋ 名詞	〜な□
指示形容詞	this ＋ 名詞 、that ＋ 名詞	この□、あの□
人称代名詞	my ＋ 名詞 、your ＋ 名詞	私の□、あなた（たち）の□

▶ 形容詞は、ものの形状や程度や数量などを表すことば。なお、形容詞は be 動詞の補語として使うこともある（前のステップを参照）。

▶ 指示形容詞は、複数のものを指すときは these（これらの）、those（あれらの）になる。
　例 **these** books　これらの本　 / 　**those** boys　あれらの少年たち

▶ 人称代名詞の所有格には、ほかに his（彼の）、her（彼女の）、its（それの）、our（私たちの）、their（彼らの、それらの）がある。なお、名詞の所有格は〜's で表す。
　例 **Tom's** bike　トムの自転車　 / 　**my mother's** birthday　私の母の誕生日

 冠詞の a がつくのは、あとにくる可算名詞（＝1つ2つと数えることのできる名詞）が単数で不特定の場合。特定された名詞（＝その〜）には冠詞の the がつく。
　例 She has **a dog**. **The dog** is cute.
　　彼女は**犬**を飼っている。**その犬**はかわいい。
　　〈2つ目の dog は、どの犬か特定されている〉

14

Hello. My name is Suzuki Taro. I am a Japanese student. My hometown is Sendai. It is a very beautiful city.

- Japanese：「日本人の、日本の」の意味の形容詞。名詞 Japan（日本）の形容詞形。国名とその形容詞形は、セットにして覚えておくとよい。
- very beautiful：beautiful（美しい）は形容詞。very（とても）は、形容詞を強める働きをしている。

日本語訳 こんにちは。私の名前はスズキタローです。私は日本人の生徒です。私の故郷は仙台です。そこはとても美しい都市です。

Mary is an Australian girl. She is my sister's friend. She has brown hair and blue eyes. Her smile is very cute.

- an Australian girl：すぐあとの語が母音で始まっているので an が使われている。Australian は Australia（オーストラリア）の形容詞形。
- my sister's friend：「私の妹〔姉〕の友だち」の意味。名詞（ここでは sister）の所有格は、語尾に「's」をつけてつくる。
- brown hair and blue eyes：brown と blue は色を表す形容詞。

日本語訳 メアリーはオーストラリア人の少女です。彼女は私の妹〔姉〕の友だちです。彼女は茶色の髪と青い目をしています。彼女のほほえみはとてもかわいらしいです。

This dress is nice. I like its color. And its design is beautiful. But I have a problem. The dress is very expensive.

- its color：its は"もの"を表す代名詞 it の所有格。「それの色」の意味。
- And ～と But ～：and（そして）と but（しかし）は、前の文とつなぐ働きをしている。
- I have a problem.：「私は問題を持っている」＝「困ったことがある」の意味。
- The dress：ここでは、どのドレスかが特定されている。「そのドレス」の意味。

日本語訳 このドレスはすてきです。私はそれの（＝その）色が好きです。そして、それの（＝その）デザインも美しいです。でも、困ったことがあります。そのドレスはとても高いのです。

☐ STEP 03 ▪▪▪▪▪▪▪▪▪▪▪▪▪▪▪▪▪▪▪▪▪▪▪▪▪▪▪▪▪ 1年

My sister is seventeen years old **now**. She cooks **well**. She makes lunch **every Sunday**.

上の文の now（いま、いまや）、well（じょうずに）は、どちらも動詞を修飾しています。また、every Sunday（毎日曜日）も同様です。これらのことばが文の最後にきていることに注意しましょう。

日本語訳 私の姉〔妹〕は**いま**17歳です。彼女は**じょうずに**料理をします（＝料理がじょうずです）。彼女は**毎日曜日**お昼ごはんをつくります。

学習の POINT 名詞にいろいろな修飾語がつくことは前のステップで見ましたが、動詞にも修飾語がつきます。動詞の表す動作や状態に、時（いつ）、場所（どこで）、様態（どのように）、程度（どのくらい）などの意味を付け加えます。

■副詞が加わった文の形（基本）

S＋V＋副詞	Sは（いつ・どこで・どのように）Vする
S＋V＋目的語（O）＋副詞	Sは（いつ・どこで・どのように）OをVする
S＋V＋補語（C）＋副詞	Sは（いつ・どこで・どのように）Cである

▶ 時、場所、様態を表す副詞はふつう文の主要素（S・V・O・C）のあとに置かれる。
　例 He lives **here**.　彼は**ここに**住んでいる。〈S＋Vの文〉
　　　He plays tennis **well**.　彼は**じょうずに**テニスをする。〈S＋V＋Oの文〉
　　　I am free **now**.　私は**いま**ひまです。〈S＋V＋Cの文〉
▶ 副詞の中には、形容詞を強めるものもある。その場合は形容詞の前に置く。
　例 I am **very** happy.　私は**とても**うれしい。〈happy は形容詞〉
　なお、動詞を「とても〜」と修飾するときは、very ではなく very much を使う。
　例 I like sports **very much**.　私は**とても**スポーツが好きです。

注目! always（いつも）、usually（ふつう）、often（しばしば）、sometimes（ときどき）などの頻度を表す副詞の場合は、一般動詞の前、be 動詞のあとに置かれる。
　例 I **sometimes** *visit* the library.　私は**ときどき**その図書館を訪れます。
　　　My father *is* **always** busy.
　　　私の父は**いつも**いそがしいです。

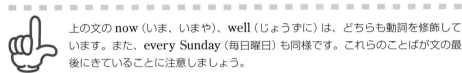

sometimes

My brother likes music very much. He plays the guitar well. He practices it hard every day. He usually plays rock music.

- **practices it hard**：hard は「熱心に、一生懸命」の意味の副詞。「それを熱心に練習する」
- **every day**：「毎日」の意味の副詞句（＝副詞の働きをする句）。
- **usually plays 〜**：usually は「ふつう、たいてい」の意味の副詞。頻度を表す副詞の1つ。「ふつう〜を演奏する」

日本語訳 私の兄〔弟〕は音楽が大好きです。彼はギターをじょうずにひきます。彼はそれを毎日熱心に練習します。彼はたいていロック・ミュージックを演奏します。

Tom and I are good friends. He likes sports and he runs very fast. We often play soccer together.

- **runs very fast**：fast は「速く」の意味の副詞。その副詞を副詞の **very** が修飾している。「とても速く走る（＝走るのがとても速い）」
- **often play 〜**：often は「しばしば、よく」の意味の副詞。頻度を表す副詞の1つ。「よく〜をする」
- **play 〜 together**：together は「いっしょに」の意味の副詞。「いっしょに〜をする」

日本語訳 トムと私は親友です。彼はスポーツが好きで、とても速く走ります（＝走るのがとても速いです）。私たちはよくいっしょにサッカーをします。

"I like that movie very much. It is really exciting." "I like it, too. But it is too long."

- **really exciting**：really は「本当に、とても」の意味の副詞。形容詞や副詞を修飾する。
- **I like it, too.**：文末の too は「〜もまた、〜も」の意味の副詞。
- **too long**：too は形容詞や副詞の前について「〜すぎる」の意味を表すこともある。「長すぎる」の意味。

日本語訳 「ぼくはその映画が大好きです。本当におもしろいよ」「私も（それが）好きです。でも、長すぎるわ」

☐ STEP 04 .... `1年`

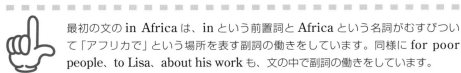

Lisa's uncle lives **in Africa**. He works **for poor people** there.
He sometimes sends e-mail **to Lisa** and tells her **about his work**.

最初の文の in Africa は、in という前置詞と Africa という名詞がむすびついて「アフリカで」という場所を表す副詞の働きをしています。同様に for poor people、to Lisa、about his work も、文の中で副詞の働きをしています。

日本語訳 リサのおじさんは**アフリカに**住んでいます。彼はそこで**貧しい人々のために**働いています。彼はときどき**リサに** E メールを送り、**彼の仕事について**伝えます。

> **学習の POINT** 英文中には〈前置詞＋名詞〉の形がとてもよく出てきます。この形で、前のステップで習った副詞と同じような働きをします。〈前置詞＋名詞〉を1つの "かたまり" として意味をつかむことが大切です。

■副詞の働きをする〈前置詞＋名詞〉の例

時を表す副詞句をつくる前置詞	**at** eight　8時に　/　**on** Monday　月曜日に **in** summer　夏に　/　**before** breakfast　朝食の前に **after** school　授業のあとで（＝放課後）
場所を表す副詞句をつくる前置詞	**at** the station　駅で　/　**in** the room　部屋（の中）で **on** the desk　机の上に **near** the library　図書館の近くに
起点や方向を表す副詞句をつくる前置詞	**from** my house　私の家から　/　**to** the airport　空港へ **into** the room　部屋の中へ **toward** the beach　海辺の方へ
その他の副詞句をつくる前置詞	**with** him　彼と（いっしょに） **for** money　お金のために　/　**by** train　電車で **about** Japan　日本について

▶ 前置詞は、ほかにもたくさんあり、また1つ1つの前置詞には、しばしば多くの意味や用法がある。読解力を高める上で、前置詞のマスターはきわめて重要。

 注目! 〈前置詞＋名詞〉は、副詞の働きをするほかに、形容詞の働きをして、名詞を後ろから修飾することもある。次の文では、for you が前の a present を修飾している。

例 This is a present **for you**.
これは**あなたへの**プレゼントです。

18

Let's Read!

I usually get up at six. I leave home at seven and go to school by bus with my little brother. We arrive at school before eight.

- get up：「起きる」の意味の熟語。up は副詞。
- go to school：to ～は「～へ」の意味。「学校へ通う」
- by bus：この by は交通手段を表す。「バスで」
- arrive at ～：この at ～は「～に」の意味。「～に着く」

日本語訳 私はふつう 6 時に起きます。私は弟と 7 時に家を出てバスで学校へ通います。私たちは 8 時前に学校に着きます。

Kate sometimes talks to her mother on the phone for a long time. She talks about her school life in Tokyo.

- on the phone：この on は手段を表す。「電話で」
- for a long time：この for は期間を表す。「長い間」
- school life in Tokyo：in Tokyo は school life を修飾している。「東京での学校生活」

日本語訳 ケイトはときどき母親と電話で長い時間話をします。彼女は東京での学校生活について話します。

They often go to Okinawa during the spring vacation. They stay at a hotel near the sea and enjoy swimming on the beach.

- during the spring vacation：during は「～の間に、～の間ずっと」の意味の前置詞。「春休みの間に」
- stay at ～：「～に滞在する、泊まる」の意味。
- a hotel near the sea：near は「～の近くに〔の〕」の意味の前置詞。ここでは near the sea が a hotel を修飾している。「海の近くのホテル」
- on the beach：「浜辺で」

日本語訳 彼らは春休みによく沖縄へ行きます。彼らは海の近くのホテルに泊まって、浜辺で海水浴を楽しみます。

☐ STEP 05 `1年`

"**Does** your grandmother **live** with you?" "Yes, she does. She is nice to me." "**How old is** she?" "She is seventy now."

最初の文では主語の前に Does がきて、主語（3人称単数）のあとが原形になっています。これは一般動詞の疑問文の形を表しています。4つ目の文の〈How old ＋ be 動詞（is）＋主語（she）〉の語順も、疑問文の形です。

日本語訳 「あなたのおばあさんは、あなたといっしょに**住んでいるの**？」「ええ、そうよ。彼女は私にやさしくしてくれるわ」「彼女は**何歳なの**？」「いま70歳よ」

疑問文・否定文を読むのは、むずかしくはありません。疑問文では **Do** や **Does** あるいは **Be** 動詞が文頭にきて、否定文では、否定を表す **not** が使われます。また、疑問詞を使った疑問文では、疑問詞が文頭にきます。

■疑問文・否定文の形

一般動詞	疑問文	Do[Does] ＋主語＋動詞の原形…?
	（応答）	Yes, ＋主語＋ do[does]. ／ No, ＋主語＋ don't[doesn't].
	否定文	主語＋ do[does] not ＋動詞の原形….
be 動詞	疑問文	Be 動詞＋主語＋補語…?
	（応答）	Yes, ＋主語＋ be 動詞. ／ No, ＋主語＋ be 動詞＋ not.
	否定文	主語＋ be 動詞＋ not ＋補語….

▶ 疑問詞を使った疑問文では、疑問詞が文頭にくるが、そのあとに続く語順は、上の疑問文の語順と同様になる。

例 *Where* **does** she **live**?　彼女は**どこに**住んでいますか。
　　How long **do** you **sleep**?　あなたは**どのくらい**眠りますか。
　　How **is** your mother?　あなたのお母さんは**どんなぐあい**ですか（＝元気ですか）。

疑問詞を使った文でも、疑問詞が主語の場合は、語順はふつうの文と同じになる。読解ではそれほど問題にならないかもしれないが、書く場合には注意が必要。

例 *Which bus* **goes** to Kyoto Station?
　　どのバスが京都駅へ**行きます**か。〈Which bus が主語〉

"What sport do you play?" "I play soccer." "Are you a member of the soccer team?" "No, I'm not." "When do you play it?" "After school."

- ● What sport：「どんなスポーツ」の意味。後ろは〈do ＋主語＋動詞の原形〉の形。
- ● a member of the soccer team：of は前置詞。「～の」（所属・所有などを表す）の意味。「サッカーチームの一員」
- ● When：「いつ」の意味。後ろは〈do ＋主語＋動詞の原形〉の形。
- ● After school.：I play it after school. を簡略化して答えている。

| 日本語訳 | 「あなたはどんなスポーツをするの？」「サッカーをするよ」「あなたはサッカーチームの一員なの？」「いや、ちがう」「いつやるの？」「放課後だよ」 |

"I don't like cats. How about you?" "I like them very much. I have some at my house." "How many cats do you have?" "Three."

- ● How about you?：「あなたはどう？」という意味の決まった言い方。
- ● I have some：この some は some cats の意味。
- ● How many cats：How many ～（いくつの～）は数をたずねるときに使う。「何びきのねこ」の意味。後ろは〈do ＋主語＋動詞の原形〉の形。
- ● Three.：I have three cats. を簡略化して答えている。

| 日本語訳 | 「私はねこが好きじゃないの。あなたはどう？」「ぼくは大好きだよ。うちで飼っているし」「何びき（のねこを）飼っているの？」「3びきだよ」 |

"What kind of music do you like?" "I like pop music." "Who is your favorite singer?" "My favorite singer is Michael Jackson."

- ● What kind of music：この kind は「種類」の意味。What kind of ～で「どんな種類の～」の意味。後ろは〈do ＋主語＋動詞の原形〉の形。
- ● Who：「だれが、だれで」の意味。後ろは〈be 動詞＋主語〉の形。

| 日本語訳 | 「きみはどんな（種類の）音楽が好きなの？」「ポピュラー音楽が好きよ」「お気に入りの歌手はだれ？」「私のお気に入りの歌手はマイケル・ジャクソンよ」 |

☐ STEP 06 1〜2年

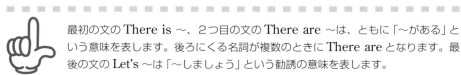

"**There is** a beautiful park in that town. **There are** many kinds of flowers there." "Really? **Let's** go there now!"

最初の文の There is 〜、２つ目の文の There are 〜は、ともに「〜がある」という意味を表します。後ろにくる名詞が複数のときに There are となります。最後の文の Let's 〜は「〜しましょう」という勧誘の意味を表します。

日本語訳 「その町には美しい公園が**あります**。そこには、たくさんの種類の花が**あります**」「本当ですか？ すぐにそこに行き**ましょう！**」

学習の
POINT
be 動詞は「…は〜です」の意味のほかに、"存在"の意味（ある・いる）を表すことがあります。その場合、しばしば **There is[are]** 〜. の形で使われます。また、ここでは、そのほかに命令文の読み方も見ておきましょう。

■存在を表す be 動詞の文（基本）

① 主語（S）＋ be 動詞＋場所を表す語句	Sが〜にある
② There ＋ be 動詞＋主語（S）＋場所を表す語句	Sが〜にある

▶ "特定のものや人"がある〔いる〕というときは、ふつう①の形の文を使う。

　　例 Your bag **is** on the table.　あなたのバッグはテーブルの上に**あります**。
　　　 I **am** in Los Angeles now.　私はいまロサンゼルスに**います**。

▶ "初めて話題にするものや人"の場合は、しばしば②の形の文を使う。

　　例 **There is** a picture on the wall.　壁に（１枚の）絵が**あります**。
　　　 There are fifteen girls in my class.　私のクラスには女子が15人**います**。

■命令・依頼・勧誘を表す文

動詞の原形（＋目的語／補語）….	〜しなさい〈命令〉、〜してください〈依頼〉
Let's ＋動詞の原形（＋目的語／補語）….	〜しましょう〈勧誘〉

命令・依頼・勧誘を表す文では主語（you）が省略されていることに注意。

　　例 **Come** right now.　すぐに**来なさい**〔**来て**〕。
　　　 Let's play tennis after school.
　　　 放課後テニスをし**ましょう**。

Let's Read!

"Excuse me, where is the post office?" "Walk down this street and turn left at the second traffic light. It's on the right." "Thank you."

● Excuse me：「失礼ですが、すみませんが」の意味。元の意味は「許してください」（命令文）。
● where is ～?：「～はどこにありますか（＝どこですか）」
● Walk down ～ and turn left：命令文。この down は前置詞で「～を通って、～を」の意味。
● It's on the right.：It's は It is の短縮形。この is も「ある」の意味。「右側にある」

> 日本語訳　「すみませんが、郵便局はどこにありますか」「この通りを歩いていって、2つ目の信号を左に曲がってください。それは右側にあります」「ありがとう」

There is a tall building near the station. My father's office is on the seventh floor of the building. He is there from nine to five.

● There is ～ near the station.：「駅の近くに～がある」
● My father's office is ～：この is は「ある」の意味。「父の会社は～にある」
● on the seventh floor：「7階に」の意味。floor に対しては、前置詞は on を使う。
● He is there：この is は「いる」の意味。「彼はそこにいる」
● from nine to five：「9時から5時まで」

> 日本語訳　駅の近くに高いビルがあります。私の父の会社はそのビルの7階にあります。彼は9時から5時までそこにいます。

"Be careful. Don't cross the street here." "Oh, I'm sorry." "There is a crosswalk over there." "I see. Thank you."

● Be careful.：be 動詞の命令文は原形の be で始める。「注意深くしなさい」
● Don't cross ～：否定の命令文は〈Don't ＋動詞の原形〉で始める。「～を渡るな」
● over there：「あそこに」
● I see.：会話表現。「わかりました」の意味。

> 日本語訳　「気をつけて。ここで通りを渡ってはいけません」「ああ、すみません」「あそこに横断歩道がありますよ」「わかりました。ありがとうございます」

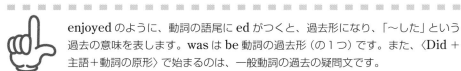

"**Did** you **watch** the soccer game on TV last night?" "Yes, I **did**. I **enjoyed** it very much. It **was** an exciting game."

enjoyed のように、動詞の語尾に ed がつくと、過去形になり、「〜した」という過去の意味を表します。was は be 動詞の過去形（の1つ）です。また、〈Did + 主語＋動詞の原形〉で始まるのは、一般動詞の過去の疑問文です。

日本語訳 「きみはきのうの夜サッカーの試合をテレビで**見たかい**？」「うん、**見た**よ。とても**楽しかった**よ。（それは）とてもわくわくする試合**だった**」

学習の POINT

前回まではすべて"現在"のことをのべる文でしたが、ここでは"過去"のことをのべる文について学習します。英語では、過去の動作や状態を表すときは、動詞を過去形にします。

■過去を表す文：一般動詞

S＋V（過去形）….	Sは〜しました。
Did＋S＋V（原形）…?	Sは〜しましたか。
S＋did not＋V（原形）….	Sは〜しませんでした。

▶ 動詞を過去形にするときは、ふつう動詞の語尾に ed をつける。

例 We **played** tennis yesterday. 私たちはきのうテニスを**した**。

▶ 疑問文・否定文では、現在の文のときの do や does が did になる。

例 He **did not go** to the party. 彼はそのパーティーに**行かなかった**。

■過去を表す文：be 動詞

be 動詞の文は、ふつうの文も、疑問文・否定文も be 動詞を過去形にするだけ。am と is の過去形は was で、are の過去形は were。

例 How **was** your trip? あなたの旅行はどう**でしたか**。

動詞が過去形に変化するとき、語尾が ed になる規則変化のほかに、不規則変化をするものがある。基本動詞に不規則変化をするものが多いので注意しよう。

例 see（見る）⇒ saw, go（行く）⇒ went, eat（食べる）⇒ ate
run（走る）⇒ ran, tell（言う）⇒ told, make（つくる）⇒ made

We were in Hawaii last summer. It was a very beautiful place and we had a wonderful time. I took a lot of pictures there.

● were in Hawaii：この were は「いる」の意味の be 動詞の過去形。
● last summer：「この前の夏」の意味。last は「この前の」の意味。
● had a wonderful time：had は have の過去形（不規則変化）。have a wonderful [good, nice] time で「楽しい時をすごす、楽しくすごす」の意味。
● took a lot of pictures：took は take の過去形（不規則変化）。take a picture で「写真をとる」の意味。a lot of 〜は「たくさんの〜」の意味。

日本語訳 この前の夏、私たちはハワイにいました。そこはとても美しいところで、私たちはすばらしい時をすごしました。私はそこでたくさんの写真をとりました。

There was a small river near my grandmother's house. The river was very clean and I often swam there with my brother.

● There was 〜：There is 〜の文が過去になった形。「〜があった」
● often swam there with my brother：swam は swim の過去形（不規則変化）。この動詞に3つの副詞・副詞句がついていることにも注目。「しばしばそこで弟〔兄〕と泳いだ」

日本語訳 祖母の家の近くには小さな川がありました。その川はとても（水が）きれいで、私はよくそこで弟〔兄〕と泳ぎました。

"What did you do yesterday?" "I stayed home all day and watched a movie." "Was it a good movie?" "Yes. I liked it very much."

● What did you do 〜?：疑問詞を使った過去の疑問文。疑問詞のあとが〈did ＋主語＋動詞の原形〉になっている。
● stayed home all day：この home は副詞。stay home で「家にいる」の意味。all day は「一日中」の意味の熟語。all day long ともいう。

日本語訳 「きみはきのうは何をしたの？」「一日中家にいて、映画を（1本）見たよ」「（それは）いい映画だった？」「ええ。とても気に入ったよ」

☐ STEP 08　　　　　　　　　　　　　　　　　　　　　1年

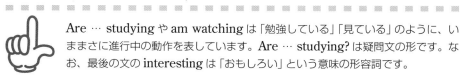

"Hi, Emi. Are you free now?" "No, I'm not." "**Are** you **studying**?"
"No. I **am watching** a TV drama. It's very interesting!"

Are … studying や am watching は「勉強している」「見ている」のように、いままさに進行中の動作を表しています。Are … studying? は疑問文の形です。なお、最後の文の interesting は「おもしろい」という意味の形容詞です。

日本語訳 「もしもし、エミ。いま、ひま？」「いいえ、ひまじゃないわ」「**勉強している**の？」「いいえ。テレビドラマを**見ている**の。とってもおもしろいのよ！」

学習の POINT ! 動詞の語尾に ing をつけ、〈be 動詞+〜ing〉の形にすると、"進行中の動作"を表します。これを「進行形」といい、「（ちょうど）〜しているところだ」（現在）「（ちょうど）〜していた」（過去）の意味を表します。

■現在進行形と過去進行形：現在か過去かは be 動詞で決まる

am[are, is] + 〜ing	（いまちょうど）〜しているところだ、〜している
was[were] + 〜ing	（そのときちょうど）〜しているところだった、〜していた

▶ 進行形の疑問文・否定文のつくり方は、ふつうの be 動詞の文と同じ。疑問文では be 動詞が主語の前にきて、否定文では be 動詞のあとに not がくる。

　例 **Are** you **studying** now?　あなたはいま**勉強している**のですか。

　　　The child **was not crying**.　その子は**泣いてはいなかった**。

▶ ふつうは動詞の語尾にそのまま ing をつけるが、次のような変化をするものもある。

　①発音しない e で終わる動詞は、e をとって ing をつける。

　　例 come（来る）⇒ coming,　make（つくる）⇒ making

　②〈アクセントのある１母音字＋１子音字〉で終わる動詞は、子音字を重ねる。

　　例 sit（すわる）⇒ sitting,　swim（泳ぐ）⇒ swimming

注目！ 〈be 動詞＋〜ing〉で"近い未来"を表すことがある。この用法では、go, come, leave, arrive などの"往来発着"を表す動詞がよく使われる。

　例 We **are arriving** at the airport at 7 p.m.

　　　私たちは午後７時に空港に**到着する**予定です。

Let's Read!

I saw Betty yesterday on the street. She was walking with her friends. They were laughing and chatting happily.

● was walking with 〜：過去進行形。「〜と（いっしょに）歩いていた」
● were laughing and chatting：これも過去進行形。chat（おしゃべりする）の ing 形は t を重ねて chatting となる。

日本語訳 私はきのう通りでベティーを見かけました。彼女は友だちと歩いていました。彼女たちは笑い、楽しそうにおしゃべりをしていました。

"Hello. This is Yumi. What are you doing now, Yoko?" "I'm having lunch at home. But I'm going out soon."

● What are you doing 〜?：疑問詞を使った進行形の疑問文。疑問詞のあとが〈be 動詞＋主語＋〜ing〉の形になる。「あなたは何をしているのですか」
● I'm having lunch：現在進行形。have は「持っている（＝所有している）」の意味では進行形にならないが、「食べる」の意味では進行形になる。
● at home：「家で、家に」の意味の熟語。
● I'm going out：近い未来・予定を表す進行形。「（これから）出かけるところだ」

日本語訳 「もしもし。私、ユミ。いま何をしているの、ヨーコ？」「家でお昼ごはんを食べているところよ。でも、もうすぐ出かけるの」

"Hurry up, Lucy. We are leaving." "Just a minute, Mom." "We are waiting for you." "I know! I'm looking for my keys."

● Hurry up：hurry up は「急ぐ」の意味の熟語。
● We are leaving.：近い未来・予定を表す進行形。「（これから）出発するところだ」
● Just a minute：「ちょっと待って」の意味の熟語。
● I'm looking for 〜：現在進行形。look for 〜は「〜を探す」の意味の熟語。

日本語訳 「急いで、ルーシー。もう出発するわよ」「ちょっと待って、ママ」「あなたを待っているのよ」「わかってる！ カギを探しているの」

My name is Michael. I'm from Canada. I came to Hokkaido three months ago. Now I'm studying at a high school near Sapporo. I like sports and music. After school I usually play soccer with my friends. On Sundays I often go to the library. I enjoy my school life in Hokkaido.

（北海道）

最初なので、復習をかねて、1つ1つの要素をていねいに確認していきます。初めて出てくる単語もありますが、文法事項はすべて学習ずみです。がんばって読んでみましょう。

- ● I'm from 〜：〈be 動詞＋ from 〜〉で「〜の出身である」の意味を表す。自己紹介のときなどによく使う。「私は〜出身です」
- ● came to 〜：came は come（来る）の過去形。to 〜 は副詞の働きをする句（＝副詞句）で「〜へ」の意味を表す。「〜へ来た」
- ● three months ago：〈期間＋ ago〉で「〜前に」の意味を表す。「3か月前に」
- ● Now：この now は副詞。「いま」
- ● I'm studying at 〜：〈be 動詞＋〜ing〉は進行形で「〜している」の意味を表す。at 〜 は副詞句で「（場所を表して）〜で」の意味。「私は〜で勉強しています」
- ● a high school near Sapporo：near は前置詞で「〜の近くで、〜近くの」の意味を表す。この near Sapporo は形容詞の働きをする句（＝形容詞句）で、「札幌の近くの〜」の意味。すぐ前の a high school を修飾している。「札幌の近くの高校」
- ● After school：「放課後」の意味の副詞句。
- ● I usually play 〜：usually（ふつう）は"頻度"を表す副詞。一般動詞（play）の前にくる。なお、次の文の often（しばしば）も"頻度"を表す副詞。「私はふつう〜します」
- ● with my friends：これも副詞句。「友人たちと（いっしょに）」
- ● On Sundays：時を表す副詞句。ここでは文頭にきている。曜日を表すときは、ふつう前置詞は on を使う。「日曜日には」
- ● my school life in Hokkaido：in Hokkaido は形容詞句で、「北海道での〜」の意味。「北海道での私の学校生活」

日本語訳

　私の名前はマイケルです。私はカナダ出身です。私は3か月前に北海道に来ました。いま私は札幌の近くの高校で勉強しています。私はスポーツと音楽が好きです。私は放課後にはふつう、友人たちとサッカーをします。日曜日には私はよく図書館に行きます。私は北海道での学校生活を楽しんでいます。

　　I am a member of the soccer team of my school.　Last Saturday our team had a game with another team.　I played in the game and enjoyed it very much.　After the game I had lunch with Kenji and Toshio.　They are also members of the soccer team.　After lunch we went to Toshio's house.　At Toshio's house, his sister Yumi was watching a soccer game on TV.　She likes soccer very much.　She and I talked about famous soccer players.

（熊本）

- a member of the soccer team of my school：2つの of は形容詞の働きをする句（〜の）をつくる。「私の学校のサッカーチームの一員」
- Last Saturday：last 〜で「この前の〜、昨〜」の意味。副詞句としてよく使われる。「この前の土曜日（に）」
- had a game：「試合をした」
- another team：「別のチーム」
- enjoyed it very much：動詞（ここでは enjoyed）を「とても、大変」と強めるときは very much が使われる。「それをとても楽しんだ」
- had lunch：have には「食べる」の意味もある。「昼食を食べた」
- also：「〜もまた、〜も」の意味の副詞。
- At Toshio's house：場所を表す副詞句。「トシオの家で」
- his sister Yumi was watching 〜：〈was[were] +〜ing〉は過去進行形で「〜していた」の意味を表す。「彼の妹〔姉〕のユミは〜を見ていた」
- on TV：この on は手段・方法を表している。「テレビで」
- She and I talked about 〜：この文の主語は She and I（彼女と私）。talk about 〜は「〜について話す」の意味。

日本語訳

　　私は私の学校のサッカーチームの一員です（＝サッカーチームに入っています）。この前の土曜日、私たちのチームは別のチームと試合をしました。私はその試合でプレーをし（＝試合に出て）、とても（それを）楽しみました。試合のあと、私はケンジやトシオとお昼ごはんを食べました。彼らもサッカーチームの一員です。お昼ごはんのあと、私たちはトシオの家へ行きました。トシオの家では、彼の妹〔姉〕のユミがテレビでサッカーの試合を見ていました。彼女はサッカーが大好きです。彼女と私は有名なサッカー選手について話をしました。

Jim : Did you have a good summer vacation, Mayumi?

Mayumi : Yes. I went to Africa with my family. It was so wonderful.

Masao : Oh, really? There are many countries in Africa. Which country did you visit?

Mayumi : We visited Kenya.

Masao : Kenya! There are beautiful national parks and many kinds of animals in Kenya. How many days did you stay there?

Mayumi : We stayed there for fifteen days.

Jim : That was a long trip!

（大阪）

- Did you have a good summer vacation ～?：一般動詞の過去の疑問文。have は日本語の「持つ」よりも広い使い方をする。「あなたはよい夏休みをすごしましたか」
- Oh, really?：oh は間投詞の１つで、おどろきや喜びや悲しみなどを表す。「おお」「まあ」などの意味。really? はおどろきや疑いを表す会話表現。「ほんと？」
- There are ～：存在を表す〈There is[are]＋主語…〉の文。主語が複数（many countries）なので are が使われている。「～がある」
- Which country did you visit?：疑問詞で始まる疑問文。文頭の Which country が動詞 visit の目的語になっている。「あなたはどの国を訪れたのですか」
- many kinds of animals：この kind は「種類」の意味。〈A of B〉の形で、Aが"種類や分量"を表す語句の場合は、しばしば「Aの（種類・分量の）B」の意味になる。「多くの種類の動物」
- How many days did you stay there?：これも疑問詞で始まる疑問文。「あなたは何日間そこに滞在したのですか」
- for fifteen days：副詞句。この for は期間を表す。「15日間」

日本語訳

ジム：マユミ、いい夏休みをすごしたかい？

マユミ：ええ。家族とアフリカに行ったの。とてもすばらしかったわ。

マサオ：わあ、ほんと？　アフリカには多くの国があるよね。どの国を訪問したんだい？

マユミ：ケニアを訪問したの。

マサオ：ケニア！　ケニアには美しい国立公園とたくさんの種類の動物がいるね。そこに何日間滞在したんだい？

マユミ：15日間（そこに）滞在したの。

ジム：それは長い旅行だったね！

> *John :* Look at this, Manami.
> *Manami :* It's a beautiful cake! Where did you buy it, John?
> *John :* I didn't buy it. I made it for you yesterday.
> *Manami :* Really? You're great!
> *John :* Thank you. Now, let's eat it together.
> *Manami :* Oh, this is very good! Did your mother help you?
> *John :* Well, not my mother. My brother helped me. He sometimes
> makes a cake for my parents.
> *Manami :* You have a nice brother.
>
> （栃木）

● **Look at 〜**：命令文。"命令"文といっても、この文のように、ちょっと相手の注意を促すときや、単に指示をあたえたり、依頼を表したりするときにも使う。
● **Where did you buy it …?**：疑問詞で始まる疑問文。where は場所をたずねるときに使う疑問詞。「あなたはどこでそれを買ったのですか…」
● **Now, let's 〜**：この now は「さて、ところで、さあ」などの意味を表す。「いま」という時を表しているわけではないので注意。
● **let's eat it together**：勧誘を表す文。together は「いっしょに」の意味の副詞。「いっしょにそれを食べましょう」
● **very good**：この good は「おいしい」の意味。
● **Well**：この well は軽いつなぎのことばで「ええと、そうですね、ところで、つまり」など、さまざまな意味を表す。
● **not my mother**：「（手伝ってくれたのは）母ではない」という打ち消しの表現。
● **He sometimes makes 〜**：sometimes（ときどき）は頻度を表す副詞。

日本語訳
ジョン：これを見て、マナミ。
マナミ：きれいなケーキね！　どこで買ったの、ジョン？
ジョン：買ったんじゃないよ。きみのために、きのう、ぼくがつくったんだよ。
マナミ：ほんと？　すごいわ！
ジョン：ありがとう。さあ、いっしょに食べよう。
マナミ：まあ、これ、とてもおいしいわ！　あなたのお母さんが手伝ってくれたの？
ジョン：ええと、母ではないんだ。兄〔弟〕が手伝ってくれたんだよ。兄〔弟〕はときどき両親にケーキをつくってあげるんだ。
マナミ：(あなたには)いいお兄さん〔弟さん〕がいるのね。

Ken : Happy New Year!　How was your first New Year's Day in
　　　 Japan?

Bob : It was wonderful.　Oh, thank you for your card, Ken.

Ken : You're welcome.　It is a *nengajo*, a New Year's card.　We send
　　　 New Year's cards to our friends and family.

Bob : I see.　I liked your card very much.　It had a picture of a
　　　 monkey on it.　Why is that?

Ken : Well, this year is the year of the Monkey.　Every year has a
　　　 different animal, for example, the rabbit or the dog.　I use a
　　　 picture of that year's animal on my New Year's cards.　Other
　　　 people do, too.

（山口）

● How was 〜?：疑問詞で始まる疑問文。「〜はどう〔どんなふう〕でしたか」
● thank you for 〜：「〜をありがとう」の意味。
● card：ここでは「はがき」の意味。
● You're welcome.：「ありがとう」に対する応答。「どういたしまして」
● I see.：「わかりました、なるほど」
● Every year has a different animal：「どの年も別々の動物をもっている」⇒「どの年にも
　その年その年の動物がある」くらいの意味。
● for example：「たとえば」の意味の熟語。例をあげるときに使う。
● Other people do, too.：この do は前に出た動詞（＋語句）のくり返しをさけるときに使う
　もの。ここでは use a picture of that year's animal を指している。

日本語訳

ケン：あけましておめでとう！　日本での最初のお正月はどうだった？
ボブ：すばらしかったよ。　ああ、はがきをありがとう、ケン。
ケン：どういたしまして。　それは年賀状──ニュー・イヤーズ・カード──というんだ。
　　　ぼくたちは年賀状を友人や家族に送るんだよ。
ボブ：なるほど。　きみの年賀状、とても気に入ったよ。そ
　　　れにはサルの絵がついていたね。あれはなぜだい？
ケン：ええと、今年はサルの年なんだ。どの年にもその年
　　　その年の動物──たとえばウサギや犬──がある。ぼ
　　　くは年賀状にその年の動物 (＝干支) の絵を使うんだ。
　　　ほかの人たちもそうしてるよ。

2

動詞・助動詞を読む

動詞・助動詞を集中的に学習して、
時制・文型・受け身などを
完全にマスターしよう！

☐ STEP 09

John **will come** to Japan on May 12. He **is going to stay** with my family for a week. This **will be** his first visit to Japan.

最初の文や最後の文のように、動詞（come や be）の前に will が置かれると、未来のことを表します。will のあとの動詞は原形になっていることに注意しましょう。また、2つ目の文の is going to も近い未来や予定を表しています。

日本語訳　ジョンは 5 月 12 日に日本に**来ます**。彼は私の家に 1 週間**泊まることになっています**（＝**予定です**）。これは彼の初めての日本訪問**になります**。

学習の POINT　動詞の前に **will** がくると、「〜するだろう」または「〜するつもりだ」という未来を表す文になります。どちらの意味になるかは、文章や会話の流れから判断します。また、**be going to** も近い未来や予定を表します。

■未来を表す文

will ＋動詞の原形	〜するだろう、〜だろう	単純な未来を表す。
	〜するつもりだ	主語（人）の意志を表す。
be going to ＋動詞の原形	〜しようとしている	近い未来を表す。
	〜する予定だ	主語（人）の意志を表す。

▶ will や be going to のあとの動詞は原型になる。したがって、be 動詞の文の場合は be になる。なお、動詞の前におく will は助動詞（次の章で学習する）の 1 つ。
　　例 She **will be** back in a few minutes.　彼女は数分でもどります。

▶ will はしばしば 〜'll の形の短縮形（I'll, we'll, you'll など）をつくる。また、will not の短縮形 won't もよく使われる。
　　例 She **won't** come to this party.　彼女はこのパーティーには来ないだろう。

注目！　「〜するだろう」「〜するつもりだ」など、未来の文にはさまざまなニュアンス（意味合い）があるが、文章の流れや状況から素直に意味をとればよい。たとえば、次の文を"主語の意志"に解釈することはできない。
　　例 She **will be** eighty next year.
　　　彼女は来年 80 歳に**なります**。

"Will you be free next Sunday?" "Yes, I will. Do you have any plans?" "Yes. We are going to have a birthday party for Mary."

- Will you be ～?：will を使った未来の疑問文。Will が主語の前に出る。
- Yes, I will.：肯定の答え。否定の場合は No, I won't. となる。
- Do you have any plans?：この any は「いくつかの、何らかの」の意味。特に数を意識しないときでも、後ろの名詞はふつう複数になる。
- have a birthday party：have a party で「パーティーをひらく」の意味。
- 日本語訳 「こんどの日曜日はひまかい？」「ええ、ひまよ。なにか計画があるの？」「うん。メアリーのための誕生日パーティーをひらく予定なんだ」

Yukiko will leave for New York next week. She will stay there and study art. She won't come back till next summer.

- leave for ～：「～に向けて出発する」の意味の熟語。
- She won't ～：will の否定文。短縮形の won't が使われている。
- come back：「もどってくる」の意味の熟語。
- till next summer：till は「～まで」の意味の前置詞。「こんどの夏まで」
- 日本語訳 ユキコは来週ニューヨークへ発ちます。彼女はそこに滞在して美術を研究します。彼女はこんどの夏まで帰ってきません。

"Will you take care of our dog during our vacation?" "Sure. Where are you going?" "We are going to Hokkaido." "That's great!"

- Will you ～?：相手の意志をたずねる言い方。「～してくれませんか」の意味を表す。
- take care of ～：「～の世話をする、めんどうを見る」の意味の熟語。
- Where are you going?：〈be 動詞＋～ing〉で近い未来を表すことがある（**STEP 08** を参照）。この are going は「（これから）行こうとしている」の意味。
- 日本語訳 「休暇のあいだ、私たちの犬のめんどうを見てくれませんか」「いいですよ。どこへ行くのですか」「北海道へ行くんです」「それはいいですね！」

□ **STEP 10** 1～2年

Mari **can** speak English very well now. Practice makes perfect.
We **must** practice a lot like her.

最初の文の can は、動詞 speak（話す）の前について、"能力"の意味（～できる）を表しています。最後の文の must は動詞 practice（練習する）の前について、"義務"の意味（～しなければならない）を表しています。

日本語訳 マリはいまでは、とてもじょうずに英語を話す**ことができます**。練習をつめば完全になります（ことわざ）。私たちも彼女のようにたくさん練習し**なければなりません**。

動詞の前に助動詞（＝動詞を助けることば）がつくと、動詞の表す意味に、さまざまな補足的な意味（能力・義務・推量など）が加わります。助動詞の数はそれほど多くないので、まとめて覚えておきましょう。

■重要な助動詞（後ろには動詞の原形がくる）

can ～	～できる（能力・可能）、～してもよい（許可）
may ～	～かもしれない（推量）、～してもよい（許可）
must ～	～しなければならない（義務・必要）、～にちがいない（推量）
should ～	～すべきである、～したほうがよい（義務・適当）

■助動詞と同様の働きをする句

be able to ～	～できる（＝ can）
have to ～	～しなければならない
had better ～	～したほうがよい

▶ can の過去形は could。

▶ must のほうが should よりも強い言い方。助言するときなどは should を使う。

 must not ～は「～してはいけない」（禁止）で、don't have to ～は「～する必要はない」の意味。ちがいに注意しよう。

例 You **must not** read this book.　この本を読んでは**いけません**。
　　You **don't have to** read this book.　この本を読む**必要はありません**。

"It may rain this afternoon. You had better take an umbrella with you, Janet." "All right, Mom. Can I take this?" "Sure."

- It may rain：この may は「〜かもしれない」（推量）の意味。なお、天候を表す文では、しばしば it が主語として使われる。「雨が降るかもしれない」
- take 〜 with you：「〜を持っていく」
- Can I 〜?：この can は「〜してもいい」（許可）の意味。「〜してもいいですか」

日本語訳 「午後は雨が降るかもしれないわ。傘を持っていったほうがいいわよ、ジャネット」「わかったわ、ママ。これを持っていっていい？」「いいわよ」

"May I borrow this book? I'm studying Japanese history." "Sure. But you should read this, too. You will be able to learn a lot from it."

- May I 〜?：この may は「〜してもいい」（許可）の意味。「〜してもいいですか」
- should read this：この should は「〜したほうがいい」の意味。
- will be able to 〜：will と can をいっしょに使うことはできないので、「〜できるでしょう」というときは will と be able to を組み合わせる。
- learn a lot：この a lot は「たくさん」の意味。

日本語訳 「この本を借りてもいいですか？ 日本の歴史を勉強しているんです」「どうぞ。でも、これも読んだほうがいいですよ。（それから）たくさん学ぶことができますよ」

He looked for the ticket, but he could not find it. The concert was going to start soon. He had to buy another ticket.

- was going to start：be going to（近い未来・予定）の過去形。「始まろうとしていた」
- had to 〜：have to 〜（〜しなければならない）の過去形。must には過去形がないので、「〜しなければならなかった」というときは had to が使われる。
- another ticket：another は「別の〜、もう1つの〜」の意味。「もう1枚のチケット」

日本語訳 彼はチケットを探したが、見つけることができなかった。コンサートはまもなく始まろうとしていた。彼はもう1枚チケットを買わなくてはならなかった。

3 現在完了の文（1）

I **have lived** in Japan for five years. I **have traveled** to many places. But I **have** never **visited** Nikko.

 最初の文の have lived は「（ずっと）住んでいる」という"過去から現在までの継続"を表しています。2つ目と3つ目の文の have traveled と have visited は、「～したことがある」という"過去から現在までの経験"を表しています。

日本語訳 私は5年間（**ずっと**）日本に**住んでいます**。私は多くのところへ**旅行しました**。しかし、日光は一度も**訪れたことがありません**。

学習の POINT
英語には〈have ＋過去分詞〉で表す時制があります。これを「現在完了」といい、"過去から現在までの継続"、"過去から現在までの経験"、"動作の完了した状態や結果"などを表します。

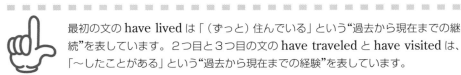

■現在完了の表す意味

用法	意味	表される内容
継続	（いままでずっと）～している （いままでずっと）～である	過去に始まって現在まで継続している動作や状態。
経験	（いままでに） ～したことがある	過去から現在までのあいだに経験したこと。
完了	（いま）～したところだ ～してしまった	完了したばかりの動作。完了した状態（＝結果）。

▶〈完了〉の用法は、完了したばかりの動作を表す場合のほか、完了した状態が現在も続いているような場合にも使う。

例 He **has lost** all his money. 彼はすべてのお金を**失ってしまった**。
〈いまも失った状態が続いているときに使う〉

注目! 現在完了の3つの用法では、それぞれ次のような副詞や副詞句がよく使われるので注目しよう。

継続	for ～ ～の間〈継続の期間〉、since ～ ～以来〈継続の起点〉
経験	once 1回、twice 2回、～ times ～回〈回数〉、never 一度も…ない
完了	already すでに、yet もう〈疑問文で〉；まだ〈否定文で〉

"Have you seen the movie yet?" "No, I haven't. I have been very busy since last week. But I'll see it tomorrow."

- ● Have you seen 〜？：現在完了の疑問文は〈Have[Has] ＋主語＋過去分詞…?〉の形。
- ● yet：疑問文なので、この yet は「もう」の意味。
- ● No, I haven't.：否定の場合の答え方。肯定の場合は Yes, I have. となる。
- ● I have been very busy：be 動詞の現在完了。継続を表す用法。

日本語訳 「その映画はもう見ましたか」「いえ、見てないんです。先週からずっととても忙しいんです。でも、あす見るつもりです」

"Have you ever visited Kyoto, Janet?" "Oh yes! I have just returned from Kyoto. I had a wonderful time there."

- ● Have you ever visited 〜？：経験を表す現在完了の疑問文。しばしば副詞の ever（いままでに）が使われる。「いままでに〜を訪れたことはありますか」
- ● I have just returned：完了を表す現在完了の文。完了を表す文では just（ちょうどいま、たったいま）も使われる。

日本語訳 「いままでに京都を訪れたことはある、ジャネット？」「ええ、あるわ！ たったいま京都から帰ってきたところなの。そこで、とても楽しい時をすごしたわ」

"How long have you stayed in this town?" "For two weeks. I have never seen such a beautiful place. I'll come back here some day."

- ● How long have you stayed：継続の期間をたずねるときは How long で始める。
- ● For two weeks.：For 〜や Since 〜で継続の期間を表すことができる。
- ● I have never seen 〜：経験を表す現在完了の否定文。never が使われている。
- ● such a beautiful place：such は「そのような、このような」の意味。
- ● some day：「（未来の）いつか、そのうち」の意味の熟語。

日本語訳 「この町にどのくらい滞在しているのですか」「2週間になります。私は（これまで）こんなに美しいところは見たことがありません。私はいつかまたここにもどってくるつもりです」

☐ STEP **12** 　　　　　　　　　　　　　　　　　　　　 2〜3年

"**Have** you ever **been** to Okinawa?" "Yes. I love Okinawa!"
"How many times **have** you **been** there?" "Ten times or more."

 最初の行の Have … been や次の行の have … been は「（〜へ）行ったことがある」という経験の意味を表しています。なお、How many times は"回数"をたずねる言い方で、経験を表す用法でよく使います。

日本語訳　「あなたはこれまでに沖縄に**行ったことがあります**か」「はい。私は沖縄が大好きです！」「そこへ何回**行ったことがある**のですか」「10回かそれ以上です」

 注意すべき現在完了の用法として、**have been** を使ったさまざまな表現があります。**be** 動詞のいくつかの意味や用法が、継続・経験・完了の意味と結びつくことによって、さまざまな意味を表します。

■ have been を使った表現

have been ＋補語	（ずっと）〜である〈継続〉
have been to 〜	〜へ行ったことがある〈経験〉 〜へ行ってきたところだ〈完了〉
have been in 〜	（ずっと）〜にいる〈継続〉
have been 〜ing	（ずっと）〜している〈継続〉

▶ have been to 〜の to 〜の代わりに there のような副詞が使われることもある。

　例 I **have been** there many times.　私は何回もそこへ**行ったことがある**。
　　　 I **have** just **been** there.　私はたったいまそこへ**行ってきたところです**。

▶ have been in 〜も、in 〜の代わりに副詞が使われることもある。

　例 I **have been** here for an hour.　私は1時間（**ずっと**）ここに**います**。

▶ have been 〜ing を「現在完了進行形」といい、"動作の継続"を表す。

　例 I **have been** watching TV.　私は（**ずっと**）テレビを**見ています**。

 have been にはいろいろな意味があって、解釈がむずかしそうだが、be 動詞に2つの意味（「〜である」と「いる・ある」）があり、それが現在完了になって、継続や経験や完了の意味を表すのだと考えれば、それほどむずかしくはない。

"Where have you been?" "I've been to the hospital." "Is someone there?" "Yes. My sister has been in the hospital since last month."

● Where have you been? :「（〜へ）行ってきたところだ」（完了）の疑問文。場所を表す副詞が疑問副詞の where になっている。
● I've been to the hospital. : I've は I have の短縮形。ここも上と同様の用法。
● has been in the hospital :「（ずっと）病院にいる⇒入院している」（継続）の意味。

日本語訳 「どこへ行ってきたんだい？」「病院へ行ってきたところよ」「だれかそこにいる（＝入院している）のかい？」「ええ。先月から妹〔姉〕が入院しているの」

"How have you been?" "I've been all right. I haven't seen you for some time. Have you been away?" "Yes. I was in Bali."

● How have you been? : 状態の継続を表す現在完了の疑問文。「（このところ）どんな状態が続いていますか⇒元気にやっていましたか」の意味。決まった言い方。
● Have you been away? : 継続を表す現在完了の疑問文。away は「留守で、不在で」の意味。「きみは（ずっと）留守にしていたのかい？」

日本語訳 「元気にやってた？」「元気だったよ。しばらくきみを見なかったね。留守にしていたの？」「うん。バリにいたんだ」

"Have you found your dog, Makoto?" "No, not yet. I have been looking for it for many days." "Oh, that's too bad."

● No, not yet. : No, I haven't found it yet.（いいえ、まだ見つけていません）を短くした言い方。「いいえ、まだです」
● I have been looking for 〜 : 現在完了進行形の文。動作の継続を表している。「（ずっと）〜を探している」
● that's too bad :「それは残念ですね」「お気のどくに」の意味の会話表現。

日本語訳 「きみの犬、見つかったかい、マコト？」「いや、まだなんだ。何日も（ずっと）探してるんだけどね」「それはお気のどくに」

□ STEP 13 1～2年

We **arrived** at the station at seven. It **was** already **dark** and we
felt tired. So we **took a taxi** and **went** to the hotel.

 第1文の動詞 arrived と第3文の動詞 went には、目的語も補語もなく副詞句
（at ～と to ～）だけがあります。第2文の動詞 was と felt には補語（dark と
tired）があります。第3文の動詞 took には目的語（a taxi）があります。

日本語訳 私たちは7時に駅に**着きました**。すでに（辺りは）**暗くて**、私たちは**つかれてい
ました**。それで、**タクシーに乗って**ホテルへ**行きました**。

学習の POINT 英語の文は、主語（S）・動詞（V）・補語（C）・目的語（O）という4つの主要
素がどのように構成されているかで、5つの文型に分かれます。最初の3つ
は、SV、SVC、SVOの文型です。ここでは、特にSVCに注目しましょう。

■3つの文型

S＋V	Sは～する
S＋V＋C	Sは～である〈be 動詞のとき〉
	Sは～になる、～のように見える〔感じる、思われる、など〕
S＋V＋O	SはOを～する

▶ SVの文では、主語と動詞だけでできているものはまれで、副詞や副詞句などがついて
いることがほとんど。

　例 I *always* go *to school by bus*.　私はいつもバスで学校へ通っています。
　　〈always は副詞、to school と by bus は副詞句〉

▶ C（補語）は主語を説明する語句（＝主語とイコールの関係で結ばれる語句）で、O（目
的語）は動詞が意味する動作などの対象（＝「～を」に当たるもの）を表す語句。

　例 He is **a good doctor**.　彼は**よい医者**です。〈SVCの文〉
　　I know **a good doctor**.　私は**よい医者を**知っています。〈SVOの文〉

注目! SVCの文をつくる一般動詞には、become（～になる）、get（～になる）、look（～
のように見える）、sound（～のように思われる）などがある。

　例 Your idea **sounds interesting**.
　　あなたの考えは**おもしろそうです**。

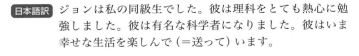

John was my classmate. He studied science very hard. He has become a famous scientist. He enjoys a happy life now.

- John was 〜：ＳＶＣの文。ここではＶが be 動詞。「ジョンは〜だった」
- He studied 〜：ＳＶＯの文。「彼は〜を勉強した」
- He has become 〜：ＳＶＣの文。Ｃは名詞（scientist）。「彼は〜になった」
- He enjoys 〜：ＳＶＯの文。「彼は〜を楽しんでいる」

日本語訳　ジョンは私の同級生でした。彼は理科をとても熱心に勉強しました。彼は有名な科学者になりました。彼はいま幸せな生活を楽しんで（＝送って）います。

"Who is that girl?" "She is our teacher." "Really? She looks so young." "Well, she teaches math. She really teaches well."

- Who is that girl?：ＳＶＣの疑問文。文頭の疑問詞 Who がこの文の補語。
- She looks 〜：ＳＶＣの文。Ｃは形容詞（young）。「彼女は〜に見える」
- she teaches 〜：ＳＶＯの文。「彼女は〜を教えている」
- She really teaches well.：ＳＶの文。really と well はどちらも副詞。

日本語訳　「あの女の子はだれ？」「私たちの先生よ」「ほんと？　とても若く見えるね」「そうねえ、彼女は数学を教えているの。彼女は本当にじょうずに教えてくれるわ」

We got to the hotel at about eight that night. We had dinner there and took a bath. Soon we got sleepy and went to bed.

- We got to 〜：ＳＶの文。to 〜「〜に」は副詞句。「私たちは〜に着いた」
- We had 〜：ＳＶＯの文。「私たちは〜を食べた」
- took a bath：take a bath で「ふろに入る」の意味（文型はＳＶＯ）。
- we got sleepy：ＳＶＣの文。sleepy は補語。「〜になる」の意味の get は後ろに補語がくる。「私たちは眠くなった」
- went to bed：go to bed で「就寝する、寝る」の意味（文型はＳＶ）。

日本語訳　私たちはその夜、8時ごろにホテルに着きました。私たちはそこで夕食をとり、ふろに入りました。まもなく私たちは眠くなり、就寝しました。

PART 1

2

動詞・助動詞を読む

6 SVOO・SVOCの文

☐ STEP 14

2〜3年

Mr. Robert James is our teacher. We **call him Bob**. He **teaches us English conversation**. His lessons are very interesting.

 call him Bob は「彼をボブと呼ぶ」で、teaches us English conversation は「私たちに英会話を教える」の意味。どちらも、目的語が1つのSVOの文（Oを〜する）とはちがう点に注目しましょう。

日本語訳 ロバート・ジェイムズさんは私たちの先生です。私たちは**彼をボブと呼びます**。彼は**私たちに英会話を教えてくれます**。彼の授業はとてもおもしろいです。

学習の POINT

5つの文型のうちの、あとの2つは、SVOO（目的語が2つある文）とSVOC（目的語のあとに補語がくる文）です。SVOCのC（補語）は、目的語に対する補語（＝目的語を説明する語句）です。

■2つの文型

S＋V＋O_1＋O_2	SはO_1にO_2を〜する
S＋V＋O＋C	SはOをCにする〔Cのままにする、など〕 SはOをCと呼ぶ〔Cと名づける、など〕

次のような動詞がSVOOの文をつくる。

give A B	AにBをあたえる	buy A B	AにBを買ってあげる
teach A B	AにBを教える	show A B	AにBを見せる
send A B	AにBを送る	make A B	AにBを作ってやる

次のような動詞がSVOCの文をつくる。

make A B	AをB（の状態）にする	leave A B	AをBのままにする
call A B	AをBと呼ぶ	name A B	AをBと名づける

 注目! SVOOやSVOCの文をつくる動詞は限られているので、よく使われるものについては、覚えてしまおう。

例 My father **bought me a piano**.
父は**私にピアノを買ってくれた**。

The birthday party was really wonderful. My mother made me a big birthday cake. Everyone brought me a nice present.

- My mother made me ～：ＳＶＯＯの文。make はＳＶＯＯの文とＳＶＯＣの文をつくるので注意しよう。「母は私に～を作ってくれた」
- Everyone brought me ～：これもＳＶＯＯの文。bring A B で「ＡにＢを持ってくる」の意味。「みんなが私に～を持ってきてくれた」

日本語訳 誕生日パーティーは本当にすばらしかったです。母は私に大きな誕生日ケーキを作ってくれました。みんなが私にすてきなプレゼントを持ってきてくれました。

My uncle gave me a puppy for Christmas. I named him Thomas. But we usually call him Tommy. He makes us happy.

- My uncle gave me ～：ＳＶＯＯの文。give はＳＶＯＯの文型をとる代表的な動詞。
- I named him Thomas. ：name（～を…と名づける）を使ったＳＶＯＣの文。
- we usually call him Tommy：call（～を…と呼ぶ）を使ったＳＶＯＣの文。
- He makes us happy. ：make（～を…にする）を使ったＳＶＯＣの文。

日本語訳 おじはクリスマスに私に子犬をくれました。私は彼（＝その犬）をトーマスと名づけました。でも、私たちはふつうトミーと呼んでいます。彼（＝トミー）は私たちを楽しい気持ちにしてくれます。

I showed her the letter. It made her very sad. She didn't say anything. So we left her alone.

- I showed her the letter. ：show（～に…を見せる）を使ったＳＶＯＯの文。
- It made her very sad. ：make（～を…にする）を使ったＳＶＯＣの文。
- didn't say anything：not のあとに anything がくると、「何も…ない」の意味になる。「何も言わなかった」
- we left her alone：leave（～を…のままにしておく）を使ったＳＶＯＣの文。

日本語訳 私は彼女にその手紙を見せました。それは彼女をとても悲しませました。彼女は何も言いませんでした。それで、私たちは彼女を一人にしておいてあげました。

☐ STEP 15 .... 2〜3年

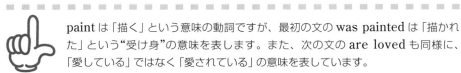

That picture **was painted** by van Gogh. He died a long time ago, but his pictures **are loved** all over the world.

paint は「描く」という意味の動詞ですが、最初の文の was painted は「描かれた」という"受け身"の意味を表します。また、次の文の are loved も同様に、「愛している」ではなく「愛されている」の意味を表しています。

日本語訳 あの絵はファン・ゴッホによって**描かれました**。彼はずっと昔に亡くなりましたが、彼の絵は世界中で**愛されています**。

学習の POINT
過去分詞の前に be 動詞がついて〈be 動詞＋過去分詞〉の形になると、「〜される」という受け身の意味を表します。受け身の文では、動作主は by 〜で表しますが、動作主を示さない受け身の文もたくさんあります。

■受け身の文

主語＋ is/am/are ＋過去分詞	…は〜される〈現在〉
主語＋ was/were ＋過去分詞	…は〜された〈過去〉
主語＋ will ＋ be ＋過去分詞	…は〜されるだろう〈未来〉
主語＋助動詞＋ be ＋過去分詞	（受け身の意味に助動詞の意味が加わる）

▶受け身の疑問文・否定文のつくり方は、be 動詞の文と同じ。（ただし、助動詞が使われる場合は助動詞の文と同じ。）

例 **Is** English **spoken** in that country? その国では英語が**話されていますか**。

▶受け身の文では、主語は動作の主体（＝する側）ではなく、受け手（＝される側）になる。動作の主体を言う必要があるときは、by 〜（〜によって）で表す。

例 This cake **was made by** my mother. このケーキは私の母**によって作られた**。

受け身の文では、しばしば過去分詞のあとの副詞句に重要な意味が含まれているので、読むときには注目するようにしよう。

例 The land **was sold** for ten million yen.
その土地は1千万円で**売られた**。
The telephone **was invented** in 1876.
電話は1876年に**発明された**。

Let's Read!

"When was this house built?" "About five years ago. It was designed by my uncle. He is a famous architect."

- **When was this house built?**：疑問詞で始まる受け身の疑問文。疑問詞 When の後ろは〈be 動詞＋主語＋過去分詞〉の形。
- **was designed by 〜**：by 〜のある受け身の文。design は「設計する」の意味。
- **architect**：「建築家」

> 日本語訳　「この家はいつ建てられたの？」「約 5 年前よ。（それは）私のおじさんによって設計されたの（＝おじさんが設計したの）。彼は有名な建築家なの」

This book is about American pop culture. It is written in very easy English. It can be read in one hour or so.

- **It is written in 〜**：この受け身の文では in 〜の部分が意味的に重要な働きをしている。
- **in very easy English**：この in は"手段・方法"を表す。「とてもやさしい英語で」
- **It can be read**：助動詞を使った受け身の文。「読まれることができる」
- **in one hour or so**：この in は"時の経過"を表す。「1 時間かそこらで」

> 日本語訳　この本はアメリカのポップ・カルチャーに関するものです。それはとてもやさしい英語で書かれています。（それは）1 時間かそこらで読まれることができます（＝読めます）。

The stadium was filled with young people. Soon the band appeared and the concert started. The audience was very excited.

- **was filled with 〜**：受け身の文だが、副詞句の with 〜とセットになり、be filled with 〜の形で、「〜でいっぱいである」の意味の熟語を形成している。
- **was very excited**：excite は「興奮させる」の意味の動詞。be excited で「興奮させられる＝興奮している」の意味。この excited は形容詞化した過去分詞。

> 日本語訳　スタジアムは若い人たちでいっぱいだった。まもなくバンドがあらわれ、コンサートが始まった。聴衆はとても興奮していた。

☐ STEP 16 .... `2〜3年`

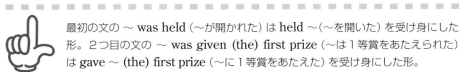

The speech contest **was held** yesterday. Mari **was given (the) first prize**. Her parents were very happy with that.

最初の文の 〜 was held（〜が開かれた）は held 〜（〜を開いた）を受け身にした形。２つ目の文の 〜 was given (the) first prize（〜は１等賞をあたえられた）は gave 〜 (the) first prize（〜に１等賞をあたえた）を受け身にした形。

`日本語訳` きのうスピーチ・コンテストが**開かれました**。マリが**１等賞をあたえられました**。彼女の両親はそのことをとても喜びました。

学習の POINT
〈be 動詞＋過去分詞〉のあとには、副詞や副詞句ではなく、名詞や代名詞がくることもあります。そのような場合の読み方を見ておきましょう。また、受け身表現の中には、熟語として覚えたほうがいいものも多くあります。

■〈be 動詞＋過去分詞＋名詞〔代名詞〕〉の読み方（例）

A is given B	A（人）はB（もの）をあたえられる、AはBをもらう
B is given A	B（もの）はA（人）にあたえられる、AはBをもらう
A is called B	AはBと呼ばれる

▶上２つは give A B（AにBをあたえる）の受け身。ＡＢどちらも主語になることがある。ＳＶＯＯの文をつくる動詞（give, send, teach など）がこの形の受け身になる。
　例 The ring **was given her** by her grandmother.　その指輪は祖母によって**彼女にあたえられた**（＝彼女は祖母からその指輪をもらった）。
▶下は call A B（AをBと呼ぶ）の受け身。Bは主語にはならない。
　name A B（AをBと名づける）も同様の受け身の文をつくる。
　例 The dog **was named Taro**.
　　その犬は**タローと名づけられた**。

受け身の熟語表現は読解の英文にもよく出てくるので、重要なものは覚えておこう。その中には、形は受け身でも、意味は受け身的でないものも多いので注意しよう。
be covered with 〜　〜におおわれている　　be made of 〜　〜でできている
be known to 〜　〜に知られている　　be filled with 〜　〜でいっぱいである
be pleased with 〜　〜に満足している　　be surprised at 〜　〜におどろく

The first day of the year is called New Year's Day. My sister was born on New Year's Day. So we eat a birthday cake that day!

- ● 〜 is called New Year's Day：call 〜 New Year's Day（〜をニューイヤーズデイと呼ぶ）を受け身にした文。
- ● was born：be born で「生まれる」の意味。受け身の文だが、特に受け身と意識する必要はない。

- 日本語訳　1年の最初の日はニューイヤーズデイ（元日）と呼ばれます。私の妹〔姉〕は元日に生まれました。そのため、私たちはその日に誕生日ケーキを食べます！

There was a car accident near here yesterday. Six people were injured in it. Tom was one of them. We were all surprised at the news.

- ● Six people were injured：injure は「けがをさせる」という意味の動詞。受け身の be injured は「けがをさせられる＝けがをする」の意味になる。「6人の人がけがをした」
- ● one of them：「彼らの中の1人」の意味。them は six people を指している。
- ● were all surprised at 〜：be surprised at 〜は「〜におどろく」の意味の熟語。これも受け身を意識する必要はない。all は副詞で「みんな」の意味。

- 日本語訳　きのうこの近くで自動車事故がありました。6人の人がそれでけがをしました。トムはその中の1人でした。私たちはみんなその知らせにおどろきました。

I visited the town last winter. All the trees and houses were covered with snow. I was very impressed with the view.

- ● were covered with snow：be covered with 〜は「〜でおおわれている」の意味の熟語。「雪でおおわれていた」
- ● was very impressed with the view：impress は「感銘をあたえる」という意味の動詞。受け身の be impressed with 〜は「〜に感銘を受ける」の意味になる。「そのながめにとても感銘を受けた」

- 日本語訳　私はこの前の冬にその町を訪れました。すべての木々や家々が雪におおわれていました。私はそのながめにとても感銘を受けました。

Akiko : Hi, Mr. Smith. What will you do during the spring vacation?

Mr. Smith : I'll visit Kyoto and Nara. I'm interested in old cities.

Akiko : When will you go?

Mr. Smith : I'll leave Kagoshima this Thursday.

Akiko : How long are you going to stay there?

Mr. Smith : I'm going to stay in Kyoto for two days and in Nara for three days. What will you do, Akiko?

Akiko : I have to practice basketball. We'll have games in Fukuoka next Tuesday.

Mr. Smith : Great! Then I will come to Fukuoka on my way from Nara. And I'll watch your games.

Akiko : Really? Thank you. I'll do my best.

（鹿児島）

● What will you do 〜？：疑問詞で始まる未来の疑問文。What のあとに will がくる。

● I'm interested in 〜：be interested in 〜で「〜に興味がある」の意味。

● How long are you going to stay 〜？：疑問詞で始まる未来の疑問文。ここでは will ではなく be going to が使われている。

● I have to practice 〜：have to は「〜しなければならない」の意味。

● I'll do my best.：do 〜's best で「最善を尽くす、ベストを尽くす」の意味。

日本語訳

アキコ：こんにちは、スミス先生。先生は春休みの間、何をしますか。

スミス先生：京都と奈良を訪れるつもりだよ。私は古都に興味があるんだ。

アキコ：いつ行くのですか。

スミス先生：こんどの木曜日に鹿児島を発つんだ。

アキコ：どのくらい（の間）そこに滞在する予定ですか。

スミス先生：京都に２日間、そして奈良に３日間滞在する予定だ。きみは（春休みに）何をするのかね、アキコ？

アキコ：私はバスケットボールの練習をしなくてはなりません。私たち、次の火曜日に福岡で試合があるんです。

スミス先生：それは大変だ！じゃあ、奈良から帰る途中、福岡に行くことにしよう。そして、きみたちの試合を見るよ。

アキコ：本当ですか。ありがとう。私、ベストを尽くします。

> *Bill* : Hi, Yuko! I haven't seen you for a long time. How are you?
> *Yuko* : I'm all right. How about you?
> *Bill* : Fine. Life in Japan is very interesting. I'm enjoying myself.
>   Yuko, are you really all right? You look tired.
> *Yuko* : Well, I didn't sleep enough last night. I went to bed at 2:00.
> *Bill* : Really? That's so late. What were you doing until that time?
> *Yuko* : I was writing a speech in English for tomorrow's class.
> *Bill* : I see. You worked hard. Have you finished it?
> *Yuko* : Not yet. I have to write more, but I can't think of anything
>   else.
>
> （千葉）

- I haven't seen you for a long time. : 継続を表す現在完了の否定文。「長い間（ずっと）あなたと会っていなかったね（＝ひさしぶりだね）」
- I'm all right. : この all right は「元気で、だいじょうぶで」の意味。
- I'm enjoying myself. : enjoy 〜self で「楽しくすごす」の意味。
- You look tired. : ＳＶＣの文。「あなたはつかれているように見える」
- Have you finished it? : 完了を表す現在完了の文。「それを終えてしまいましたか」
- Not yet. : 「まだです」の意味。ここでは I haven't finished it yet. の意味。
- can't think of 〜 : can は「〜できる」、think of 〜は「〜を思いつく」の意味。
- anything else : else は「そのほかの」の意味。
  some-, any-, no- のつく語や疑問詞のあとに置いて
  使われる。「そのほかの何も（…ない）」

日本語訳

ビル：やあ、ユーコ！　しばらくだね。元気かい？
ユーコ：元気よ。あなたはどう？
ビル：元気だよ。日本での生活はとてもおもしろいね。楽し
　　くすごしているよ。ユーコ、きみは本当に元気かい？
　　つかれているように見えるよ。
ユーコ：そうね、きのうの夜は十分に眠らなかったの。２時に寝たのよ。
ビル：本当かい？　それはひどく遅いね。そんな時間まで何をしていたんだい？
ユーコ：あすの授業のために英語でスピーチを書いていたの。
ビル：そうなの。がんばったんだね。終わったのかい？
ユーコ：まだなの。もっと書かなくちゃならないんだけど、ほかに何も思いつかないの。

This summer I went to *Scotland with seven other students and one teacher. Each of us stayed with one family for two weeks. I stayed with the Harrison family. There were Mr. Harrison, Mrs. Harrison and their daughter in the family. The daughter's name was Mary and she was sixteen years old. They were interested in Japanese culture. So they called their cat *Hoshi*. *Hoshi* means "star" in Japanese. Mary often helped her parents at home. For example, she washed their car, cleaned their house and sometimes cooked for them. Her housework made her parents glad.

〔注〕 Scotland　スコットランド

（広島）

● Each of us：each of 〜で「〜のそれぞれ〔1人1人〕」の意味。「私たちの1人1人」
● stayed with 〜：stay with 〜で「〜の家に泊まる、滞在する」の意味。
● were interested in Japanese culture：be interested in 〜で「〜に興味をもっている」の意味。もともとは受け身の形だが、この interested は形容詞化している。
● So they called 〜：この so は結果を表す。「そこで、それで、だから」の意味。文章の流れを読みとる上で重要な語。
● they called their cat *Hoshi*：ＳＶＯＣの文。call A B で「AをBと呼ぶ」の意味。「彼らは彼らのねこをホシと呼んだ」
● means "star" in Japanese：「日本語で"星"を意味する」
● at home：「家で」の意味。なお、at home は「在宅して」の意味を表すこともある。
● Her housework made her parents glad.：ＳＶＯＣの文。make A B で「AをB（の状態）にする」の意味。「彼女の家事は彼女の両親を喜ばせた」

日本語訳

　この夏、私は7人の他の生徒、それに1人の先生とスコットランドへ行きました。私たちはそれぞれ、1つの家族のところに2週間滞在しました。私はハリソン家の家に滞在しました。その家には、ハリソン氏、ハリソン夫人、そして娘さんがいました。娘さんの名前はメアリーといい、（彼女は）16歳でした。彼らは日本の文化に興味を持っていました。そのため、彼らは自分たちのねこをホシと呼んでいました。ホシは、日本語では"星"を意味します。メアリーは、家でよく両親の手伝いをしていました。たとえば、両親の自動車を洗ったり、家の掃除をしたり、ときには両親のために料理をしました。彼女の家事（＝彼女が家事を行うこと）は両親を喜ばせました。

　One day, Yumi found a dog in the street on her way home from school. The dog could not walk. Maybe, it was hit by a car. It was crying. It didn't have a *collar. Yumi took it up in her arms and ran to the animal hospital. She called her father, and soon he came to the hospital. The doctor at the hospital said, "One of its legs is broken. Your dog must stay here today. Please come again tomorrow. You can take it back to your house then." The dog was not hers, but Yumi felt very sorry for the dog. She said to her father, "May I keep it at my house?" He thought for a while, and agreed.

〔注〕 collar　首輪

(宮崎)

- on her way home from school：「学校から家へ帰る途中で」
- could not walk：could は助動詞 can（〜できる）の過去形。
- it was hit by a car：受け身の文。「それ（＝その犬）は車にはねられた」
- One of its legs is broken.：broken は受け身の意味（折られた⇒折れた）の過去分詞が形容詞化したもの。「脚の１本が折れている」
- must stay here：must は「〜しなければならない」の意味の助動詞。
- can take it back：この can は「〜してもよい」（許可）の意味。take 〜 back は「〜を持って帰る」の意味。
- felt very sorry for 〜：feel sorry for 〜で「〜を気のどくに思う」の意味。
- May I 〜?：許可を求める言い方。「〜してもいいですか」
- for a while：「しばらくの間」

日本語訳

　ある日、ユミは学校から家へ帰る途中、通りで１匹の犬を見つけました。その犬は歩くことができませんでした。もしかしたら、（それは）自動車にひかれたのかもしれません。鳴き声をあげていました。その犬には首輪がありませんでした。ユミは腕の中にその犬を抱き上げると、動物病院へ走って行きました。彼女は父親に電話し、まもなく父親が病院にやってきました。病院の医者は、「脚が１本折れています。あなたの犬はきょうはここに泊まらなくてはなりません。あす、また来てください。そのときには家に連れて帰っていいですよ」と言いました。その犬は彼女のものではありませんでしたが、ユミはその犬をとてもかわいそうに思いました。彼女は父親に、「家で（それを）飼ってもいい？」と言いました。彼はしばらく考え、同意しました。

Brian : Miki, have you ever heard the words "slow food"?

Miki : No, I haven't. What does it mean? Can you give me an example?

Brian : All right. Do you like "fast food"?

Miki : Yes, I do. I like hamburgers very much.

Brian : Oh, really? Hamburgers are fast food, not slow food.

Miki : Hamburgers are cooked and served fast. So we call them "fast food" and they have a lot of *fat in them. Right?

Brian : That's right. Slow food is the *opposite of fast food. It is cooked and served slowly and usually has only a little fat in it. Now, slow food is becoming popular in some countries.

〔注〕 **fat** 脂肪   **opposite** 反対のもの

（愛知）

● have you ever heard ～?：経験を表す現在完了の疑問文。

● Can you give me an example?：ＳＶＯＯの疑問文。この Can you ～? は「～してくれませんか」（依頼）の意味を表す。**give A B**（目的語が２つある形）は「ＡにＢをあたえる、あげる」の意味。「私に例をあげてくれませんか」

● Hamburgers are cooked and served fast.：受け身の文。serve は「（飲食物を）出す」の意味。「ハンバーガーはすばやく料理されて（＝作られて）出される」

● is becoming popular：〈become ＋形容詞〉で「～になる」の意味（ＳＶＣの文）。

日本語訳

ブライアン：ミキ、きみは「スローフード」ということばを聞いたことがあるかい？

ミキ：いいえ、ないわ。それはどういう意味？　（私に）例をあげてくれない？

ブライアン：オーケー。きみは「ファストフード」が好きかい？

ミキ：ええ。好きよ。私、ハンバーガーが大好きなの。

ブライアン：ああ、本当に？　ハンバーガーはファストフードで、スローフードじゃない。

ミキ：ハンバーガーはすばやく作られて出される。だから、それらを「ファストフード」と呼ぶのね。そして、それらには脂肪がたくさんふくまれている。そうでしょ？

ブライアン：そのとおりだよ。スローフードはファストフードの反対なんだ。それはゆっくりと作られて出される。そして、ふつう脂肪は少ししか（ふくまれてい）ない。現在、スローフードはいくつかの国々で人気がでてきているんだ。

3 さまざまな句を読む

英文中の動名詞・不定詞・分詞を
読めるようになることが、
読解力向上のカギです！

☐ STEP **17** 2年

Soccer is my favorite sport. I like **watching soccer games on TV**. I enjoy **playing soccer**, too.

 ２つ目の文の watching soccer games on TV は、全体が動詞 like の目的語になっています。３つ目の文の playing soccer も、動詞 enjoy の目的語になっています。これらの句の〜ing は「〜すること」の意味を表しています。

日本語訳 サッカーは私のいちばん好きなスポーツです。私は**テレビでサッカーの試合を見ること**が好きです。私はまた**サッカーをすること**を楽しみます。

学習の POINT 動詞が **ing** 形になると"名詞の働き"をすることがあります。これを「動名詞」といいます。意味は「〜すること」ですが、訳す場合には、あまりそれにとらわれず、自然な日本語にしましょう。

■動名詞

〜ing	〜すること	文の主語や補語、動詞の目的語などになる。

▶ 動名詞のあとには、しばしば目的語がきたり、副詞・副詞句がきたりして、長い句になることもある。このような句をひとかたまりの意味として読むことが大切。

例 **Fishing** is fun. 　釣りは楽しい。〈動名詞が１語の場合〉
　　Fishing in the river is fun. 　川で釣りをするのは楽しい。
　　〈動名詞のあとに副詞句 in the river が続いている〉

■動名詞を目的語にする動詞（代表的なもの）

enjoy 〜ing	〜することを楽しむ	like 〜ing	〜することが好きだ
stop 〜ing	〜することをやめる	finish 〜ing	〜しおえる
begin 〜ing	〜し始める	start 〜ing	〜し始める

注目! 動名詞は動詞の目的語だけでなく、前置詞の目的語になることもよくある。英文中にそういう表現を見かけたら、注目するようにしよう。

例 He called her *before* **going to bed**.
　　彼は**寝る**前に彼女に電話をした。
　　She is good *at* **taking pictures**.
　　彼女は**写真をとるの**がじょうずだ。

> I began exchanging letters with an American girl. Writing English is very difficult. But I'm trying hard.

- began exchanging letters：動詞 began のあとに動名詞が使われている。exchange letters で「手紙の交換（＝やりとり）をする」の意味。
- Writing English is ～：ここでは動名詞の句が文の主語になっている。
- I'm trying hard：この trying は進行形をつくる現在分詞。

日本語訳 私はアメリカ人の女の子と手紙のやりとりを始めました。英語を書くことはとてもむずかしいです。でも、私は一生懸命努力しています。

> "Swimming in the ocean is fun. How about going to the beach this Sunday? I know a good place." "Sounds nice!"

- Swimming in the ocean is ～：動名詞の句が文の主語になっている。
- How about going to …?：How about ～ing? で「～するのはどうですか」（提案・勧誘）という意味を表す。動名詞を使った熟語表現。
- Sounds nice!：It sounds nice!（それはよさそうですね！）を略した言い方。会話表現。

日本語訳 「海で泳ぐのは楽しいね。こんどの日曜日に浜辺へ（＝海へ）行かない？ いいところを知っているんだ」「それはいいね！」

> He was talking and laughing with us. But after a while he suddenly stopped talking and left the room without saying anything.

- was talking and laughing：2つの～ing はどちらも進行形をつくる現在分詞。
- after a while：「しばらくして、しばらくすると」の意味の熟語。
- stopped talking：動詞 stopped のあとに動名詞が使われている。
- without saying anything：without は「～のない」の意味の前置詞。without ～ing で「～しないで、～せずに」という意味になる。動名詞を使った熟語表現。

日本語訳 彼は私たちと話したり笑ったり（＝談笑）していました。しかし、しばらくすると、とつぜん話すのをやめて、何も言わずに部屋を出て行きました。

□ **STEP 18** .... 1～2年

My hobby is **to listen to music**. I like **to play the guitar**, too.
I want **to be a musician some day**.

 最初の文の to listen to music は文の補語になっています。次の文の to play
the guitar は動詞 like の、最後の文の to be a musician …は動詞 want の目的
語になっています。これらの to ～は「～すること」の意味を表しています。

[日本語訳] 私の趣味は**音楽を聴くこと**です。私は**ギターをひくこと**も好きです。私は**いつ
かミュージシャンになること**を望んでいます（＝になりたいです）。

 to のあとに名詞ではなく動詞がきて〈to ＋動詞の原形〉の形になったもの
を「不定詞」といいます。不定詞にはさまざまな働きがありますが、名詞
の働きをして、「～すること」という意味を表すことがあります。

■不定詞の名詞的用法

to ＋動詞の原形	～すること	文の主語や補語、動詞の目的語などになる。

▶ 不定詞のあとには、しばしば目的語がきたり、副詞・副詞句がきたりして、長い句にな
ることもある。このような句をひとかたまりの意味として読むことが大切。

例 He hopes **to meet her again**.　彼は**もう一度彼女に会い**たいと思っている。

■不定詞を目的語にする動詞（代表的なもの）

like to ～	～することが好きだ	love to ～	～することが大好きだ
try to ～	～しようと努力する	decide to ～	～することを決める
want to ～	～したい	hope to ～	～したいと思う
begin to ～	～し始める	start to ～	～し始める

 動詞によって、不定詞を目的語にするか動名詞を目的語にするかは決まっている
が、不定詞・動名詞の両方を目的語にするものもある（like, begin, start など）。
なお、forget to ～（～することを忘れる）、forget ～ing（～したことを忘れる）
のように、どちらを目的語にするかで意味がちがうものもある。

例 Don't **forget to turn** off the light.　明かりを**消すのを忘れ**ないで。
　　I'll never **forget meeting** you.　私はあなたに**会ったことを**決して**忘れ**ない。

I've lived in Tokyo for five years. To live in a big city is exciting. But I've decided to live in the country for a while.

● To live in a big city is 〜：不定詞の句（To live …）が文の主語になっている。
● I've decided to live in 〜：現在完了の完了の意味を表す文。to live は動詞 decided の目的語となる不定詞。「私は〜に住むことを決めました」
● in the country：この the country は「いなか、田園」の意味。
● for a while：「しばらくの間」の意味の熟語。

日本語訳 私は5年間東京に住んでいます。大都市に住むことは刺激的です。でも、私はしばらくの間、いなかに住むことに決めました。

Jane has started to study Japanese. She hopes to learn about Japanese culture. She's now trying to make some Japanese friends.

● has started to study 〜：to study は動詞 started の目的語となる不定詞。
● hopes to learn about 〜：to learn は動詞 hopes の目的語となる不定詞。
● She's now trying to make 〜：to make は動詞 trying の目的語となる不定詞。
● make some Japanese friends：「（何人かの）日本人の友だちをつくる」

日本語訳 ジェーンは日本語を勉強し始めました。彼女は日本の文化について学びたいと思っているのです。彼女はいま、日本人の友だちをつくろうとしています。

To travel abroad is interesting. My dream is to travel around the world. I want to see people of different countries and speak with them.

● To travel abroad is 〜：不定詞の句（To travel …）が文の主語になっている。
● My dream is to travel 〜：不定詞の句（to travel …）が be 動詞の補語になっている。
● travel around the world：「世界中を旅行する、世界一周旅行をする」
● people of different countries：「さまざまな国々の人々」

日本語訳 海外を旅行するのはおもしろいです。私の夢は世界一周旅行をすることです。私はさまざまな国々の人々と会って（彼らと）話をしたいと思っています。

☐ STEP 19

"Are there any good places **to visit** in this town?" "Yes. There are many. You should have a guide **to show you around**."

 最初の文の to visit は直前の good places を修飾しています。「訪れるべきよい〔訪れるのによい〕場所」の意味です。最後の文の to show you around は直前の guide を修飾しています。「あなたを案内してまわるガイド」の意味です。

日本語訳 「この町には**訪れるべき**よい場所がありますか」「ええ。たくさんあります。（**あなたを）案内してまわってくれる**ガイドがいるといいですよ」

 学習の POINT

不定詞（**to** ＋動詞の原形）は、名詞の働きをするほかに、形容詞の働きをして、名詞を修飾することもあります。この場合、後ろから修飾する形になります。英語では後ろからの修飾が多いので注意しましょう。

■不定詞の形容詞的用法

名詞 ＋ to ＋動詞の原形…	～するための □ 、～すべき □

▶ 訳す場合は、意味を理解したうえで、なるべく自然な日本語にしよう。

▶ 形容詞的用法の不定詞は、名詞のほかに、something, anything, someone などの不定代名詞を修飾することもある。

　例 She needs *someone* **to help her**.
　　彼女には**だれか助けてくれる**人が必要です。

 注目! to のあとにくる動詞が同じでも、その後ろにくる語句によって意味が変わることがあるので、読むときには注意しよう。

　例 I didn't have time **to talk with him**.
　　私には**彼と話をするための**時間がなかった。
　　We have very important things **to talk about**.
　　私たちには**話し合うべき**とても重要なことがある。
　　She didn't have anyone **to talk to**.
　　彼女には**話しかける**相手がだれもいなかった。

"I'm thirsty. Will you give me something to drink?" "Sure. Do you want something to eat, too?" "No, thank you."

- ● Will you 〜?：「〜してくれませんか」の意味。会話表現。
- ● something to drink：to drink が something を修飾。「何か飲むもの（＝飲みもの）」
- ● Do you want 〜?：「〜がほしいですか」の意味の疑問文だが、ここでは、相手に何かをすすめる表現として使われている。
- ● something to eat：to eat が something を修飾。「何か食べるもの（＝食べもの）」

日本語訳 「のどがかわいたよ。何か飲みものをくれない？」「いいわよ。（何か）食べるものもいる？」「いや、いいよ」

"Do you have anything to do this afternoon? We're going to an art museum." "I'm sorry, I have a lot of homework to finish."

- ● anything to do：to do が anything を修飾。「何かすること（＝用事）」
- ● We're going to 〜：「（私たちは）〜へ行くところです」の意味。
- ● a lot of homework to finish：to finish が homework を修飾。「終わらせるべき（＝終わらせなくてはならない）たくさんの宿題」

日本語訳 「きょうの午後、何かすること（＝用事）があるの？ 私たち、美術館へ行くの」「残念だけど、終わらせなくちゃならない宿題がたくさんあるの」

We had a lot of things to talk about. But it was already twelve o'clock and we were getting sleepy. It was time to go to bed.

- ● a lot of things to talk about：to talk about が things を修飾。talk about は「〜について話す」の意味。「たくさんの話すべきこと」
- ● were getting sleepy：この get は「〜になる」の意味。「眠くなりつつあった」
- ● time to go to bed：to go to bed が time を修飾。「寝る（べき）時間」

日本語訳 私たちには話し合うべきことがたくさんありました。しかし、すでに（深夜の）12時で、私たちは眠くなってきていました。もう寝る時間でした。

4 不定詞の句（３）

Emi has gone to New York alone **to study singing and dancing**. Everyone was surprised **to discover that**.

最初の文の to study singing and dancing は「歌と踊りを勉強するために」という目的の意味を表しています。次の文の to discover that は「そのことを知って（おどろいた）」というように、感情の原因を表しています。

日本語訳 エミは**歌と踊りを勉強するために**ひとりでニューヨークへ行ってしまいました。**そのことを知って**みんなおどろきました。

学習の POINT

不定詞は、名詞や形容詞の働きをするほかに、副詞の働きをして、"目的"や"感情の原因"などを表すこともあります。〈to ＋動詞の原形〉という形は同じでも、このようにさまざまな意味があるので注意しましょう。

■不定詞の副詞的用法①

to ＋動詞の原形	～するために〈目的〉	最もよく使われる用法。
	～して〈感情の原因〉	前に感情を表す形容詞がくることが多い。

■不定詞の副詞的用法②

too … to ～	～するには…すぎる、…すぎて～できない〈程度・結果〉
… enough to ～	～するのに十分なほど…、十分…なので～できる〈程度・結果〉

▶ …には形容詞や副詞がくる。

▶ このほか、次のように形容詞を修飾〔限定〕する不定詞もある。

例 The question is *difficult* **to answer**.　その質問は**答えるのが**むずかしい。
　〈to answer は形容詞 difficult を修飾〉

次の意味のちがいに注意しよう。

He stopped **to talk with Mari**.
彼は**マリと話をするために**立ちどまった。
〈to talk ～は目的を表す不定詞〉

He stopped **talking with Mari**.
彼は**マリと話をするの**をやめた。
〈talking ～は動詞の目的語となる動名詞〉

Stopped to talk

stopped talking

"Are you going to take the Eiken test?" "Yes. I'm studying hard to pass the test." "Really? I'm very glad to hear that."

● to pass the test：to pass は"目的"を表す不定詞。なお、pass the test は「試験に合格する」の意味。「その試験に合格するために」
● glad to hear that：to hear は"感情の原因"を表す不定詞。「それを聞いてうれしい」

日本語訳 「英検の試験は受けるの？」「うん。合格するために（いま）一生懸命勉強しているよ」「本当？　それを聞いてとてもうれしいわ」

Mr. Tanaka is rich enough to have a summer house in Karuizawa. But he is usually too busy to enjoy his vacation there.

● rich enough to have ～："程度・結果"を表す不定詞。enough to ～は形容詞（ここでは rich）のあとにくる。「～を持つのに十分なほど裕福だ」
● summer house：「夏の別荘」
● too busy to enjoy ～："程度・結果"を表す不定詞。too のあとに形容詞（ここでは busy）がくる。「～を楽しむにはいそがしすぎる」

日本語訳 田中さんは軽井沢に夏の別荘を持つのに十分なほど裕福です（＝とても裕福で軽井沢に夏の別荘を持っています）。でも、いつもは、そこで休暇を楽しむにはいそがしすぎます（＝いそがしすぎて、そこで休暇を楽しむことができません）。

"Where is the city hall?" "Are you walking?" "Yes." "But it's too far to walk to. You should take a bus or a taxi to go there."

● too far to walk to："程度・結果"を表す不定詞。「歩いていくには遠すぎる」
● take a bus or a taxi：この take は「（乗り物に）乗る、利用する」の意味。
● to go there：to go は"目的"を表す不定詞。「そこへ行く（ため）には」

日本語訳 「市役所はどこにありますか」「歩いているのですか（＝歩きですか）」「ええ」「でも、歩いていくには遠すぎますよ。そこへ行くにはバスかタクシーに乗ったほうがいいですよ」

5 現在分詞（〜ing）の句

☐ STEP 21　　　　　　　　　　　　　　　3年

"Is that **crying** baby your son?" "No. The baby **sleeping in the bed** is my son." "Oh, he is sleeping quietly."

 最初の発言中の crying は、すぐあとの名詞 baby を修飾しています。「泣いている赤ちゃん」の意味です。次の発言中の sleeping in the bed は、直前の名詞 baby を修飾しています。「ベッドで眠っている赤ちゃん」の意味です。

日本語訳　「あの**泣いている**赤ちゃんはあなたの息子さんですか」「いいえ。**ベッドで眠っている**赤ちゃんが私の息子です」「ああ、静かに眠っていますね」

学習の POINT　動詞の ing 形は、名詞の働きをする（＝動名詞）以外に、形容詞の働きをして、「〜している…」という意味を表すことがあります。 **〜ing** のあとに語句が続くときは、名詞を"後ろから"修飾する形になります。

■名詞を修飾する〜ing

〜ing ＋ 名詞	〜している ☐	〜ing が1語で使われるとき。
名詞 ＋〜ing ＋語句	〜している ☐	〜ing に目的語や副詞（句）などがつくとき。

▶ この〜ing 形は、進行形をつくる〜ing 形と同じで、現在分詞。
　例 Yumi is **playing** tennis with Tom.
　　　ユミはトムとテニスを**している**。〈現在進行形の文〉
　　　The girl **playing** tennis with Tom is Yumi.
　　　トムとテニスを**している**女の子はユミです。
　　　〈現在分詞が名詞を修飾している〉

▶ 名詞を修飾する〜ing は、進行中の動作を表すことが多いが、状態を表すこともある。
　例 I have an uncle **living** in Kyoto.
　　　私には京都に**住んでいる**おじがいます。〈live はふつう進行形にしない動詞〉

▶ 〜ing のあとには、目的語がきたり、副詞・副詞句がきたりして、長くなることがある。そのようなときも、ひとかたまりの意味として読むことが大切。

注目▶　「〜させる」という意味の動詞の現在分詞が形容詞化すると、「〜させるような」という意味になる。excite（興奮させる）⇒ exciting（興奮させるような）
　例 an **exciting** story　**わくわくさせるような**（＝わくわくする）物語

64

"Do you know the boy talking with Mariko?" "No. But I know the boy sitting next to him. He is one of her classmates."

● the boy talking with Mariko : talking 以下は boy を修飾している。「マリコと話をしている男の子」

● the boy sitting next to him : sitting 以下は boy を修飾している。next to は「～のとなりに〔の〕」の意味の熟語。「彼のとなりにすわっている男の子」

日本語訳 「きみはマリコと話をしている男の子を知ってる?」「いや。でも、彼のとなりにすわっている男の子なら知っているよ。彼は彼女の同級生の1人だよ」

He met an old man living alone in the forest. The old man lived very simply. He ate plants and nuts growing there.

● an old man living alone in ～ : living 以下は man を修飾している。「～にひとりで住んでいる老人」

● lived very simply : simply は副詞で「質素に、簡素に」の意味。

● plants and nuts growing there : growing 以下は plants and nuts を修飾している。「そこ (＝その森) に生えている草や木の実」

日本語訳 彼はその森にひとりで住んでいる老人に会いました。その老人はとても簡素に暮らしていました。彼はその森に生えている草や木の実を食べていました。

The girl drawing a picture under the tree is my sister. She is good at drawing. She draws very interesting pictures.

● The girl drawing a picture under ～ : drawing 以下は girl を修飾している。「～の下で絵をかいている女の子」

● is good at drawing : この drawing は動名詞。「絵をかくのがじょうずだ」

● very interesting pictures : この interesting は「興味を起こさせるような (＝興味深い、おもしろい)」の意味。「とてもおもしろい絵」

日本語訳 木の下で絵をかいている女の子は私の妹〔姉〕です。彼女は絵をかくのがじょうずです。彼女はとてもおもしろい絵をかきます。

6 過去分詞の句

☐ STEP 22 ━━━━━━━━━━━━━━━━━━━━━ `3年`

The park was covered with **fallen** leaves. There was a bench
painted white so we sat there and began talking.

 最初の文の過去分詞 fallen は、すぐあとの名詞 leaves を修飾している。「落ちて
しまった葉（＝落ち葉）」の意味です。次の文の painted white は、直前の名詞
bench を修飾しています。「白くぬられたベンチ」の意味です。

`日本語訳` その公園は**落ちてしまった**葉（＝落ち葉）におおわれていました。**白くぬられた**
ベンチがあったので、私たちはそこに腰をおろして、話しはじめました。

 現在分詞と同様に、過去分詞も形容詞の働きをして、名詞を修飾することが
あります。「～された…」「～してしまった…」という意味を表します。過去
分詞のあとに語句が続くときは、名詞を"後ろから"修飾する形になります。

■名詞を修飾する過去分詞

過去分詞＋ 名詞	～された ☐	受け身の意味〈他動詞の場合〉
	～してしまった ☐	完了の意味〈自動詞の場合〉
名詞 ＋過去分詞＋語句	～された ☐	受け身の意味〈他動詞の場合〉
	～してしまった ☐	完了の意味〈自動詞の場合〉

▶ 過去分詞は、すでに学習したように、しばしば受け身や現在完了をつくる。
　例 The bench **was painted** white.　そのベンチは白く**ぬられていた**。〈受け身〉
　　　The leaves **have** already **fallen**.　葉はすでに**落ちてしまった**。〈現在完了〉
▶ 形容詞の働きをする過去分詞のほとんどは「～された…」という受け身の意味を表す。
　例 We played a game **called** "Who am I?".
　　　私たちは「私はだれ？」と**呼ばれる**（＝という）ゲームをした。
▶ 過去分詞のあとには、副詞・副詞句などがきて、長くなることが
　ある。そのようなときも、ひとかたまりの意味として読むことが
　大切。

 「～させる」という意味の動詞の過去分詞が形容詞化すると、「～させられた＝～し
た」という意味になる。excite（興奮させる）⇒ excited（興奮した）
　例 Don't get so **excited**.　そんなに**興奮し**ないで。

Let's Read!

> "I've lost the watch given to me by John. It was a birthday present."
> "Really? I picked up this watch last night. Is this the lost watch?"

- I've lost 〜：現在完了の完了用法。
- the watch given to me by 〜：given 以下は watch を修飾している。「〜によって私に あたえられた時計（＝〜からもらった時計）」
- the lost watch：lost は watch を修飾している。1語なので名詞の前に置かれている。 「失われた時計（＝なくした時計）」

【日本語訳】 「私、ジョンからもらった時計をなくしてしまったの。それ、誕生日のプレゼ ントだったのよ」「ほんと？ 私、きのうの夜、この時計をひろったの。これが、 そのなくした時計？」

> My father bought a car made in Germany. It was very expensive and looked new, but it was a used car.

- a car made in Germany：made 以下は car を修飾している。「ドイツで作られた車（＝ ドイツ製の車）」
- looked new：new は補語。「新しく見えた（＝新車のようだった）」
- a used car：used は use の過去分詞が形容詞化したもの。 「使った、中古の」の意味。

【日本語訳】 私の父はドイツ製の車を買いました。そ れはとても高価で、新車のようでした。 しかし、それは中古車でした。

> The Christmas card sent to me by Mary was really beautiful. It had a message written in English.

- The Christmas card sent to me by 〜：sent 以下は card を修飾している。「〜によっ て私に送られた（＝〜から私のもとに送られてきた）クリスマスカード」
- a message written in English：written 以下は message を修飾している。「英語で書 かれたメッセージ」

【日本語訳】 メアリーから私のもとに送られてきたクリスマス カードは、本当に美しいものでした。それには英 語で書かれたメッセージがついていました。

☐ STEP 23 ━━━━━━━━━━━━━━━━━━━━━━ 3年

"We **want you to** join our tennis club." "But I've never played it before." "Don't worry. We'll teach you **how to play it**."

最初の文の want you to ～は「あなたに～してほしい」という意味です。to ～は「you（＝あなた）」にしてほしい行為を表しています。最後の文の how to play it は「それをどのようにやればいいか（＝それのやり方）」の意味です。

日本語訳 「**あなたに**テニス部に入って**もらいたいの**」「でも、これまで一度もやったことがないわ」「心配しないで。私たちが（**それを**）どうやればいいか教えてあげるわ」

学習の POINT

不定詞には、通常の名詞的用法・形容詞的用法・副詞的用法のほかにも、重要な使い方があります。ここでは、名詞の働きをする〈疑問詞＋不定詞〉と、〈want[ask, tell] ＋人＋不定詞〉の2つの表現を覚えましょう。

■名詞の働きをする〈疑問詞＋不定詞〉

how to ～	どのようにして～すればいいのか、～のしかた
what to ～	何を～すればいいのか、何を～するか
which to ～	どちらを～すればいいのか、どちらを～するか
where to ～	どこへ～すればいいのか、どこへ～するか
when to ～	いつ～すればいいのか、いつ～するか

▶ what や which のあとに名詞がくることもある。

例 Tell me **which bus to take**. どのバスに乗ればいいのか教えてください。

■〈動詞＋人＋不定詞〉の表現

want ＋人＋ to ～	人に～してほしい（と思う）
ask ＋人＋ to ～	人に～してくださいとたのむ
tell ＋人＋ to ～	人に～しなさいと言う

注目！ 〈疑問詞＋不定詞〉は know や tell などの動詞の目的語になるほか、前置詞のあとにくることもある。

例 We talked about **where to go**.
私たちは**どこへ行くか**について話し合った。

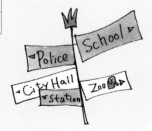

The clerk showed me two dresses. I liked both of them. I was wondering which to buy. But my mother told me to decide quickly.

● both of them：both は「両方」の意味。「（それらの）両方」
● was wondering which to buy：which to buy が wonder（〜を知りたいと思う、考える）の目的語になっている。「どちらを買う（べき）かを考えていた」
● told me to decide：〈tell ＋人＋ to 〜〉の形の文。「私に決めなさいと言った」

日本語訳 店員は私に2つのドレスを見せてくれました。私は両方とも気に入りました。私はどちらを買うか考えていました。しかし、母が私に早く決めなさいと言いました。

"I want to go to the post office. Could you tell me which way to go?"
"Sorry, I'm a stranger here. So I can't tell you how to get there."

● Could you 〜?：ていねいな依頼の表現。「〜していただけませんか」
● tell me which way to go：which way to go が tell の目的語になっている。
● a stranger：ここでは「初めて来た人、不案内な人」の意味。
● tell you how to get there：you と how to get there が tell の目的語になっている。

I'm a stranger.

日本語訳 「郵便局へ行きたいのですが。どの道を行けばいいのか教えていただけませんか」「すみませんが、私はここは初めてなんです。ですから、どうやってそこへ行けばいいのか、教えてあげることができません」

Tom had to leave. But Emily asked him not to go. She wanted him to stay with her. He didn't know what to say.

● asked him not to go：〈ask ＋人＋ to 〜〉の形の文だが、「人に〜しないでくれとたのむ」のように否定の意味にするときは、to の前に not を置く。
● wanted him to stay：〈want ＋人＋ to 〜〉の形の文。「彼にいてほしいと思った」
● know what to say：what to say が know の目的語になっている。

日本語訳 トムは行かなくてはならなかった。しかし、エミリーは彼に行かないでとたのんだ。彼女は彼にいっしょにいてほしかったのだ。彼は何を言ったらいいのか（＝何と言えばいいのか）わからなかった。

☐ STEP 24 ····················· 2～3 年

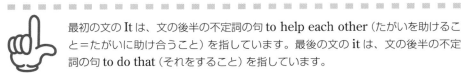

It is very important **to help each other**. Everyone says so.
But **it** isn't so easy **to do that**.

最初の文の It は、文の後半の不定詞の句 to help each other（たがいを助けること＝たがいに助け合うこと）を指しています。最後の文の it は、文の後半の不定詞の句 to do that（それをすること）を指しています。

日本語訳 **たがいに助け合うこと**はとても大切なことです。だれもがそう言います。でも、**それをすること**（＝**実行すること**）はそれほど簡単ではありません。

学習の POINT 名詞的用法の不定詞は、形式主語の it といっしょに使われることがあります。やや高度な表現として、ぜひマスターしておきましょう。また、こうした不定詞には、意味上の主語（＝不定詞の動作主）がつくこともあります。

■〈It ＋不定詞〉の文

It is … to ～	～することは…だ	It = to ～

▶ この It は後ろの不定詞（名詞的用法）を指す。このような it を「形式主語」という。
▶ It のあとにくる動詞は、いつも be 動詞とはかぎらない。次の文の take は「（時間などが）かかる」の意味。

　例 It will *take* two hours **to finish the work**.
　　　その仕事を終えるのに 2 時間かかるでしょう。〈It = to finish ～〉

■意味上の主語（A）がある場合

It is … for A to ～	Aが～することは…だ

▶ for A は不定詞（to ～）の意味上の主語（＝不定詞の表す動作の動作主）を表す。

　例 **It** is important **for everyone to have a dream**.
　　　だれもが夢をもつことは大切です。

注目! 不定詞に意味上の主語（for A）がつくのは、名詞的用法だけではない。副詞的用法などにもつくことがあるので、覚えておこう。

　例 This book is too difficult **for me to read**.
　　　この本は私が読むにはむずかしすぎる。

> Are you still working? It is not good for your health to work so hard.
> It is necessary to take a break and relax from time to time.

- It is not good … to work so hard.：It は to work 以下を指す形式主語。
- not good for your health：「健康にとってよくない」の意味。この for your health は不定詞の意味上の主語ではない。
- It is necessary to take a break …：It は to take 以下を指す形式主語。
- take a break：この break は「休み、休憩」の意味。「休みをとる、休憩する」
- from time to time：「ときどき」の意味の熟語。

日本語訳 まだ働いているのですか？ そんなに一生懸命に働くのは健康によくないですよ。ときどき休憩してリラックスすることが必要です。

> English is not easy to learn. It will be impossible for you to master it
> in a month or two. But it is good to try anyway.

- not easy to learn：to learn は形容詞 easy を修飾する副詞的用法の不定詞。
- It will be impossible for you to master ～：It は to master 以下を指す形式主語。for you は to master ～の意味上の主語。「あなたが～をマスターするのは不可能だろう」
- it is good to try ～：it は to try 以下を指す形式主語。

日本語訳 英語は習得するのが容易ではありません。（あなたが）それを1か月か2か月でマスターするのは不可能でしょう。でも、とにかくやってみるのはいいことです。

> That question wasn't difficult for him to solve. He answered it in a
> few minutes. But it took almost an hour for me to solve it.

- wasn't difficult for him to solve：to solve は形容詞 difficult を修飾する副詞的用法の不定詞。for him は to solve の意味上の主語。
- it took ～ for me to solve it：最初の it は to solve it を指す形式主語。for me は to solve it の意味上の主語。「私がそれを解くのに～かかった」

日本語訳 その問題は彼には解くのがむずかしくはなかった。彼はそれを数分で答えた。でも、私はそれを解くのに1時間近くかかってしまった。

Hello, everyone.　Today I am going to tell you about the Volunteer Day.　Our school has had the Volunteer Day for five years.　It is one of the big events in our school.　On that day all the students in our school go out to do something for people living in the town.　Some students go to the parks to clean them.　Some go to the streets and pick up the *litter.　Last year it was held in spring and my friend Naoko and I cleaned the river.　We were surprised to see the amount of garbage.

〔注〕litter　ごみ、くず

（青森）

● On that day：「その日に」の意味。「日」を表すときは、前置詞はふつう on を使う。

● go out：「外出する、出かける」

● to do something for ～：この to do は目的を表す副詞的用法の不定詞。「～のために何かをするために、～のために何かしようと」

● people living in the town：この living は形容詞的な働きをする現在分詞。living 以下は people を修飾している。「町に住んでいる人々」

● Some students go to ～.　Some go to ….：「何人かの生徒は～へ行く。何人か（の生徒）は…へ行く」⇒「～へ行く生徒もいれば、…へ行く生徒もいる」くらいの意味。some と some（others を使うこともある）がセットで使われている。

● to clean them：これも目的を表す副詞的用法の不定詞。「それらをきれいにするために」

● pick up ～：「～を拾い上げる」

● were surprised to see ～：この to see は感情の原因を表す副詞的用法の不定詞。「～を見ておどろいた」

● the amount of garbage：amount は「量」、garbage は「ごみ」の意味。「ごみの量」

日本語訳

　こんにちは、みなさん。きょう、私は「ボランティアの日」についてみなさんにお話しします。私たちの学校には 5 年間（＝ 5 年前から）「ボランティアの日」というものがあります。それは私たちの学校での大きな行事の 1 つです。その日、私たちの学校の生徒全員が町に住む人々のために何かをしようと出かけます。公園を掃除しに行く生徒もいますし、通りへ行ってごみを拾う生徒もいます。昨年、ボランティアの日は春に催され（＝行われ）、友人のナオコと私は川をきれいにしました。私たちはごみの量を見ておどろきました。

Takeshi is a junior high school student in Oita. He likes to study English and he is interested in England.

Last summer he went to England to study English. He was in England for three weeks, and he stayed at Tom's house. Tom has a sister and her name is Mary.

One Saturday afternoon his family had a birthday party for Mary. At the party Takeshi showed Mary how to make *origami*. She enjoyed making *origami* very much and asked him some questions about Japan. But Takeshi could answer only one question. He felt very sad.

（大分）

- likes to study English：to study ～は名詞的用法の不定詞。ここでは動詞 likes の目的語になっている。「英語を勉強することが好きだ」
- went to England to study English：この to study ～は目的を表す副詞的用法の不定詞。「英語を勉強するためにイギリスへ行った」
- stayed at Tom's house：stay at ～で「～に泊まる」の意味。
- had a birthday party：have a party で「パーティーを開く」の意味。「誕生日パーティーを開いた」
- how to make *origami*：how to ～で「どのようにして～すればいいのか、～のし方」の意味。「折り紙の作り方（＝折り方）」
- enjoyed making …：making は動名詞で、ここでは動詞 enjoyed の目的語の働きをしている。enjoy ～ing で「～をすることを楽しむ、～して楽しむ」の意味。

日本語訳

　タケシは大分の中学生です。彼は英語を勉強するのが好きで、イギリスに興味をもっています。

　この前の夏、彼は英語を勉強するためにイギリスへ行きました。彼はイギリスに３週間いました。そして（その間）トムの家に泊まりました。トムには妹〔姉〕が１人いて、名前はメアリーといいます。

　ある土曜日の午後、彼の家族はメアリーのために誕生日パーティーを開きました。そのパーティーで、タケシはメアリーに折り紙の折り方を教えてあげました。彼女は折り紙を折るのをとても楽しみました。そして、彼に日本についていくつか質問しました。でも、タケシは１つの質問にしか答えられませんでした。彼はとても悲しく感じました。

Today, a lot of people learn English, but we should also learn Asian languages such as *Korean or Chinese. It is important for Asian countries to help each other. We live close together and have a lot of chances to meet each other. But we don't know much about each other. We should learn more about other cultures and try to understand them. Learning each other's language is the best way to do that.

〔注〕 Korean 韓国語

（佐賀）

● Asian languages such as 〜：A such as B で「（たとえば）Bのような A」の意味。「〜のようなアジアの言語」

● It is important for Asian countries to help each other. : It は to help 以下を指す形式主語。この to help は名詞的用法の不定詞。for Asian countries はこの不定詞の意味上の主語。「アジアの国々には（＝にとって）おたがいに助け合うことは重要だ」

● each other：「たがいに、たがいを」の意味の代名詞。

● close together：この close は「近くに、すぐそばに」の意味の副詞（発音は [klous]）。close together「接近して、すぐ近くに」の意味。

● chances to meet each other：to meet 〜は形容詞的用法の不定詞で、chances を修飾している。「おたがいに会う機会」

● try to understand them：to understand 〜は名詞的用法の不定詞。ここでは動詞 try の目的語になっている。「それら（＝他の文化）を理解しようと努力する」

● Learning each other's language is 〜：Learning は動名詞。Learning each other's language がこの文の主語。「たがいの言語を学ぶことは〜である」

● the best way to do that：to do 〜は形容詞的用法の不定詞で、way を修飾している。なお、この way は「方法」の意味。「それをするための最もよい方法」

日本語訳

　今日では、多くの人々が英語を学んでいます。しかし、私たちは、韓国語や中国語のようなアジアの言語も学ぶべきです。アジアの国々にとっておたがいに助け合うことは重要です。私たちはすぐ近くで生活しており、おたがいに会う機会もたくさんあります。しかし、私たちはおたがいについてあまり知りません。私たちは、他の文化についてもっと学習し、それらを理解しようと努力すべきです。おたがいの言語を学ぶことは、それをするための最もよい方法です。

One Saturday morning, Tomoko went to buy a watch. At a shop, she found a nice one and bought it. She took a train to go home, but she left the watch on the train. At home, Tomoko noticed that and asked her father what to do. He told her to go to the station and get some information about her watch. So she went back. A *station attendant called some stations. Her watch was kept at one of them. The next day, she got back her watch.

〔注〕 station attendant　駅員

（千葉）

● went to buy a watch：to buy は目的を表す副詞的用法の不定詞。「腕時計を買うために出かけた⇒買いに行った」
● found a nice one：この one は同じ名詞のくり返しをさけるときに使う代名詞。ここでは watch を指している。「よいの（＝よい腕時計）を見つけた」
● and bought it：it は one とちがって、特定のものを指す代名詞。ここでは、トモコが見つけた「よい腕時計」を指している。「そして、その腕時計を買った」
● took a train：take a train で「電車を利用する、電車に乗る」の意味。
● to go home：これも目的を表す副詞的用法の不定詞。「家に帰るために」
● left the watch：この leave は「置き忘れる」の意味。
● asked her father what to do：what to do は「何をすべきか、何をしたらいいのか」の意味。「彼女の父親に何をすべきかをたずねた」
● He told her to go to … and get …：〈tell ＋人＋ to ～〉（人に～するように言う）の形の文。「彼は彼女に…へ行って…を得るように言った」
● called some stations：この call は「～に電話をする」の意味。
● got back her watch：get back は目的語がないときは「もどる」の意味だが、目的語があるときは「～を取りもどす」の意味。「彼女の腕時計を取りもどした」

日本語訳

　ある土曜日の朝、トモコは腕時計を買いに行きました。ある店で、彼女はよいの（＝よい腕時計）を見つけて、それを買いました。彼女は家に帰るために電車に乗りましたが、彼女はその電車に腕時計を置き忘れてしまいました。家で、トモコはそのことに気がつき、何をすべきか（＝どうしたらいいか）を父親にたずねました。彼は彼女に、駅へ行って、自分の腕時計についての情報を得るように言いました。それで彼女は（駅へ）もどりました。1人の駅員がいくつかの駅に電話をかけてくれました。彼女の腕時計はそれらの（駅の）うちの1つで保管されていました。その翌日、彼女は自分の腕時計を取りもどしました。

Mr. Brown : Excuse me.

*Librarian : Yes. Can I help you?

Mr. Brown : This is my first time to visit the City Library. I'm looking for books about *karate* and *judo,* but I can't read Japanese. Are there any books written in English?

Librarian : Yes, there are. You can find them over there.

Mr. Brown : Thanks. How long can I borrow the books?

Librarian : For two weeks.

Mr. Brown : Great! How many books can I borrow **at a time*?

Librarian : Ten books, but you have to have a card to borrow the books. Do you want to make one?

Mr. Brown : Yes, please.

〔注〕 Librarian　図書館員　　at a time　一度に

(山梨)

- Can I help you? :「何かご用でしょうか」の意味の会話表現。店員などがよく使う。
- my first time to visit ~ : to visit ~ は形容詞的用法の不定詞で、first time を修飾している。「~を訪れる私の最初の時」⇒「私が~を訪れるのは(これが)初めて」
- any books written in English : この written は形容詞的な働きをする過去分詞。written 以下は books を修飾している。「英語で書かれた(何冊かの)本」
- to borrow the books : to borrow ~ は目的を表す不定詞。
- want to make one : この one は代名詞。a card を指している。

日本語訳

ブラウンさん：失礼ですが。

図書館員：はい。何かご用でしょうか〔何かお探しですか〕。

ブラウンさん：市立図書館を訪れるのはこれが初めてです。空手と柔道に関する本を探しているのですが、私は日本語が読めません。英語で書かれた本はありますか。

図書館員：はい、ありますよ。あちらで見つけられます(=あちらにあります)。

ブラウンさん：ありがとう。どのくらい借りていられるのですか。

図書館員：2週間です。

ブラウンさん：それはいいですね！　一度に何冊借りることができるのですか。

図書館員：10冊ですが、本を借りるためにはカードを持っていなくてはなりません。カードをつくりたいですか(=つくりますか)。

ブラウンさん：はい、お願いします。

4 複雑な文を読む

比較を表す文や、
接続詞・関係代名詞を使った文を
しっかりと読めるようになろう！

1 比較を表す文（1）

I met your mother yesterday. She is **as** old **as** my mother. But she looks young**er than** my mother.

2つ目の文の as old as 〜は比較を表す言い方で、「〜と同じくらいの年齢だ」という意味を表しています。3つ目の文の younger than 〜も比較を表す言い方で、「〜より（もっと）若い」という意味を表しています。

日本語訳 私はきのう、あなたのお母さんに会いました。彼女は私の母**と同じ（くらいの）**年です。でも、（彼女は）私の母**より（もっと）**若く見えます。

学習の POINT
英語は比較を表すとき、しばしば２つの形をとります。何かと何かが「同じくらい…」というときには〈**as … as** 〜〉の形を使い、一方が他方と比べて「もっと…」というときは〈比較級＋ **than** 〜〉の形を使います。

■比較表現

as ＋形容詞〔副詞〕＋ as 〜	〜と同じくらい…
not as[so] ＋形容詞〔副詞〕＋ as 〜	〜ほど…ではない
形容詞〔副詞〕の比較級＋ than 〜	〜より（もっと）…

▶ 形容詞や副詞の比較級は、次のような形で使われる。
　①語尾が er になる形。
　　old ⇒ older, large ⇒ larger, big ⇒ bigger, happy ⇒ happier
　②形容詞・副詞の前に more を置く形。（比較的長い語の場合）
　　beautiful ⇒ more beautiful

▶ 比較級を使った疑問文では、次のように which で始まるものもある。
　例 **Which** is larger, Spain or France?
　　スペインとフランスでは、**どちらのほうが（より）**大きいですか。

次のような形容詞・副詞は特殊な形の比較級をもつので、読むときには注意が必要。
good（よい）, well（じょうずに、健康で）⇒ better ／ bad（悪い）⇒ worse
many, much（多くの）⇒ more ／ little（少しの、少し）⇒ less
　例 He reads **more** books than I.　彼は私より（**もっと**）多くの本を読む。

The mountain is not as high as Mt. Tsukuba. But it is more difficult to climb than Mt. Tsukuba. So you should be very careful.

● not as high as Mt. Tsukuba：〈not as ＋形容詞＋ as ～〉の形。「筑波山ほど高くない」
● more difficult … than Mt. Tsukuba：difficult の比較級は more difficult。「筑波山より…（もっと）むずかしい」
● difficult to climb：to climb は difficult を修飾している。「登るのがむずかしい」

日本語訳 その山は筑波山ほど高くはありません。でも、それ（＝その山）は筑波山より登るのがむずかしいです。だから、大いに気をつけたほうがいいですよ。

Yumiko started to practice the piano two years later than I. But she practiced much harder, so now she plays it as well as I or better.

● two years later than I：later（副詞 late の比較級）の前に、比較の程度〔差〕を表す two years がついている。「私より２年遅れて」
● much harder：harder（副詞 hard の比較級）の前に、比較級を強める much がついている。「ずっと（もっと）熱心に」の意味。なお、この文のように、比較の対象（ここでは than I）が明らかなときは、than 以下はしばしば省略される。
● as well as I：この well は副詞で「じょうずに」の意味。「私と同じくらいじょうずに」
● or better：ここは or better than I の意味。

日本語訳 ユミコは私より２年遅れてピアノの練習を始めました。でも、彼女は（私より）ずっと熱心に練習をしました。それで、いまでは彼女は私と同じくらいか、私よりじょうずに（ピアノを）ひきます。

"How are you feeling today, Tom?" "I'm feeling much better now. I'm getting better and better every day." "I'm glad to hear that."

● How are you feeling ～?：「おかげんはいかがですか」の意味の会話表現。
● much better：この better は形容詞 well（健康で、元気で）の比較級。
● better and better：〈比較級＋ and ＋比較級〉で「ますます～、どんどん～」の意味を表す。

日本語訳 「きょうは気分はどう、トム？」「いまはずっといいよ。毎日どんどんよくなっているよ」「それを聞いてうれしいわ（＝それはよかったわ）」

☐ STEP 26 2年

Takeshi was 165 cm tall and he was short**er than any other** runner in the race. But he ran (**the**) fast**est** of all.

最初の文の shorter than any other ～は「ほかのどの～よりも背が低い（＝最も低い）」の意味を表しています。次の文の ran (the) fastest は「最も速く」の意味を表しています。fastest は fast の最上級の形です。

日本語訳 タケシは背丈が165センチで、そのレース〔競走〕では**ほかのどの**走者**よりも**背が低かった。しかし、彼は（走者）全員の中で**いちばん**速く走った。

学習の POINT　「～よりも…」ではなく、「**いちばん…**」という意味を表すときは、形容詞・副詞を最上級の形にします。形容詞の最上級にはふつう前に **the** がつきます。副詞の最上級にも **the** がつくことがあります。

■最上級表現

形容詞〔副詞〕の最上級	＋〈in ＋比較の範囲〉	～の中で最も…
	＋〈of ＋比較の対象〉	

▶ in[of] ～はつかないこともある。in のあとには"場所"などを表す語句がくる。
▶ 形容詞や副詞の比較級は、次のような形で使われる。
　①語尾が est になる形。
　　old ⇒ oldest, large ⇒ largest, big ⇒ biggest, happy ⇒ happiest
　②形容詞・副詞の前に most を置く形。（比較的長い語の場合）
　　beautiful ⇒ most beautiful
▶ 比較の対象を any other ～などにすると、比較級で最上級的な意味を表せる。
　例 He ran fast**er than any other** runner in the race.
　　彼はそのレースで**ほかのどの**走者**よりも**速く（＝**いちばん**速く）走った。

注目！　比較表現では、比較の対象（than や as のあと）にいろいろな語句を置くことで、さまざまな意味を表すことができる。
　例 He is older **than he looks**.
　　彼は**見た目より**年とっている。
　He worked **as** hard **as he could**.
　　彼は**できるかぎり**一生懸命働いた。

Jimmy
60 years old

John is more popular than any other boy in my class.　He is good at any sport.　He is the best tennis player in my school.

- more popular than any other 〜：比較級を使った最上級
的な表現。「ほかのどの〜よりも人気がある」
- is the best tennis player in 〜：この best は good の最上級。「〜で最もじょうずなテニスのプレーヤーだ（＝〜でいちばんテニスがじょうずだ）」

| 日本語訳 | ジョンは私のクラスではほかのどの男の子よりも人気があります。彼はどんなスポーツでもじょうずです。彼は学校でいちばんテニスがじょうずです。 |

"Did you study as hard as possible?"　"Yes.　I did my best.　But I couldn't pass the exam."　"Well, don't worry.　You can try again."

- as hard as possible：as … as possible で「できるかぎり…」の意味。as … as 〜 can と同じ意味を表す。ここは as hard as you could としても同じ。
- I did my best.：do 〜's best で「全力を尽くす」の意味の熟語。
- You can try again.：「きみは再びやってみることができる（＝またやってみればいい）」

| 日本語訳 | 「できるかぎり一生懸命勉強したかい？」「うん。全力を尽くしたよ。でも試験には合格できなかったんだ」「それなら、くよくよするな。またトライすればいいよ」 |

"What is your favorite movie?"　"I like *Pirates of the Caribbean* the best.　I think it's one of the greatest movies in the world."

- your favorite movie：favorite には最上級的な意味が含まれている。「あなたのいちばん好きな映画」
- I like 〜 the best.：この best は very much の最上級。
- one of the greatest movies：〈one of the ＋形容詞の最上級＋複数名詞〉で「最も〜な…の１つ」の意味。「最もすばらしい映画の１つ」

| 日本語訳 | 「あなたのいちばん好きな映画は何？」「ぼくは『パイレーツ・オブ・カリビアン』がいちばん好きだね。それは世界で最もすばらしい映画の１つだと思うね」 |

☐ STEP 27 2〜3 年

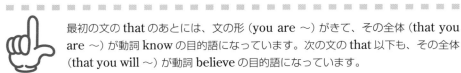

I know **that** you are a very nice person. I believe **that** you will get along with everyone in the new school.

最初の文の that のあとには、文の形（you are 〜）がきて、その全体（that you are 〜）が動詞 know の目的語になっています。次の文の that 以下も、その全体（that you will 〜）が動詞 believe の目的語になっています。

日本語訳 私はあなたがとてもいい人だ**ということ**を知っています。私はあなたが新しい学校でみんなと仲よくやっていく**と（いうことを）**信じています。

学習の POINT **that には代名詞のほかに、接続詞としての用法もあります。接続詞の that は〈that ＋文〉の形の名詞節（＝名詞の働きをする節）をつくり、「〜ということ」という意味を表します。この名詞節は動詞の目的語などになります。**

■ that で始まる名詞節

that ＋主語＋動詞…	S（主語）が〜するということ

▶ この that 節は、しばしば次のような動詞の目的語として使われる。
   know（知っている）、think（思う）、believe（信じる、考える）、hope（望む）
   find（気づく、知る）、hear（聞く）、learn（知る）、understand（わかる）
▶ 訳す場合は、「〜するということ」にとらわれず、なるべく自然な日本語にしよう。
▶ この用法の that はしばしば省略されるので注意しよう。
   例 I think she will become a good singer. (= I think **that** she will 〜.)
      彼女はよい歌手になる**と**私は思います。
▶ 次の文のように、that の名詞節が S V O O の2つ目の目的語になることもある。
   例 Please tell her **that** I will come soon.
      彼女に私がすぐに行く**と**伝えてください。

注目! 似た用法として、that 節は、〈be 動詞＋形容詞＋ that 〜〉の形で使うことがある。この場合は動詞の目的語ではないが、それと似た働きをする。
   例 He is afraid **that** he will fail again.
      彼は、また失敗するのではないか**と（いうことを）**心配している。

My favorite sport is skiing. I'm glad to find that Mary likes skiing, too. I hope we will go skiing together some day.

- to find that 〜：不定詞は"感情の原因"を表す用法。that 〜は動詞 find の目的語。「〜ということを知って」
- I hope 〜：I hope のあとの that は省略されている。
  I hope 〜で「〜だとよいと思う」の意味。
- go skiing：go 〜ing で「〜しに行く」の意味の熟語。

日本語訳 ぼくのいちばん好きなスポーツはスキーです。ぼくは、メアリーもスキーを好きだということを知って、うれしいです。いつかいっしょにスキーをしに行ければいいなと思っています。

PART 1 4 複雑な文を読む

I don't believe you are telling me the truth. I'm afraid you are hiding some very important facts.

- don't believe 〜：believe のあとの that は省略されている。
- I'm afraid 〜：afraid のあとの that は省略されている。I'm afraid 〜で「（好ましくないことを予想して）〜と思う」の意味。

日本語訳 私はあなたが真実を話しているとは信じられません。私はあなたが（いくつかの）とても重要な事実を隠しているのではないかと思っています。

"I hear soccer is the most popular sport in Japan. Do you think so?"
"No, I don't. I'm sure baseball is the most popular in Japan."

- I hear 〜：hear のあとの that は省略されている。I hear (that) 〜は、「〜とうわさに聞いている、〜ということだ」の意味でよく使う。
- Do you think so?：この so は that 節のくり返しをさけるときによく使う。ここでは (that) soccer is the most 〜の節を指している。「あなたはそう思いますか」
- I'm sure 〜：sure のあとの that は省略されている。I'm sure 〜で「〜ということを確信している」の意味。

日本語訳 「聞くところによると、サッカーが日本で最も人気のあるスポーツだそうだね。きみはそう思うかい？」「いや、そうは思わないね。ぼくは野球が日本で最も人気があると確信しているよ（＝信じているよ）」

☐ STEP 28 .... 3年

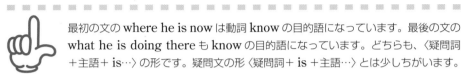

"Do you know **where he is now**?" "Yes. He is in New York. But I don't know **what he is doing there**."

最初の文の where he is now は動詞 know の目的語になっています。最後の文の what he is doing there も know の目的語になっています。どちらも、〈疑問詞＋主語＋is…〉の形です。疑問文の形〈疑問詞＋ is ＋主語…〉とは少しちがいます。

日本語訳 「あなたは**彼がいまどこにいるか**知っている？」「うん。彼はいまニューヨークにいるよ。でも、**そこで彼が何をしているのか**は知らないよ」

学習の
POINT 疑問詞は、疑問文をつくるほかに、名詞の働きをする節をつくることがあります。その場合、疑問文とちがって、〈疑問詞＋主語＋動詞…〉の形になります。これを「間接疑問」といいます。

■疑問詞で始まる名詞節＝間接疑問

what ＋主語＋動詞…	何を〜するか（ということ）
where[when] ＋主語＋動詞…	どこで〔いつ〕〜するか（ということ）
why[how] ＋主語＋動詞…	なぜ〔どのようにして〕〜するか（ということ）

▶ 間接疑問は、しばしば次のような動詞の目的語として使われる。
　know（知っている）、can tell（わかる）、understand（わかる）、ask（たずねる）

▶ 上にあげたもののほかにも、さまざまな疑問文の形が間接疑問になる。
　例 Do you know **how much food** they need?
　　あなたは彼らが**どれくらいの食べ物を**必要としている**か**知っていますか。

▶ 次の文のように、間接疑問がＳＶＯＯの２つ目の目的語になることもある。
　例 I asked him **what sport** he liked.
　　私は彼に**どんなスポーツが**好きか**を**たずねました。

動詞が that 節や間接疑問を目的語にしている場合、動詞が過去になると、that 節や間接疑問の中の動詞や助動詞も過去形になる。これを「時制の一致」という。
　例 I **thought** (that) he **was** very tired.
　　私は彼がとてもつかれて**いる**と思った。

Let's Read!

"Can you tell me when World War Ⅱ started?" "Yes. It started in 1939." "Then, do you know how it started?" "No, I don't."

- ● when World War Ⅱ started：この部分が間接疑問で、動詞 tell の目的語になっている。「いつ第2次世界大戦が始まったのか」
- ● how it started：この部分が間接疑問で、動詞 know の目的語になっている。「どのようにしてそれが始まったのか」

- 日本語訳 「第2次世界大戦がいつ始まったか教えてくれない？」「いいよ。それは1939年に始まったんだ」「じゃあ、どんなふうにして始まったか知ってる？」「いや、知らない」

"Do you know who gave the present to Jane?" "Tom?" "That's right." "Oh, I see. Now, I understand why she looked so happy."

- ● who gave the present to Jane：who で始まる間接疑問。疑問詞の who がこの間接疑問の節の主語になっている。「だれがジェーンにそのプレゼントをあげたのか」
- ● why she looked so happy：この部分が間接疑問で、動詞 understand の目的語になっている。「なぜ彼女がそんなにうれしそうに見えたのか」

- 日本語訳 「あなたはだれがそのプレゼントをジェーンにあげたか知ってる？」「トムかい？」「あたり」「ああ、そうか。それで、彼女がなぜあんなにうれしそうだったのか、わかったよ」

She told me that she liked to go to the movies. I asked her what kind of movies she liked. She said that she liked musicals.

- ● told me that ～：that 節が動詞 told の2つ目の目的語になっている。また、that 節の中は時制の一致で動詞が過去形（liked）になっている。
- ● asked her what kind of movies ～：what kind of movies 以下の間接疑問が動詞 asked の2つ目の目的語になっている。また、間接疑問の中は時制の一致で動詞が過去形（liked）になっている。

- 日本語訳 彼女は映画を見に行くのが好きだと私に言いました。私は彼女に、どんな映画が好きかとたずねました。彼女はミュージカル映画が好きだと言いました。

☐ **STEP 29** . . . . 2～3 年

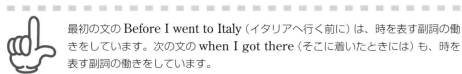

Before I went to Italy, I read a lot about the country.　But
when I got there, everything was still surprising.

最初の文の Before I went to Italy （イタリアへ行く前に）は、時を表す副詞の働きをしています。次の文の when I got there （そこに着いたときには）も、時を表す副詞の働きをしています。

日本語訳 **イタリアへ行く前に**、私はその国についてたくさん読みました。でも、**そこに着いたときには**（＝着いてみると）、それでも、すべてがおどろくことばかりでした。

学習の POINT ！ 接続詞の中には、後ろに文の形（主語＋動詞…）がきて、それ全体で副詞的な意味を表す節（＝副詞節）をつくるものがあります。こうした接続詞の中には、“時”を表すものがたくさんあります。

■接続詞がつくる副詞節①：時を表すもの

when ＋主語＋動詞…	～するとき、～したとき
before ＋主語＋動詞…	～する前に
after ＋主語＋動詞…	～したあとで
while ＋主語＋動詞…	～する間に
until[till] ＋主語＋動詞…	～するときまで（ずっと）
since ＋主語＋動詞…	～して以来、～してから（いままで）

▶ before, after, until, since には前置詞としての用法もある。前置詞の場合は、後ろに文の形ではなく、名詞や動名詞などがくる。
　　例 Finish your homework **before** *going out*.
　　　外出する**前に**宿題を終わらせなさい。〈この before は前置詞〉
▶ 接続詞の中には、and, but のように、副詞節をつくらない接続詞もある。

注目！ 接続詞で始まる副詞節は、文の前にくることも後ろにくることもある。後ろにくるときは、ふつうコンマ（ , ）がないので注意しよう。
　　例 He was very shy **when he was a young boy**.
　　　彼は**小さいころは**とても内気だった。

After she finished her lunch, Mariko went to town with her friends.
She enjoyed shopping there until it got dark.

- **After she finished her lunch,**：時を表す副詞節。なお、このように副詞節が文の前にくるときは、ふつう節の終わりにコンマがある。「彼女が昼食を終えたあとで」
- **went to town**：go to town で「町（の中心部）へ行く」の意味を表す。
- **until it got dark**：時を表す副詞節。「暗くなるまで」

日本語訳 昼食を終えたあと、マリコは友だちと町へ出ました。彼女は暗くなるまで、そこでショッピングを楽しみました。

I took these pictures when I visited Kyoto. I liked Kyoto very much.
I want to visit there again before I leave Japan.

- **took these pictures**：「写真を撮る」というときの「撮る」は、ふつう take を使う。
- **when I visited Kyoto**：時を表す副詞節。「京都を訪れたときに」
- **visit there**：there はふつう副詞だが、このように名詞として使うこともある。
- **before I leave Japan**：時を表す副詞節。なお、ここは before leaving Japan と書きかえることもできる。「日本を発つ〔はなれる〕前に」

日本語訳 私はこれらの写真を京都を訪れたときに撮りました。私は京都がとても気に入りました。日本をはなれる前にもう一度そこを訪れたいと思っています。

I want to see Mr. Sato while I'm staying here. He was my teacher. I
haven't seen him since I was in elementary school.

- **while I'm staying here**：時を表す副詞節。「私がここに滞在している間に」
- **haven't seen him since ～**：現在完了の文。否定の継続を表している。「～以来ずっと彼に会っていない」
- **since I was in elementary school**：時を表す副詞節。「私が小学校にいたとき以来」

日本語訳 私はここに滞在している間にサトー先生に会いたいです。彼は私の先生でした。私は小学校にいたとき以来、ずっと彼には会っていないのです。

□ STEP 30

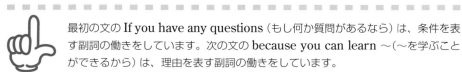

If you have any questions, please ask me. It is important to ask questions **because you can learn a lot by that**.

最初の文の If you have any questions（もし何か質問があるなら）は、条件を表す副詞の働きをしています。次の文の because you can learn ～（～を学ぶことができるから）は、理由を表す副詞の働きをしています。

日本語訳 **もし何か質問があるなら、私にたずねてください。質問をすることは大切です。なぜなら、それによって多くを学ぶことができるからです。**

学習の
POINT
接続詞の中には、時を表す副詞節のほかに、条件・理由などを表す副詞節をつくるものもあります。これらも〈接続詞＋主語＋動詞…〉の形で使います。副詞節に慣れることは、読解力を高めるうえでとても重要です。

■接続詞がつくる副詞節②：条件・理由などを表すもの

if ＋主語＋動詞…	もしも～ならば、
because ＋主語＋動詞…	～だから、なぜなら～だから（である）
though ＋主語＋動詞…	～だけれども、たとえ～でも

▶ though と but のちがいに注意しよう。but ～は副詞節ではない。
　例 **Though** he is only ten years old, he can speak five languages.
　　　彼はたった10歳**だけれど**、5か国語を話すことができる。
　　　He is only ten years old, **but** he can speak five languages.
　　　彼はたった10歳**だが**、5か国語を話すことができる。
▶ as soon as （～するとすぐに）のように、接続詞の働きをする熟語もある。
　例 He took a bath **as soon as** he got home.
　　　彼は帰宅する**とすぐに**ふろに入った。

注目！
時を表す副詞節や、条件を表す副詞節では、未来のことを表す場合も will ～とはせずに、現在形の動詞を使う。
　例 **If** something *happens*, I will call you.
　　　もしも何かが起き**たら**、（私は）あなたに電話します。

Though we were very tired, we didn't stop walking. We had to arrive at the bus stop by six because there was no bus after that.

● Though we were very tired：接続詞の though を使った副詞節。「私たちはとてもつかれていたけれども」
● by six：この by は「～までに」の意味を表す前置詞。「6時までに」
● because there was no bus after that：理由を表す副詞節。「（なぜなら）そのあとはバスがなかったから」

日本語訳 私たちはとてもつかれていたが、歩くのをやめなかった。私たちは6時までにバス停に着かなければならなかった。そのあとはバスがなかったからだ。

"If it rains tomorrow, I'll be home all day." "Then, can I call on you?" "Sure, but why?" "Because I have something to talk to you about."

● If it rains tomorrow：条件を表す副詞節。未来のことを表しているが、動詞は現在形 (rains) が使われている。「もしもあした雨が降ったら」
● I'll be home：この home は副詞。「私は家にいます」
● call on ～：「（人）を訪問する」の意味の熟語。
● Because ～：why の疑問文に対しては、ふつう Because ～ の形で答える。

日本語訳 「あした雨が降ったら、ぼくは一日じゅう家にいるよ」「そうしたら、きみをたずねて行ってもいいかい？」「いいよ、でも、なぜ？」「きみと話したいことがあるんだ」

"I'll call you when I arrive at the station." "OK. I'll leave the house to pick you up as soon as I get your call." "Thank you."

● when I arrive at the station：時を表す副詞節。未来のことを表しているが、動詞は現在形 (arrive) が使われている。「駅に着いたときに (＝着いたら)」
● pick you up：pick ～ up は「～を車でむかえに行く、車に乗せる」の意味の熟語。
● as soon as I get your call：時を表す副詞節。未来のことを表しているが、動詞は現在形 (get) が使われている。「私が電話をもらったらすぐに」

日本語訳 「駅に着いたら、あなたに電話するわ」「わかった。電話をもらったらすぐに、きみをむかえ (に行くため) に家を出るよ」「ありがとう」

7 形容詞の働きをする節（1）

□ STEP 31 3年

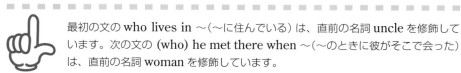

I have an uncle **who lives in Los Angeles**. He married a
woman **(who) he met there when he was a college student.**

最初の文の who lives in ～（～に住んでいる）は、直前の名詞 uncle を修飾して
います。次の文の (who) he met there when ～（～のときに彼がそこで会った）
は、直前の名詞 woman を修飾しています。

日本語訳 私には**ロサンゼルスに住んでいる**おじがいます。彼は**大学生のときにそこで
会った**女性と結婚しました。

学習の POINT
who で始まる節は、形容詞の働きをして、前の名詞（人）を修飾すること
があります。その場合、〈**who**（＝主語）＋動詞…〉と〈**who** ＋主語＋動詞
…〉の２つの形をとりますが、後者の場合、ふつう **who** は省略されます。

■名詞（人）を修飾する節

名詞 ＋ who ＋動詞…	～する □ 、～した □
名詞 ＋ who ＋主語＋動詞…	S（主語）が～する □ 、Sが～した □
名詞 ＋主語＋動詞…	

▶ 〈who ＋主語＋動詞…〉の形では、who は省略されるのがふつう。その場合、上の表の
３番目の形になる。なお、〈who ＋動詞…〉の場合、who は省略できない。

▶ この who のような働きをする語を「関係代名詞」という。そして、関係代名詞の節に
よって修飾される名詞を「先行詞」という。先行詞はふつう関係代名詞の直前にある。

例 He is the only person **who can help her**.
　　彼は**彼女を助けることができる**ただ一人の人だ。〈先行詞は person〉

▶ 〈who ＋主語＋動詞…〉の場合、who の代わりに whom も使えるが、これについては
中学ではふつう学習しない。

注目！ that にも関係代名詞としての用法があり、who の代わりに使う
ことができる。なお、次のステップで習うが、that は先行詞が
"人"でも"もの"でも使える。

例 She knew all the people **that came to the party**.
　　彼女は**そのパーティーに来た人たちを**みんな知っていた。

Let's Read!

CHECK!

> "Do you know anyone who can speak French?" "Yes. The lady who teaches us English comes from Canada. She can also speak French."

- anyone who can speak French：who 以下は anyone を修飾する形容詞節（＝形容詞の働きをする節）。「フランス語を話せるだれか」
- The lady who teaches us English：who 以下は lady を修飾する形容詞節。「私たちに英語を教えている女性」
- comes from ～：come from ～ は「～の出身である」の意味の熟語。

日本語訳 「きみはフランス語を話せる人をだれか知ってる？」「ええ。私たちに英語を教えている女性はカナダ出身なの。彼女はフランス語も話せるわ」

> "There are many singers I like. But the one I listen to most is John Lennon. Do you know him?" "No. I usually listen to Japanese pop."

- many singers I like：I like は singers を修飾する形容詞節。「私が好きなたくさんの歌手」
- the one：この one は同じ名詞のくり返しをさけるときに使う代名詞。ここでは singer を指している。
- the one I listen to most：I listen to most は one（＝singer）を修飾する形容詞節。「私が最も（よく）聴く歌手」

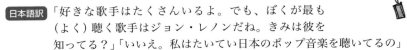

日本語訳 「好きな歌手はたくさんいるよ。でも、ぼくが最も（よく）聴く歌手はジョン・レノンだね。きみは彼を知ってる？」「いいえ。私はたいてい日本のポップ音楽を聴いてるの」

> Dr. Yukawa was the first Japanese that received a Nobel Prize. This is a book about him written by a man who knew him well.

- the first Japanese that received a Nobel Prize：that 以下は Japanese を修飾する形容詞節。「ノーベル賞を受賞した最初の日本人」
- a book about him written by ～：過去分詞の written 以下は book を修飾している。
- a man who knew him well：who 以下は man を修飾する形容詞節。

日本語訳 湯川博士は、ノーベル賞を受賞した最初の日本人です。これは、彼をよく知っている人によって書かれた、彼についての本です。

PART 1

4

複雑な文を読む

8 形容詞の働きをする節（2）

☐ STEP 32 3年

The book (**which**) **I read last night** was very interesting. It was a science fiction **which won some prize**.

最初の文の (which) I read last night（昨夜私が読んだ）は、直前の名詞 book を修飾しています。次の文の which won some prize（何かの賞をとった）は、直前の名詞 science fiction を修飾しています。

日本語訳 **私が昨夜読んだ本はとてもおもしろかったです。その本は何かの賞を受賞した**ＳＦ小説でした。

学習の POINT 関係代名詞 **who** で始まる節は、人を修飾するときに使いますが、ものを修飾するときは、関係代名詞 **which** の節を使います。この場合も、〈**which** ＋主語＋動詞…〉の形をとるときは、ふつう **which** は省略されます。

■名詞（もの）を修飾する節

名詞 ＋ which ＋動詞…	～する ☐ 、～した ☐
名詞 ＋ which ＋主語＋動詞…	Ｓ（主語）が～する ☐ 、Ｓが～した ☐
名詞 ＋主語＋動詞…	

▶〈which ＋主語＋動詞…〉の形では、which は省略されるのがふつう。その場合、上の表の3番目の形になる。なお、〈which ＋動詞…〉の場合、which は省略できない。

▶関係代名詞には、このほかに whose もある。whose のあとには名詞がきて、〈whose ＋名詞＋動詞…〉あるいは〈whose ＋名詞＋主語＋動詞…〉の形で使う。

例 I have a friend **whose father is a musician**.
私には**（その）お父さんがミュージシャンである**友人がいます。

注目！ 関係代名詞の that は、先行詞が"人"でも"もの"でも使える。つまり、who と which どちらの代わりにもなる。

例 She lost the ring **that he gave her for her birthday**.
彼女は**彼が誕生日にくれた**指輪をなくした。

Let's Read!

Yesterday I received a letter which was written in English. It was from Lisa. In it, there were some words I couldn't understand.

- a letter which was written in English：which 以下は letter を修飾する形容詞節。「英語で書かれた手紙」
- some words I couldn't understand：I couldn't understand は words を修飾する形容詞節。could と過去形になっているのは、時制の一致によるもの。「私に理解できなかった〔理解できない〕いくつかのことば」

日本語訳 きのう私は英語で書かれた手紙を受け取りました。それはリサからのものでした。そこには、私に理解できないことばがいくつかありました。

John showed her a bird he found in the woods. It was a cute little bird which had a broken wing. He asked her to take care of it.

- a bird he found in the woods：he found in the woods は bird を修飾する形容詞節。「彼が森の中で見つけた 1 羽の鳥」
- a cute little bird which had a broken wing：which 以下は bird を修飾する形容詞節。「折れたつばさをもった〔もつ〕かわいい小鳥」 なお、ここは a cute little bird with a broken wing とも表現できる。

日本語訳 ジョンは（彼が）森の中で見つけた 1 羽の鳥を彼女に見せました。それは、折れたつばさをもつ（＝つばさの折れた）かわいい小鳥でした。彼は彼女にそれの世話をしてほしいとたのみました。

I visited an old house that stood across the river. It was the house that my grandmother lived in when she was young.

- an old house that stood across the river：that 以下は house を修飾する形容詞節。「川向こうに建っていた〔建っている〕古い家」
- the house that my grandmother lived in when ～：that 以下は house を修飾する形容詞節。「私の祖母が～だったときに住んでいた家」

日本語訳 私は川向こうに建っている 1 軒の古い家を訪れました。それは私の祖母が若かったときに住んでいた家でした。

I can't believe that today is my last day at this school. I came to Japan two years ago. When I came, I didn't know what to do. Life in Japan was very different from life in my country. It was very difficult for me to live here. But now I'm enjoying my life because I have a lot of friends and I like everything in Japan. I'm very happy to meet nice students like you. I have been here to teach you English, but you were my teachers. You taught me many interesting things about Japan. After I go back, I will try to find work. I have a dream to teach at college. I want all of you to have dreams. When we have dreams, we will work hard for them. Let's try hard. I hope I will see you again.

(秋田)

- I can't believe that today is 〜：この that は接続詞。that 以下は believe の目的語となる名詞節（〜ということ）。「きょうが〜であることを私は信じることができない」
- When I came：時を表す副詞節。「私が来たとき」
- because I have a lot of friends and 〜：because 以下は理由を表す副詞節。「私には多くの友人がいるし〜なので」
- have been here to teach you English：have been here は継続を表す現在完了。「あなたたちに英語を教えるためにここにいた（＝ここに来た）」
- After I go back：時を表す副詞節。「私が帰国したら」
- I hope I will 〜：hope のあとに接続詞の that が省略されている。「私は〜（私が）〜することを望む」

日本語訳

　私は、きょうがこの学校での私の最後の日だということを信じることができません。私は2年前に日本に来ました。来たとき、私は何をしたらいいのかわかりませんでした。日本での生活は祖国での生活とはとてもちがいました。私にはここで暮らすことはとても困難でした。しかし、いまは多くの友人がいるし、日本のものが何でも好きなので、私は生活を楽しんでいます。みなさんのようなすばらしい生徒に会えて、私はとてもうれしいです。私はみなさんに英語を教えるためにここに来ました。でも、みなさんが私の先生でした。みなさんは私に日本について多くのおもしろいことを教えてくれました。帰国したら、私は仕事を見つけようと思います。私には、大学で教えるという夢があります。私は、みなさん全員に夢をもってほしいと思います。夢があると、それ（＝夢）のために熱心に働くでしょう。一生懸命努力しましょう。みなさんに再会できることを望んでいます。

Last Sunday Emily went shopping with her friend, Mary. They saw a man who was *juggling on the street. His face was painted like a *clown. During a *break, he looked at Emily and said to her, "Hi, Emily. Are you having fun?" Emily was surprised because she didn't know who he was. Mary asked Emily, "Do you know him?" "No, but I think I've heard his voice before," said Emily. But when the man began to juggle with apples, Emily said to Mary, "Oh, that's the man who works at the fruit shop near my house! I often see him on my way to school. I didn't know he could juggle so well."

〔注〕 juggle （お手玉のような）曲芸をする　clown ピエロ　break 休憩

（千葉）

- a man who was juggling：この who は関係代名詞。who 以下は man を修飾する形容詞節。「曲芸をしていた男の人」
- Are you having fun?：have fun で「楽しむ」の意味。
- because she didn't know ～：because 以下は理由を表す副詞節。
- didn't know who he was：who he was は間接疑問（名詞節）で動詞 know の目的語になっている。「彼がだれかを知らなかった」
- I think I've heard ～：think のあとに接続詞の that が省略されている。「私は～を聞いたことがあるように思う」
- that's the man who works at ～：who 以下は man を修飾する形容詞節。「あれは～で働いている男の人だ」
- I didn't know he could ～：know のあとに接続詞の that が省略されている。

日本語訳

　この前の日曜日、エミリーは友だちのメアリーと買い物に行きました。2人は通りで曲芸をしている男の人を見ました。彼の顔はピエロのようにぬられていました。休憩中に、彼はエミリーを見て言いました。「やあ、エミリー。楽しんでいますか」　エミリーは彼がだれか知らなかったのでおどろきました。メアリーがエミリーに「彼を知っているの？」とたずねました。「いいえ、でも、彼の声は以前聞いたことがあるように思うの」とエミリーが言いました。しかし、その男の人がりんごで曲芸をし始めると、エミリーはメアリーに言いました。「ああ、あれは私の家の近くの果物店で働いている人だわ！　学校へ行く途中でよく彼を見るの。彼があんなにじょうずに曲芸ができるなんて、知らなかったわ」

　　The marathon makes me happy and teaches me an important thing: Life is so much fun. The marathon has also given me a big dream.

　　People often want to know why I became a coach. I want my *athletes to show their *abilities in big races around the world. I became a coach to realize this dream.

　　It's very important to find something you want to do in your life and to have a big dream you want to realize. If you do so, you'll always think that life is so wonderful.

　　I'll continue to be a coach and run with my athletes as long as I live and as long as I have that big dream.

〔注〕 athlete　運動選手　　ability　能力

（大阪）

● an important thing: Life is ～：このコロン（:）は「すなわち」くらいの意味。
● want to know why I became a coach：why 以下は間接疑問（名詞節）で、動詞 know の目的語になっている。「私がなぜコーチになったのかを知りたいと思う」
● find something you want to do in your life：you want 以下は something を修飾する形容詞節。「あなた（＝人）が一生の間にやりたいと思うことを見つける」
● have a big dream you want to realize：you want 以下は dream を修飾する形容詞節。「実現したいと思う大きな夢をもつ」
● If you do so：条件を表す副詞節。「もしも（あなたが）そうすれば」
● as long as I live：as long as ～は接続詞的な働きをする熟語で、「～する限り」の意味の副詞節をつくる。「私が生きている限り」

日本語訳

　　マラソンは私を幸福にしてくれますし、私に重要なこと、すなわち、人生はとても楽しいということを教えてくれます。また、マラソンは私に大きな夢をあたえてくれました。
　　人々はしばしば、なぜ私がコーチになったのかを知りたがります。私は、私の（＝私がコーチをしている）運動選手に、世界中の大きなレースで能力を示して（＝発揮して）ほしいと願っています。私はこの夢を実現するためにコーチになったのです。
　　人が一生の間にやりたいことを見つけることや、実現したいと思う大きな夢をもつことはとても重要です。そうすれば、つねに人生はとてもすばらしいと思えるでしょう。
　　私は、生きている限り、そして、その大きな夢がある限り、コーチであり続けるでしょうし、（私がコーチをしている）運動選手たちとともに走り続けるでしょう。

People in different countries and cultures spend their free time in different ways. An American newspaper says that reading is the most popular activity in the United States. This is followed by watching TV, and spending time with the family comes in third. In Japan, the most popular free-time activity is eating out with friends or family. The second is driving. Karaoke comes in third, and is more popular than watching videos.

People around the world are also becoming interested in new activities. In the United States, for example, more and more Americans are writing e-mails or playing games on the Internet in their free time.

（国－高専）

● An American newspaper says that ～：この say は「（本などに）書いてある」の意味。

● the most popular activity in ～：最上級（the most popular）を使った表現。「～で最も人気のある活動」

● This is followed by ～：この follow は「あとに続く」の意味。ここは「これは～によってあとに続かれる（不自然な日本語）⇒～がこれのあとに続く」という意味。

● is eating out：eat out で「外で食事をする」の意味。なお、この eating は動名詞。

● comes in third：come in third で「（競走などで順位が）３着になる」の意味。

● is more popular than ～：比較級（more popular）を使った表現。「～よりも人気がある」

● more and more Americans：〈比較級＋ and ＋比較級〉で「ますます～」の意味。この more は many の比較級なので、「ますます多くのアメリカ人」の意味。

日本語訳

　異なる国々や文化の人々は異なる方法で自由な時間をすごします（＝国や文化が異なると、人々の自由な時間のすごし方も異なります）。あるアメリカの新聞は、読書がアメリカ合衆国で最も人気のある活動であると書いています。テレビを見ることがこれに続きます。そして、家族と時間をすごすことが３番目にきます。日本では、最も人気のある自由な時間の活動は、友人や家族と外で食事をすることです。２番目はドライブです。カラオケは３番目で、ビデオを見ることより人気があります。

　世界中の人々はまた、新しい活動にも興味をいだくようになってきています。たとえば、アメリカ合衆国では、自由な時間にＥメールを書いたり、インターネットでゲームをしたりするアメリカ人がますます多くなってきています。

Kate : *Laughter makes us happy. It makes us healthy too. Sick people sometimes get well by laughing.

Sachiko : You mean laughter is useful to sick people?

Kate : That's right. Last year a famous doctor came to Japan and he talked about laughter. He is a doctor who uses laughter as one of the ways to *cure sick people. He thinks that laughter is as important as water.

Sachiko : Oh, really?

Kate : One day, he saw sick children in his hospital and wanted them to laugh. So he put a small red ball on his nose and became a *clown. When the children saw him, they started to laugh.

Sachiko : It's a very interesting story!

〔注〕 laughter 笑い　　cure〜 〜を治療する　　clown ピエロ

（岡山）

● You mean 〜？ : mean（〜という意味で言う）のあとに接続詞の that が省略されている。なお、文末に疑問符がつくと、形はふつうの文でも疑問の意味を表す文となる。

● a doctor who uses 〜 : who 以下は doctor を修飾する形容詞節。「〜を利用する医者」

● laughter is as important as water : as … as 〜で「〜と同じくらい…」の意味。「笑いは水と同じくらい重要である」

● wanted them to laugh :「彼らに笑ってほしかった⇒彼らを笑わせたかった」

日本語訳

ケイト：笑いは私たちを幸せにしてくれるわ。それはまた、私たちを健康にもしてくれるの。病気の人々は、ときには笑うことによってよくなる〔元気になる〕のよ。

サチコ：笑いは病気の人々にとって役に立つという意味？

ケイト：そのとおりよ。昨年、有名な医者が日本に来て、笑いについて話をしたの。彼は、病気の人を治す方法の１つとして笑いを利用している医者なのよ。彼は、笑いは水と同じくらい重要だと考えているの。

サチコ：まあ、本当に？

ケイト：ある日、彼は病院で病気の子どもたちを見て、彼らを笑わせたいと思ったの。それで、鼻に小さな赤いボールをつけてピエロになったの。子どもたちは彼を見ると、笑いだしたんだって。

サチコ：それはとてもおもしろい話ね！

5 さまざまな表現

いろいろな角度から、
読解で注意すべき表現をチェックし、
基礎の仕上げをしよう！

☐ STEP 33

I **am glad (that)** he won first prize at the contest.　He played the piano very well.　We **are** very **proud of** him.

最初の文の am glad (that) 〜は、「〜をうれしく思う、喜ぶ」という意味を表しています。最後の文の are proud of 〜は、「〜を誇りに思う」という意味を表しています。どちらも、〈be 動詞＋形容詞〉が動詞のような働きをしています。

日本語訳 私は彼がそのコンテストで優勝した**ことをうれしく思います**。彼はとてもじょうずにピアノをひきました。私たちは彼**のことを**とても**誇らしく思います**。

学習の POINT 形容詞は、〈be 動詞＋形容詞＋前置詞 〜〉の形や〈be 動詞＋形容詞＋that 〜〉の形で、1つの動詞のような働きをすることがあります。こうした文は、前置詞や that とセットにして読むのがポイントです。

■〈be 動詞＋形容詞＋前置詞 〜〉の文（重要なもの）

be afraid of 〜	〜をこわがる	be proud of 〜	〜を誇りに思う
be full of 〜	〜でいっぱいだ	be good at 〜	〜がじょうずだ
be different from 〜	〜とちがう	be absent from 〜	〜を欠席する
be late for 〜	〜におくれる	be famous for 〜	〜で有名だ

■〈be 動詞＋形容詞＋ that 〜〉の文（重要なもの）

be glad[happy] that 〜	〜をうれしく思う
be sure that 〜	〜を確信している、きっと〜だと思う
be afraid that 〜	〜ではないかと心配する、〜ではないかと思う

▶ 〜のところには、文の形がくる。この that は接続詞で、しばしば省略される。

　例 I'm **happy** I can help you.　あなたの手伝いができる**ことをうれしく思う。**

注目! 〈be 動詞＋形容詞＋前置詞 〜〉の前置詞のあとには、名詞や代名詞のほかに動名詞もくるので注意しよう。

　例 He is proud of **working** as a teacher.
　彼は教師として**働いていること**を誇りに思っている。

I'm sure (that) Shinji will win the game. You don't have to worry about that. He is really good at playing tennis.

● I'm sure (that) 〜：「私は〜ということを確信している」
● don't have to 〜：「〜する必要はない」
● worry about 〜：「〜について心配する」
● is really good at playing tennis：be good at 〜（〜が じょうずだ、得意だ）が使われている。ここでは、前置詞 at のあとが動名詞になっている。

I'm sure that...

日本語訳 ぼくはシンジがその試合に勝つと確信しているよ。きみは（そのことは）心配 しなくていいよ。彼はテニスをするのが本当にじょうずだもの。

"I was late for the show last night." "Were you able to find a seat?" "No, the theater was already full of people."

● I was late for 〜：「私は〜に遅れた」
● Were you able to 〜?：be able to 〜（〜することができる）の過去形の疑問文。この場 合は to のあとが動詞の原形になる。
● the theater was already full of 〜：「劇場はすでに〜でいっぱいだった」

日本語訳 「私、きのうの夜、ショーに遅れちゃったの」「席を見つけることはできたか い？」「いいえ、劇場はすでに人でいっぱい（＝満員）だったの」

Ellen is absent from school today. I'm afraid (that) she has a bad cold. I hope (that) she will get well soon.

● Ellen is absent from 〜：「エレンは〜を欠席している（＝休んでいる）」
● I'm afraid (that) 〜：「私は〜ではないかと思う」
● has a bad cold：「ひどいかぜをひいている」
● I hope (that) 〜：「私は〜であることを望む、〜だと思う」
● get well：「元気になる、よくなる」

日本語訳 エレンはきょう学校を休んでいます。彼女はひど いかぜをひいているのだと思います（＝ひいてい るようです）。早くよくなるといいのですが。

☐ STEP 34 . . . . 2〜3年

He **never** reads the newspaper. So he knew **nothing** about the accident. He was very surprised to hear about it.

最初の文では、doesn't ではなく never が否定の意味を表しています。never のあとの動詞に3人称単数の s がついていることにも注目。2つ目の文では、動詞 knew の目的語 nothing が否定の意味を表しています。

日本語訳 彼は新聞を**まったく読みません**。そのため、その事故については**何も知りません**でした。彼はそれについて聞くと、とてもびっくりしました。

学習の POINT
英語では、**not**（**is not, do not** など）を使う以外にも、**never** や **few, little** や 〈**no** ＋名詞〉を使うなどして、否定の意味を表すことがあります。日本語にはない感覚の表現もあるので注意が必要です。

■否定の意味を表す語句

never（副詞）	決して…ない、まったく…ない
no ＋名詞	少しの〜も…ない
nothing	何も…ない
no one	だれも…ない（nobody でも同じ意味を表す）
few ＋複数名詞	ほとんど…ない
little ＋数えられない名詞	ほとんど…ない

▶ 副詞の never は一般動詞の前、be 動詞や助動詞のあとに置かれる。
　例 He *is* **never** late for school.　彼は**決して**学校に遅刻し**ない**。

▶〈no ＋名詞〉や nothing, no one などの語句は、文の主語や目的語などになることによって、文全体が否定の意味になる。

　not を使った否定表現にも、読むときに注意が必要なものがある。not のあとに always や all などがくると、「いつでも〔すべてが〕…というわけではない」の意味になり、very（とても）がくると、「あまり…ではない」の意味になる。
　例 I respect you, but I do**n't always** agree with you.
　　　私はあなたを尊敬しているが、**いつでも**あなたに同意する**わけではない**。

Let's Read!

It was really nice weather. There were no clouds in the sky and there was little wind at the beach. It was perfect for swimming.

- It was really nice weather. : この It は天候を表している。
- There were no clouds : 〈no ＋名詞〉が否定の意味を表している。「雲がひとつもなかった」
- there was little wind : 〈little ＋数えられない名詞〉が否定の意味を表している。「風はほとんどなかった」

日本語訳 本当にいい天気でした。空には雲ひとつなく、浜辺にはほとんど風もありませんでした（＝吹いていませんでした）。泳ぐには申し分ありませんでした。

The boy was mysterious. He didn't say anything about himself. So no one in his class even knew where he came from.

- didn't say anything : 〈not ＋ anything〉は全否定を表す。「何も言わなかった」
- no one in his class even knew ~ : 主語の no one が否定の意味を表している。副詞の even は「～でさえ」の意味。「クラスのだれひとりとして～さえ知らなかった」
- where he came from : 間接疑問。「彼がどこから来たか、彼がどこの出身か」

日本語訳 その少年はなぞめいていた。彼は自分については何も言わなかった。そのため、彼のクラスのだれひとりとして、彼がどこの出身かさえ知らなかった。

I didn't think the question was very difficult. But few students could answer it. Maybe it was not as easy as it seemed.

- I didn't think ~ was very difficult. : 英語では否定の意味を先に表す傾向があり、ふつう I *think* ~ was *not* very difficult. のようにはしない。
- didn't think ~ was very difficult : 〈not ＋ very〉は「あまり～ない」の意味。
- few students could ~ : 〈few ＋複数名詞〉が否定の意味を表している。「ほとんどの生徒が～できなかった」
- was not as easy as ~ : 「～ほどやさしくはなかった」

日本語訳 私はその問題はあまりむずかしいとは思わなかった。でも、ほとんどの生徒がそれに答えられなかった。もしかしたら、そう見えるほど（＝見かけほど）それはやさしくなかったのかもしれない。

□ STEP 35

Get up early **and go** to the top of the mountain, **and** you will be surprised at the beautiful view.

 上の文の最初の and は、2つの対等な要素を結びつける接続詞で、「～そして～」の意味を表します。ここでは2つの命令文をつないでいます。次の and は、〈命令文＋and …〉で「～しなさい。そうすれば…」の意味を表す用法です。

日本語訳 早く**起きて**山の頂上へ**行ってごらんなさい**。**そうすれば**、あなたは美しいながめにびっくりするでしょう。

 when, if などの"副詞節をつくる接続詞"のほかに、文中の対等な要素同士を結びつけたり、2つの文を対等に結びつけたりする接続詞もあります。ここで、そうした接続詞の読み方をまとめて学習しておきましょう。

■対等につなぐ接続詞

A and B	AとB、AそしてB
A or B	AかB、AまたはB
A but B	AだがB、AしかしB

▶ AとBには、名詞だけではなく、文のさまざまな要素がくる。

■ and, or, but を使ったさまざまな表現

命令文＋and …	～しなさい。そうすれば…
命令文＋or …	～しなさい。さもないと…
both A and B	AもBも両方とも
either A or B	AかBかどちらか
not A but B	AではなくてB
not only A but (also) B	AだけでなくBも

 both A and B や not only A but (also) B などのA、Bには、名詞だけでなく、さまざまな要素がくる。次の文では副詞句がきている。

例 Japanese animation is popular **not only** *in Japan* **but also** *in the West.* 日本のアニメは日本で**だけでなく**欧米でも人気がある。

Let's Read!

Oh, it's already nine, Ken! Hurry up, or you'll be late for the game. You should take a bus or a taxi.

- Hurry up, or … :〈命令文＋ or …〉の形の文。hurry up は「急ぐ」の意味の熟語。「急ぎなさい。さもないと…」
- be late for ～ :「～に遅れる」の意味の熟語。
- take a bus or a taxi :「バスか（または）タクシーに乗る」
- 日本語訳 あら、もう9時よ、ケン！ 急いで。さもないと、試合に遅れるわよ。バスかタクシーに乗ったほうがいいわ。

"I like both dogs and cats, but I like dogs better. How about you?" "I don't like either. I like plants better than animals."

- both dogs and cats : both A and B の形。「犬もねこも両方とも」
- ～, but I like dogs better : A but B（AだがB）の形。ここではAとBに文の形がきている。「～だが、犬のほうが（ねこ）より好きだ」
- How about you? :「あなたはどうですか」
- I don't like either. :〈not + either〉で「どちらも～ない」の意味。「どちらも（＝犬もねこも）好きではない」
- 日本語訳 「私は犬もねこも両方とも好きだけど、犬のほうがより好きだわ。あなたはどう？」「ぼくはどっちも好きじゃないんだ。動物より植物のほうが好きだね」

At first, she was not a singer but an actor. But her singing was very good, too. Now she is not only an actor but also a singer.

- At first : at first は「最初は」の意味の熟語。
- not a singer but an actor : not A but B の形。「歌手ではなく俳優」
- is not only an actor but also a singer : not only A but also B の形が使われている。「俳優であるだけでなく歌手でもある」
- 日本語訳 最初は、彼女は歌手ではなく俳優だった。しかし、彼女の歌もとてもすばらしかった。現在では彼女は俳優であるだけでなく歌手でもある。

さまざまな表現

4 注意すべき代名詞

☐ STEP 36 .... 1〜3年

"Hello, **this** is Mike. **It** is a beautiful day today. How about playing tennis in the park?" "**That** sounds great!"

 最初の文の this は、「こちら（＝私）」の意味を表しています（電話の会話）。次の文の It は、「それ」の意味ではなく、"天候"を表しています。最後の文の That は前の発言を受けて「そのこと、それ」の意味を表しています。

日本語訳 「もしもし、**こちら**はマイクです。きょうはよい日（＝よい天気）ですね。公園でテニスをするのはどうですか（＝テニスをしませんか）」「**それ**はいいですね！」

 学習の POINT 英文中にはたくさんの代名詞が使われています。そうした代名詞を正しく読みとることは、読解ではとても大切です。ここでは、英文を読むときに特に注意したい代名詞の用法について整理しておきましょう。

■代名詞の注意すべき用法

it	天候・季節・時間・距離・状況などを表す〈特に訳さない〉
	不定詞の形式主語となる（**STEP 24** を参照）
this	こちら〈電話で自分を指して〉
	このこと〈すぐ前に述べられたこと〉
	次のこと〈これから述べること〉
that	そのこと、それ〈すぐ前に述べられたこと〉
	それ〈前に出てきた名詞の代わりをする。that of 〜の形でよく使う〉
one	もの〈前に出てきた名詞の代わりをする〉

▶ this にも that にも、すぐ前に述べられたことを指す用法があるが、これから述べることを指すことができるのは this のみ。

　例 My advice is **this** : Never give up. 　私の忠告は**こうだ**。決してあきらめるな。

 代名詞の one は、it のように特定のもの（＝それ）を指すのではなく、不特定の同種のもの（＝名詞）を指す。〈a ＋形容詞＋ one〉の形でよく使う。

　例 My bike is old. I want a new **one**.

　　ぼくの自転車は古い。新しい**の**がほしい。〈one = bike〉

106

"How do you like this shirt?" "Well, it's not bad, but I don't like its color. Do you have a blue one?"

● How do you like ～?：「～はいかがですか」の意味の会話表現。

● it's not bad：この it は this shirt（特定のシャツ）を指している。

● Do you have ～?：この you は、相手をふくめた不特定の人々を指している。ここでは「おたくの店」くらいの意味。訳さないほうが自然なことも多い。

● a blue one：この one は shirt（不特定の同種のシャツ）を指している

日本語訳 「このシャツはいかがですか」「そうですね、（それは）悪くはないですが、その色が好きではありません。青いの（＝青いシャツ）はありませんか」

The population of China is much larger than that of the U.S.A. I learned this from the Internet.

● that of the U.S.A.：この that は前に出てきた名詞（the population）を指している。that の場合は、one とはちがって、the のついた名詞の代わりをする。

● I learned this from ～：この this はすぐ前に述べられたことを指している。「私はこのことを～から知った」

日本語訳 中国の人口はアメリカ合衆国の人口よりもずっと多いです。私はこのことをインターネットから（＝インターネットで）知りました。

We get a lot of snow here in winter, and we have one of the best ski resorts in Japan. I'm sure you will have a wonderful time here.

● We get ～：この we は、自分をふくめた一般の人々を指している。ここでは「私たちのところ（＝この地域）では」くらいの意味。訳さないほうが自然なことも多い。

● one of the best ski resorts：one of ～で「～の１つ」の意味。代名詞の one はこの形でもよく使う。「最高のスキー場の１つ」

● you will have ～：この you は、相手をふくめた不特定の人々を指している。

日本語訳 ここ（＝この地域）では冬に雪がたくさん降ります。それで、ここには日本で最高のスキー場の１つがあります。きっと、ここで楽しい時をすごすことができるでしょう。

□ STEP 37

This cloth can be used **in** many ways. We usually use it **for** wrapping things. But we can also use it **as** a scarf.

 最初の文の in は"方法"を表しています。in many ways で「多くのやり方で」の意味です。次の文の for は"目的"を表しています。「〜のために」の意味です。最後の文の as は「〜として」という意味を表しています。

日本語訳 この布は多くのやり方**で**使うことができます。私たちはふつう、ものを包む**ために**それを使います。しかし、それをスカーフ**として**使うこともできます。

学習の
POINT 前置詞は副詞句や形容詞句をつくるため、読解ではとても重要だということは、すでに見てきました。ここでは、読むときに注意が必要な前置詞について、まとめて見ておきましょう。

■読解で注意すべき前置詞の例

in	〜で〈方法・手段など〉	talk **in** a quiet voice　静かな声で話す
	〜後に、〜で〈時の経過〉	leave **in** an hour　1時間後に出発する
for	〜のために〈目的〉	work **for** money　金のために働く
	〜の間〈期間〉	stay **for** a week　1週間滞在する
with	〜を持っている〈所有〉	a boy **with** blue eyes　青い目をした少年
	〜を使って〈手段・道具〉	write **with** a pen　ペンで書く
until	〜まで〈終点〉	wait **until** six　6時まで待つ
by	〜までに〈期限〉	come back **by** six　6時までにもどる
as	〜として	work **as** a nurse　看護師として働く
like	〜のように	swim **like** a fish　魚のように泳ぐ

▶ 前置詞はこのほかにもたくさんの種類がある。本書では、これから先も重要な前置詞の用法については注目していくので、実戦的に身につけていくようにしよう。

 前置詞のあとには、名詞・代名詞のほか、動名詞（の句）がくることもある。
例 Dolphins communicate **by** *making* special sounds.
イルカは特殊な音を出すこと**によって**意思を伝える。

That woman with short hair is our ALT. She's from Canada. She has been at our school for six months. She is friendly to everyone.

- That woman with short hair：この with は「～を持っている」の意味。
- She's from Canada.：この from は「～出身で」の意味。
- at our school for six months：この at は「（場所を表して）～で」の意味。for は「～の間」の意味。
- friendly to everyone：この to は「～に対して」の意味。

日本語訳 あのショートヘアの女性は私たちのＡＬＴです。彼女はカナダ出身です。私たちの学校に６か月間います（＝私たちの学校に来て６か月になります）。彼女はだれに対してもやさしいです。

It's already seven. Shall we go to the *sushi* restaurant near the station? It is popular among foreign people. It is open until ten.

- Shall we ～?：「～しましょうか」（勧誘）の意味の会話表現。
- the *sushi* restaurant near the station：near は「～の近くの〔に〕」の意味。
- popular among foreign people：among は「～の間で」の意味。
- open until ten：until は「～まで」の意味。「10時まで開いている」

日本語訳 もう７時です。駅の近くのお寿司屋さんへ行きましょうか。その店は外国の人たちの間で人気があります。そこは（夜）10時まで開いています。

"I have to finish this job by six. Will you help me with it, please?"
"OK. I'm going out now, but I'll be back in a few minutes."

- finish this job by six：この by は「～までに」の意味。
- Will you ～?：「～してくれませんか」（依頼）の意味の会話表現。
- help me with it：help A with B で「BのことでAを手伝う、AがBをするのを手伝う」の意味の熟語。「私がそれをするのを手伝う」
- be back in a few minutes：この in は「～後に、～で」の意味。

日本語訳 「私、この仕事を６時までに仕上げなくてはならないの。（私がそれをするのを）手伝ってくれない？」「いいよ。いま外出するけど、数分でもどってくるよ」

☐ STEP 38 `1～3 年`

I'm afraid you **have a cold**. **Take** this **medicine** and go to bed
early. You should **get a** good **sleep**.

最初の文の have a cold は「かぜをひいている」の意味です。次の文の take
medicine は「薬を飲む」の意味です。最後の文の get a good sleep は「よく眠
る」の意味です。基本動詞の多くは目的語によってさまざまな意味を表します。

日本語訳 あなたは**かぜをひいている**のだと思います（＝**かぜをひいている**ようですね）。
この**薬を飲んで**、早く寝なさい。（あなたは）よく**眠った**ほうがいいですよ。

学習の POINT　**have, take** などの基本動詞は、意味や用法に広がりがあり、１つの意味
を知っているだけでは不十分です。読解力をつけるためにも、基本動詞の
さまざまな意味や用法を知っておくことは大切です。

■ have の注意すべき意味と用法

have	食べる、経験する、（病気に）かかる、受ける
have a ＋名詞	（動作を）する〈目的語に動作を表す名詞がくる〉

■ take の注意すべき意味と用法

take	持っていく、連れていく、食べる、（写真を）とる
take a ＋名詞	（動作を）する〈目的語に動作を表す名詞がくる〉
take a ＋乗り物	（乗り物に）乗る
take ＋期間〔労力〕	（期間・労力が）かかる、必要とする

■ get の注意すべき意味と用法

get	手に入れる、受け取る、買う
get ＋形容詞	～になる
get to ～	～に着く〈to ～の代わりに場所を表す副詞がくることもある〉

注目!　ここでとりあげたもののほかに、**make** なども多くの意味や用法があるので注意
しよう。次の例は〈make a ＋名詞〉で「（動作を）する」の意味を表している。
例 He **made a** long **speech**.　彼は長い**スピーチをした**。

The sky is getting darker and darker. It may rain at any time. You had better take an umbrella with you.

- is getting darker and darker：〈get ＋形容詞〉で「～になる」の意味。darker and darker は〈比較級＋ and ＋比較級〉の形で「ますます～」の意味。
- at any time：「いつなんどき」
- had better ～：「～したほうがよい」の意味の熟語。
- take an umbrella with you：この take は「～を持っていく」の意味。

日本語訳 空はますます暗くなってきている。いつ雨が降るかもしれない。かさを持っていったほうがいい。

"Excuse me, how can I get to the airport?" "Take a bus to the airport. There is a bus stop over there." "Thanks a lot."

- get to the airport：get to ～は「～に着く」の意味。「空港に着く」
- Take a bus：この take は「（乗り物に）乗る」の意味。
- over there：「向こうに、あそこに」の意味の熟語。
- Thanks a lot.：「どうもありがとう」の意味の会話表現。

日本語訳 「失礼ですが、どうすれば空港に着くことができるでしょうか（＝空港へはどう行ったらよいのでしょうか）」「空港へはバスに乗ってください（＝バスで行ってください）。あそこにバス停があります」「どうもありがとうございます」

"How long will it take from here to the top of the mountain?" "It will take about an hour." "Really? Then let's have a rest here."

- How long will it take from here to ～?：この it は"時間"を表している。take は「（時間）かかる」の意味。「ここから～まで、どのくらい（時間）かかりますか」
- Then：この then は「それなら、それでは」の意味。
- have a rest：この have は「（動作を）する」の意味。「ひと休みする」

日本語訳 「ここから山頂まではどのくらいかかるの？」「1 時間くらいかかるよ」「本当に？ それなら、ここでひと休みしましょう」

☐ STEP 39 ⸱⸱⸱⸱⸱⸱⸱⸱⸱⸱⸱⸱⸱⸱⸱⸱⸱⸱⸱⸱⸱⸱⸱⸱⸱⸱⸱⸱⸱⸱⸱⸱ `3年`

Kyoto is famous for its old temples and shrines. **If** I **lived** there, I **would visit** them every day.

最初の文の is famous for は「〜で有名だ」という意味の熟語です。次の文の If 〜
は「仮定法」とよばれる文で、「もしも〜なら」と現実ではない想像を表します。こ
のとき、動詞は過去形を使います。

日本語訳 京都は古い寺院や神社で有名です。**もしも**私がそこに**住んでいたら**、毎日それ
らを**おとずれるのに**。

学習の POINT 仮定法は、現在の事実と違うことや可能性が（ほとんど）ないことを「もし
も〜なら」と想像して言うときに用いる表現です。使われる動詞の形など、
仮定法の特徴をしっかり学び、慣れていきましょう。

■仮定法

If + 主語 + 過去形…, 主語 + would / could + 動詞の原形 .	もしも…なら、 〜だろうに / 〜できるだろうに。

▶ 仮定法では、If 節の中は、動詞の過去形が使われる。また、後に続く文（〜だろうに）
は、would や could など助動詞の過去形を用いる。

　例 **If** I **knew** her phone number, I **would call** her.
　　もしも私が彼女の電話番号を**知っていたら**、彼女に**電話をするだろうに**。

▶ If 節の中では be 動詞の過去形は、主語が I や he/she、it、単数名詞であっても、
were がふつう使われる。口語では was を使用することもあるが、まずは基本の were
の形に慣れよう。

　例 **If** I **were** rich, I **could buy** a big house.
　　もしも私が金持ち**だったら**、大きな家を**買うことができるのに**。

I wish + S + 過去形 .	〜であればいいのにな。

▶ I wish に続く節の中は、動詞の過去形が使われる。また、be 動詞は were がよく使わ
れる。

　例 **I wish** I **lived** in France. 　私がフランスに**住んでいたらいいのにな**。

注目! 仮定法では、時制をひとつ過去にずらして現在との時間の距離感を作ることで、
心理的にも現実から離れていることを表現する。

"It is hard for me to solve this math problem." "If I were you, I would go ask the teacher for some help." "Thank you. I'll do so."

- It is hard for me to solve this math problem.：〈It is …(for ＋人) ＋ to ～〉で「（人）が～するのは…です」の意味。「私がこの数学の問題を解くのは難しいです」
- If I were you, I would ～：「もしも私があなただったら、～だろうに」の意味。
- go ask ～ for ...：「～に…を頼みに行く」の意味。
- I'll do so.：「私はそのようにするつもりだ（＝そうするよ）」

日本語訳 「この数学の問題を解くのは私には難しいよ」「私があなたなら、先生に助けを求めに行くだろうな」「ありがとう。そうするよ」

Mari moved to Hokkaido and we haven't seen each other for a long time. If I lived near her house, I could see her more often.

- move to ～：「～へ引っ越しをする」の意味。
- each other：「おたがい」の意味の熟語の代名詞。動詞や前置詞の目的語になる。
- If I lived near her house, I could ～：仮定法の文。「もしも私が彼女の家の近くに住んでいたら、～できるだろうに」

日本語訳 マリは北海道へ引っ越しました。私たちはおたがい長い間会っていません。もしも私が彼女の家の近くに住んでいたら、彼女とより頻繁に会うことができるのに。

"Would you like to go to see a movie?" "I'd love to, but I can't. I have to help my brother with his homework. I wish I had more time."

- Would you like to ～?：「～しませんか？」の意味。相手を誘ったり、提案したりする言い方。
- go to see a movie：「映画を見に行く」の意味。
- I'd love to.：「ぜひそうしたい」の意味。
- I wish I had more time.：〈I wish ＋ S ＋ 過去形〉で「～であればいいのにな」の意味。「もっと時間があったらいいのにな」

日本語訳 「映画を見に行きませんか」「ぜひそうしたいのですが、行けません。私は弟の宿題を手伝わなければならないのです。もっと時間があったらいいのですが」

8 さまざまな表現

☐ **STEP 40** ⋯⋯⋯⋯⋯⋯⋯⋯⋯⋯⋯⋯⋯⋯⋯ 1〜3年

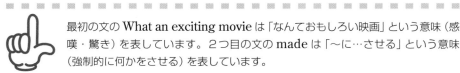

"**What an exciting movie** it was!" "It **made** me **laugh** a lot. Johnny was really good!"

最初の文の What an exciting movie は「なんておもしろい映画」という意味（感嘆・驚き）を表しています。2つ目の文の made は「〜に…させる」という意味（強制的に何かをさせる）を表しています。

日本語訳「**なんておもしろい映画**だったの**かしら！**」「それは私をたくさん**笑わせたわ**（＝たくさん**笑ったわ**）。ジョニーは本当にすてきだった！」

学習の POINT　感嘆文や動詞の原形（原形不定詞）を使った文などは入試でもよく出題されます。たくさん英文を読んで、それぞれの構文の特徴をみにつけましょう。**語順をしっかり覚えておくことも大切です。**

■感嘆文

What (a) +形容詞+ 名詞 +S+V…!	なんて〜な ☐ でしょう！
How +形容詞〔副詞〕+S+V…!	なんて〜でしょう！

▶ 感嘆文の〈S＋V〉は、状況から明らかであるため、しばしば省略される。

　例 How cute (your cat is)!　（あなたのネコは）なんてかわいいのかしら！

■主語＋動詞＋目的語＋動詞の原形

主語+ make + 目的語+動詞の原形	〜に…させる
主語+ let + 目的語+動詞の原形	〜に…するのを許す（させる）
主語+ help + 目的語+動詞の原形	〜が…するのを手伝う

▶ make や let は使役動詞と呼ばれる。どちらも「〜させる」という意味があるが、make は意思に関係なくやらせる、let は許可するという意味合いがある。それぞれのもつ意味合いを区別しよう。

　例 My parents **let** me **study abroad**.　私の両親は私に**留学すること**を許した。
　　I **helped** my father **wash** his car.　私は父が車を**洗うの**を手伝った。

注目!　help の場合、目的語のあとに不定詞（to 〜）が用いられることもある。

　例 I **helped** my father **to wash** his car.　私は父が車を**洗うの**を手伝った。

"How is your mother, Lisa?" "She is fine. She often talks about you. Why don't you come to my house this weekend?" "Oh, I'll be glad to."

● How is 〜?：「〜（のぐあい）はいかがですか」の意味。状態をたずねるときに使う。
● Why don't you 〜?：「〜してはどうですか、〜しませんか」の意味。
● I'll be glad to.：「喜んで」の意味の会話表現。I'd be glad to. とすると、ていねいな言い方になる（I'd = I would）。相手の申し出や依頼に応じるときの表現。

日本語訳　「お母さまはお元気ですか、リサ」「元気です。母はよくあなたのことを話しています。この週末に、うちへいらっしゃいませんか」「まあ、喜んで（うかがいます）」

"Shall we go on a picnic tomorrow?" "Sounds nice!" "Could you help me make lunch tomorrow morning?" "Of course!"

● Shall we 〜?：「〜しましょうか」の意味。勧誘の意味を表す。
● go on a picnic：「ピクニックに行く」
● Sounds nice! : (That) sounds nice [great, good]. で「それはいいね」の意味。
● Could you 〜?：「〜していただけませんか」の意味。依頼の意味を表す。
● help me make lunch：「昼食を作るのを手伝う」の意味。
● Of course.：「もちろん」の意味。

日本語訳　「明日ピクニックに行きましょうか」「いいわね！」「明日の朝、昼食を作るのを手伝ってくれませんか？」「もちろん！」

"Are you all right? Is anything wrong with you?" "Well, I'm afraid I've got a cold." "That's too bad. You had better go to bed early tonight."

● Are you all right?：「だいじょうぶですか？」の意味。相手に対する気づかいを表す。
● Is anything wrong with you?：「どこか悪いのですか、どうかしましたか」の意味。
● I'm afraid 〜：「（好ましくないことを予想して）〜と思う」の意味。
● That's too bad.：「それはいけませんね、お気のどくに」の意味。相手に対する同情を表す。

日本語訳　「だいじょうぶ？　どこか悪いの？」「うん、かぜをひいたみたいなんだ」「それはいけないわね。今晩は早く寝たほうがいいわよ」

Alice : Emi, this is my mother. Mother, this is Emi.

Emi : Hello, Mrs. Baker. Nice to meet you.

Mrs. Baker : Hello, Emi. Nice to meet you, too.

Emi : Thank you for inviting me.

Mrs. Baker : I'm happy to have you here.

Emi : Mrs. Baker, this is a small present for you.

Mrs. Baker : Oh, what is in this box? Can I open it?

Emi : Sure. I hope you'll like it.

Mrs. Baker : What a pretty paper doll! Thank you so much, Emi.

Emi : You're welcome.

（岩手）

● this is my mother：人と人を対面させて紹介するときには、ふつう this is 〜（こちらは〜です）という言い方をする。

● Nice to meet you.：初対面のあいさつとしてよく使う表現。基本的な会話表現。

● Thank you for 〜：「〜をありがとう」

● I'm happy to have you here.：to have you here は「あなたをここに迎えることができて＝あなたが（ここに）来てくれて」の意味。

● I hope you'll like it.：プレゼントを渡すときなどによく使う表現。「気に入ってくれるといいのですが」

● What a pretty paper doll!：What で始まる感嘆文。〈主語＋動詞〉は状況から明らかなので、省略されている。「何ときれいな紙人形なのでしょう！」

日本語訳

アリス：エミ、これが私の母です。お母さん、こちらがエミです。

エミ：こんにちは、ベイカーさん。はじめまして。

ベイカー夫人：こんにちは、エミ。はじめまして。

エミ：招待してくださってありがとうございます。

ベイカー夫人：あなたに来ていただいてうれしいです。

エミ：ベイカーさん、これはあなたへのささやかなプレゼントです。

ベイカー夫人：まあ、何が（この箱に）入っているのかしら？ あけてもいいですか。

エミ：もちろんです。気に入っていただけるといいのですが。

ベイカー夫人：何てきれいな紙人形なのでしょう！ 本当にありがとう、エミ。

エミ：どういたしまして。

> *Tom* : Cars make our life good and happy. When we use cars, we can go to a lot of places and carry heavy things easily.
>
> *Ken* : You're right, but cars aren't safe, are they? A lot of car accidents happen every day.
>
> *Tom* : That's true, but there may be fewer accidents if we drive more carefully.
>
> *Ken* : I'm afraid the air becomes dirty by using cars, too.
>
> *Tom* : Do you know there are already electric cars? They will be popular in the future and then the air will be cleaner. By the way, don't you like cars, Ken?
>
> *Ken* : Oh, yes. I just hope cars will become better and better.

（茨城）

● cars aren't safe, are they?：付加疑問を使った文。否定文（cars aren't safe）なので、肯定形の付加疑問（are they?）がついている。「自動車は安全ではないよね？」

● there may be fewer accidents：「より少ない事故があるかもしれない」⇒「事故は減るかもしれない」

● I'm afraid (that) 〜：「〜ではないかと心配だ」

● in the future：「将来（は）」の意味の熟語。

● By the way：「ところで」の意味の熟語。

● don't you like cars …?：「車が好きではないのですか…」の意味の否定疑問文。否定疑問文に対する応答では、yes が日本語の「いいえ」になり、no が「はい」になる。

日本語訳

トム：自動車はぼくたちの生活を向上させ、楽しくしてくれる。自動車を利用すると、たくさんの場所へ行ったり、重いものを簡単に運んだりできるね。

ケン：きみの言うとおりだけど、自動車は安全じゃないよね？ 毎日多くの自動車事故が起きている。

トム：それは本当だけど、もっと注意深く運転すれば、事故は減るかもしれないよ。

ケン：ぼくは、自動車の利用によって大気が汚くなるんじゃないかということも心配だね。

トム：きみは、すでに電気自動車があることを知っているかい？ 将来はそれが流行する（＝広まる）だろうし、そうすれば大気はもっときれいになるだろうね。ところで、きみは自動車が好きじゃないのかい、ケン？

ケン：いや、好きだよ。ただ、自動車がますますよくなることを願ってるだけだよ。

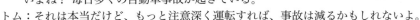

PART 1

5

さまざまな表現

Jane's father : Hello?

Michiko : Hello. This is Michiko. May I speak to Jane, please?

Jane's father : I'm sorry, she's out.

Michiko : Can I leave a message?

Jane's father : Sure.

Michiko : Jane and I are going to watch a soccer game at Minato Stadium tomorrow. The game starts at ten in the morning. I want her to come to the east gate of the stadium at nine thirty. Can she call me back?

Jane's father : OK. I'll tell her.

Michiko : Thanks, and could you please tell her to call after seven this evening?

Jane's father : Sure.

（山梨）

● This is 〜：電話で自分を名乗るときは、よくこの言い方を使う。

● May I speak to 〜, please?：電話でだれかに取り次いでほしいときの言い方。

● Can I leave a message?：相手に伝言を頼むときの言い方。

● Can she 〜?：「彼女は〜できますか」の意味だが、ここでは「彼女に〜してもらえないだろうか」という依頼の意味がふくまれている。

● call me back：call 〜 back で「〜に折り返し電話する」の意味。

● could you please 〜?：ていねいな依頼を表す。「〜していただけますか」

日本語訳

ジェーンの父親：もしもし？

ミチコ：もしもし。こちらはミチコです。ジェーンさんをお願いできますか。

ジェーンの父親：あいにくですが、彼女は外出しています。

ミチコ：（では）伝言をお願いしてもいいですか。

ジェーンの父親：どうぞ。

ミチコ：ジェーンと私はあす、港スタジアムでサッカーの試合を見ることになっています。試合は午前10時に始まります。（それで）彼女に9時半にスタジアムの東のゲートに来てほしいんです。彼女に折り返し電話をしてもらえないでしょうか。

ジェーンの父親：わかりました。彼女に（そう）伝えます。

ミチコ：ありがとう。それから、今晩7時以降に電話するように伝えていただけますか。

ジェーンの父親：いいですよ。

Takuya : Hi, Lisa. What are you doing?

Lisa : Hi, Takuya. I'm thinking about what club I should join.

Takuya : I'm a member of the music club. Why don't you join us?

Lisa : That sounds nice, but I want to try some sports.

Takuya : How about the soccer club? It is very popular among girls in our school now.

Lisa : Well … . I like watching soccer on TV, but I don't like to play it.

Takuya : Let me see. Then, how about a Japanese sport famous all over the world?

Lisa : What is it?

Takuya : Judo.

Lisa : That sounds great! Can girls join the *judo* club?

Takuya : Of course. Some members of the club are girls.

（佐賀）

● Why don't you ～?：「～してはどうですか」の意味の会話表現。提案を表す。

● How about ～?：「～はどうですか」の意味の会話表現。

● Let me see.：すぐに応答できないときなどに使う会話表現。「ええと、そうねえ」

● a Japanese sport famous all over the world：famous 以下は sport を修飾している。all over the world は「世界中で」の熟語。「世界中で有名な日本のスポーツ」

● That sounds great!：「それはいいですね！」の意味。会話でよく使う表現。

● Of course.：相手のことばを受けて、「もちろん」と応じるときに使う会話表現。

日本語訳

タクヤ：やあ、リサ。何をしているの？

リサ：こんにちは、タクヤ。何のクラブに入ったらいいか考えているの。

タクヤ：ぼくは音楽部のメンバーなんだ。ぼくたちのところに入らない？

リサ：それもよさそうね。でも、何かスポーツをしてみたいの。

タクヤ：サッカー部はどう？ いまぼくたちの学校では女の子の間でとても人気があるんだ。

リサ：そうね……サッカーをテレビで見るのは好きだけど、自分でやるのはいやだわ。

タクヤ：そうだねえ。じゃ、世界中でよく知られた日本のスポーツはどう？

リサ：何かしら？

タクヤ：柔道さ。

リサ：それはいいわね！ 女子も柔道部に入れるの？

タクヤ：もちろんさ。部員の中には女の子もいるよ。

It was sunny last Sunday. In the morning, I cleaned my room after I finished my homework. In the afternoon, I walked to a department store near the station with my sister, Tomoko. Our mother will be forty-two next Saturday. So we went there to buy a birthday present for her. We went into the CD shop first because our mother is interested in classical music. But there were not any good CDs. Then, we went to a bag shop. There were many kinds of bags there. It was hard to decide. Every bag was nice. Tomoko said, "Her favorite color is blue. How about those blue ones?" There were two nice blue bags. One was five thousand yen. The other was nine thousand yen. We bought the cheaper one. After that we went to see a movie. It was a very busy Sunday.

（島根）

- ●It was sunny 〜：この It は天候を表している。日本語にする必要はない。
- ●there were not any good CDs：not + any 〜で「少しも〔1つも〕〜はない」の意味。
- ●It was hard to decide.：この It は不定詞の to decide を指す形式主語。
- ●those blue ones：この one は名詞のくり返しをさける代名詞。ここでは bag を指している。修飾語がつく場合は複数形で使われることもある。「あれらの青いバッグ」
- ●One was 〜. The other was 〜.：「（2つのうち）一方は〜。他方は〜」の意味。one と the other がセットで使われている。
- ●It was a very busy Sunday.：この It は時を表している。日本語にする必要はない。

日本語訳

　この前の日曜日は晴れでした。午前中、私は宿題を終えると部屋を掃除しました。午後は、姉〔妹〕のトモコと駅の近くのデパートへ歩いて行きました。母が次の土曜日に42歳になります。それで、私たちは彼女に誕生日プレゼントを買うためにそこへ行ったのです。母はクラシック音楽に興味をもっているので、私たちは最初にCDショップに入りました。しかし、よいCDは（1枚も）ありませんでした。それから、私たちはバッグの店へ行きました。そこには多くの種類のバッグがありました。（どれにするか）決めるのは困難でした。どのバッグもすてきでした。トモコは「母の大好きな色は青だわ。あの青いバッグはどうかしら？」と言いました。（そこには）2つのすてきな青いバッグがありました。一方は5000円でした。もう一方は9000円でした。私たちは安いほう（のバッグ）を買いました。そのあと、私たちは映画を見に行きました。とてもいそがしい日曜日でした。

PART 2

実戦力をつける

どんな長文読解問題にも
しっかりと対応できる力をつけます！

STEP 41 ～ STEP 70

1

長文読解への第一歩

それほど長くない、
さまざまな種類の英文を読んで、
内容理解のコツを身につけよう！

☐ STEP 41

次の英文を、「ノートがどうなったのか」を中心に読みなさい。

One day in December Ms. Ono, an English teacher, came to her school. She sat down and opened her bag. "Where is my notebook?" she cried. The small notebook was a birthday present from her son.

5 She looked in her bag again, but she could not find it. "I had the notebook in my bag when I bought a pen in the shop this morning. Maybe ... on the train," she thought. Then, she called the station, but she didn't get any good news. "I'll never have it again." She became sad.

In the evening a man came to the school to see Ms. Ono. "Is this your notebook? I found it on the train. I thought this was very important to 10 you, because on the last paper of the notebook I found the words from your child, 'Happy Birthday, Mom'. I also found your name and the name of this school." She was very glad to know there was a very kind man like him. It was a very cold evening, but she felt very warm.

（大分）

学習の POINT ストーリーを読むときには、おもな登場人物（＝だれが）をまず押さえ、その上で重要な役割をするもの（＝何を）に注目しながら、話の流れ（＝いつ・どこで・どのように・どうした）を追うとよいでしょう。

▶ この話の場合、「ノート」を中心にストーリーが展開してゆく。簡単に書くと、〈学校に来てノートがないことに気づく⇒電車に置き忘れたようだ⇒駅に電話するが見つからない⇒あきらめかける⇒夕方になって男の人が届けてくれる〉という流れ。

▶ このように、ストーリーというものは“何か”（ここではノートだが、いつも“もの”とは限らない）を中心にして展開してゆくことが多い。そうした“何か”がわかると、話の流れがつかめてきて、スムーズに読み進められるだろう。

▶ ただし、話の流れがつかめたからといって、それで終わりというわけではない。その話を通じて作者がいちばん伝えたかったこと（この文章では、最後の2文に示されている＝人のやさしさにふれて心があたたまったということ）を理解することも大切。

表現

① Ms. Ono, an English teacher, came to her school：Ms. Ono came to her school という文に、2つのコンマ (,) にはさまれた部分が挿入されている。挿入部分は、Ms. Ono を説明している。

④ looked in her bag：look in ～は「～の中をのぞいて見る」の意味。

⑥ Maybe ... on the train：この「...」は、言いよどんだりして語句が省かれていることを表している。ここでは、Maybe I left it on the train （もしかすると、それを電車に置き忘れたのかもしれない）くらいの内容だと推測できる。

⑥～⑦ she didn't get any good news：ここでの good news （よい知らせ）とは、「ノートが届けられている」などといった知らせのこと。

⑧ a man came to the school to see Ms. Ono：to see ～は目的を表す副詞的用法の不定詞。「1人の男の人がオノ先生に会うために学校に来た」

⑩ because on the last paper of the notebook I found ～：接続詞の because のすぐあとには、ふつう〈主語＋動詞…〉の形が続くが、ここでは長い副詞句が前に出ているので注意。「なぜなら、私はノートの最後の1枚に～を見つけたからだ」

⑫ She was very glad to know ～：to know ～は感情の原因を表す副詞的用法の不定詞。「～ということを知って彼女はとても喜んだ」

⑫～⑬ a very kind man like him：この like は前置詞で「～のような」の意味。「彼のようなとても親切な（男の）人」

⑬ she felt very warm：ＳＶＣの文。この warm は補語。feel warm は「（大気などの）あたたかさを感じる」という意味ではなく、「（自分が）あたたかくなっているのを感じる」という意味。

日本語訳

　12月のある日、英語教師のオノ先生が学校に来ました。彼女は（いすに）すわってバッグをあけました。「ノートはどこかしら？」彼女はさけびました。その小さなノートは、息子からの誕生日プレゼントだったのです。

　彼女はバッグの中をもう一度見ましたが、それを見つけることはできませんでした。「けさ店でペンを買ったときには、ノートはバッグの中にあったのに。もしかしたら、電車で…」と彼女は思いました。それで、彼女は駅に電話をしましたが、なにもいい知らせはありませんでした。「もう二度とあのノートはもどってこないわ」彼女は悲しくなってきました。

　夕方、1人の男の人がオノ先生に会いに学校にやって来ました。「これはあなたのノートですか。私はこれを電車で見つけました。これはあなた（＝持ち主）にとってとても大切なものではないかと思いました。なぜなら、このノートの最後の1枚に、私はあなたの子どもからの「誕生日おめでとう、ママ」ということばを見つけたからです。私はまた、あなたの名前とこの学校の名前も見つけました」彼女は、彼のようなとても親切な人がいるということを知って、とても喜びました。（その日は）とても寒い晩でしたが、彼女はとてもあたたかく感じました。

☐ STEP 42 ・・

次の英文を、「どこがおもしろいのか」に注目しながら読みなさい。

　　A cat lived in a house. The cat was called Andy. He always tried to catch *mice. One day, Andy caught a little mouse, Jimmy, at last. He said to Jimmy, "Are you ready? Now I'm going to eat you." Jimmy answered, "OK, go ahead. But I would like to do one thing before you eat me." "What
⑤ is that?" said Andy. Then Jimmy said, "Please give me time to say goodbye to my family." "OK," Andy agreed. "You know I'm a very kind cat." Jimmy thanked him and shouted, "Come out, everyone." All Jimmy's family appeared in front of them. Jimmy began to say goodbye to each member of his family. Jimmy said to Andy, "I think it will take a very long
⑩ time to finish saying goodbye to all my family members." Andy shouted, "How many family members do you have?" "I don't know, but I'm sure I have more than one hundred," answered Jimmy. Andy was surprised to hear that. Finally, he gave up, said goodbye to Jimmy, and went away.

〔注〕　mice：mouse（ねずみ）の複数形　　　　　　　　　　　　　　　（宮崎）

学習の POINT　今回は、おとぎ話的なショート・ストーリーです。楽しく読めれば、それで十分です。でも、"どこがおもしろいのか"がわからないとしたら、話の展開が本当に読めてはいないことになります。

▶ この話の場合、ねずみのジミーが直面した「危機」を中心にストーリーが展開してゆく。簡単に書くと、〈ねずみのジミーが、ねこのアンディーにつかまって、食べられてしまいそうになるが、機転をきかせて、その危機を脱する〉という展開。

▶ 短い話なので、展開をつかむのは容易だ。このストーリーの"おもしろさ"は、その展開の中の、「機転をきかせて」の部分にある。どのように機転をきかせたかを、ジミーとアンディーのやりとりから読みとることがポイント。

表 現

① The cat was called Andy. : called the cat Andy（そのねこをアンディーと呼んだ）を受け身にした文（この文では、だれがそう呼んだかは問題ではない）。「そのねこはアンディーと呼ばれていた」

② One day : one day は「ある日」の意味の副詞句。

② at last : 「ついに、とうとう」の意味の熟語。⑬の finally も同じ意味を表す。

④ go ahead : 「さあ、どうぞ」「どうぞ進めてください」などの意味。

④ would like to do one thing : would like to ～は「～したい」の意味のていねいな表現。「1つのことがしたい」

⑤ give me time : 目的語が2つある形。「私に時間をください」

⑤～⑥ time to say goodbye to my family : to say 以下は time を修飾する形容詞的用法の不定詞。「私の家族にさようならを言うための時間」

⑥ You know I'm a very kind cat. : you know は、相手に同意を求めたり念をおしたりするときに使う。「なにしろ（ほら）、おれはとても親切なねこだからね」

⑧ in front of them : in front of ～は「～の前に」の意味。

⑧ began to say goodbye : begin to ～で「～し始める」の意味。

⑨～⑩ it will take a very long time to finish ～ : この take は「（時間が）かかる、必要とする」の意味。「～を終えるのにとても長い時間がかかるだろう」

⑩ finish saying goodbye : finish ～ing で「～することを終える、～し終える」の意味。

⑫ more than one hundred : more than ～で「～より多く、～以上」の意味。

⑬ he gave up : give up で「あきらめる」の意味。

日本語訳

　ある家に1ぴきのねこが住んでいました。そのねこはアンディーと呼ばれていました。彼はいつもねずみをつかまえようとしていました。ある日、アンディーはついに、ジミーという小さなねずみをつかまえました。彼はジミーに向かって言いました。「覚悟はできているかね？　さあ、（これから）おまえを食べてしまうぞ」ジミーは答えました。「いいよ、どうぞ。でも、食べられる前に、1つやりたいことがあるんです」「それは何だね？」とアンディーが言いました。すると、ジミーが言いました。「家族に別れを告げる時間をください」「いいとも」アンディーは同意しました。「なにしろ、おれはとても親切なねこだからな」ジミーは彼に感謝して、さけびました。「みんな、出て来い」ジミーの家族全員が彼らの前に現れました。ジミーは家族の1人1人にさようならを言い始めました。ジミーはアンディーに言いました。「家族の全員にさようならを言い終えるのには、とても長い時間がかかると思います」アンディーはさけびました。「おまえのところには何人家族がいるんだ？」「ぼくにもわかりませんが、100人以上いるのは確かです」とジミーが答えました。アンディーはそれを聞いておどろきました。とうとう彼はあきらめて、ジミーにさようならを言い、立ち去りました。

3 海外での体験

☐ STEP 43 ·

次の英文を、マヤがアメリカの高校で「何を学んだか」を考えながら読みなさい。

Last spring, Maya visited a high school in the United States to study English. When she was staying there, she learned something important in a class.

It was the third class on Monday, March 17. Some *Native Americans were invited to the class and they showed students their traditional dance with music. The music was so nice and the dance was so exciting. So the students were very impressed. After the dance, a Native American said, "My father has taught this dance and the story about it. He has also taught many other stories. I was proud when this dance was *handed down to me from him." Then, the Native Americans and the students talked about many things. During the class, a student said to Maya, "Tell us about the Japanese dance." At that time, Maya *was really embarrassed. She didn't know much about it. She could not say any words.

That night Maya wrote about the class in her diary. It said, "Today, I had a history class and learned a very important thing. Only studying English is not enough. I should study things about my own country, too. After that I want to tell people in other countries about Japan."

〔注〕 Native American 北米先住民 hand down to 〜 〜に受け継がせる
be embarrassed 困惑する

（和歌山）

学習の POINT 留学やホームステイの体験は、高校入試の英文でよくとりあげられるテーマです。こうした文章では、海外で"何を学んだか"が主題になっていることが多いので、そのような点に注目しながら読むとよいでしょう。

▶ 最初の段落に learned something important（ある大切なことを学んだ）とあるのに注目する。それが何かを伝えるのがこの文章の目的だということを、ここで筆者が示している。それを伝えるために1つの出来事（エピソード）が語られる、という展開。

▶ その出来事とは、〈授業で北米先住民が伝統的な歌と踊りを披露してくれた⇒みんな感動した⇒ある生徒に日本の踊りについてきかれた⇒答えられなかった〉というもの。そのことから、〈自分の国についてもっと勉強すべきだ〉と考えた、というのが結論部分。

表 現

1〜2 **to study English**：目的を表す不定詞。「英語を勉強するために」

2 **something important**：something のように -thing で終わる代名詞を形容詞が修飾する場合、その形容詞は後ろに置かれる。

3 **in a class**：この class は「クラス、学級」ではなく「授業」の意味。

5 **showed students their traditional dance**：show A B で「AにBを見せる」の意味。「生徒たちに彼らの伝統的な踊りを見せた」

7 **were very impressed**：impress は「感銘をあたえる」の意味の動詞。受け身の be impressed で「感銘を受ける、感動する」の意味を表す。

9 **I was proud**：be proud で「誇りに思う」の意味。

9〜10 **was handed down to me**：hand down to 〜は「〜に受け継がせる」と注記があるが、ここではそれが受け身で使われていることに注意。

12〜13 **didn't know much about it**：〈not + much〉は「多くは〜ない＝あまり〜ない」の意味を表す。「それについてあまり知らなかった」

13 **could not say any words**：〈not + any〉は「ぜんぜん〜ない」の意味を表す。「ひとことも〔何も〕言うことができなかった」

15〜16 **Only studying English is not enough.**：動名詞の句 studying English がこの文の主語。副詞の only がそれを修飾している。「英語を学習するだけでは十分でない」

日本語訳

　この前の春、マヤは英語を勉強するためにアメリカ合衆国の高校を訪れました。彼女はそこにいたとき、ある授業で大切なことを学びました。

　それは３月17日月曜日の３時間目の授業でした。何人かの北米先住民がその授業に招かれて、彼らの伝統的な踊りを音楽とともに生徒たちに披露してくれたのです。その音楽はとてもすばらしく、その踊りはとてもわくわくするものでした。そのため、生徒たちは大変感銘を受けました。踊りのあとで、１人の北米先住民が言いました。「父がこの踊りと、それに関する話〔由来〕を教えてくれました。父はまた、ほかにもたくさんの話を教えてくれました。この踊りが父から私に受け継がれたときに（＝自分が父からこの踊りを受け継いだときに）、私は誇らしく思いました」　それから、北米先住民たちと生徒たちは多くのことを語り合いました。その授業の間に、１人の生徒がマヤに言いました。「（私たちに）日本の踊りについて教えてよ」　そのとき、マヤは本当に困惑してしまいました。彼女はそれについてあまりよく知らなかったのです。彼女は何も言えませんでした。

　その夜、マヤは日記にその授業のことを書きました。それには次のように書かれていました。「きょう、歴史の授業があり、とても大切なことを学びました。英語を勉強するだけでは十分ではないのです。私は自分自身の国に関することも勉強すべきなのです。そのあとで、私は他の国々の人たちに日本について教えてあげたいと思います」

□ STEP 44

次の英文はある生徒のスピーチです。このスピーチの展開に注目しながら読みなさい。

Today I'd like to talk about names. You know my name is Ken Yamakawa. My parents gave me my first name, Ken. When I was born, I was small and weak. My parents wanted me to be healthy and chose my name. When I was in elementary school, I learned its meaning.

5 　　The meaning of my last name, Yamakawa, is very simple for us. But it has a long history. I learned about it on the Internet.

Then I also got interested in foreign names. So I asked our English teacher, Mr. Robert Fisher, about his name. First he told me about his first name. He said, "Robert means *famous* and **glorious*." He is often

10 called Bob by his family and his friends, because Bob is a *nickname for Robert. When American people make friends with each other, they often call their friends by their nicknames.

Then he told me about his last name, Fisher. A fisher is the man who catches and sells fish. So Fisher comes from the name of a job.

15 　　It is interesting for me to know about names. I want to learn more about the meanings of foreign names. Thank you.

〔注〕 glorious 輝かしい　　nickname 愛称 　　　　　　　　　　　　　　（福島）

学習の POINT

高校入試の英文では、よくスピーチ文がとりあげられます。スピーチの英文は、テーマ（何について話すか）がはっきりしていることが多く、それにそって読み進めれば、話の流れは比較的追いやすいでしょう。

▶ 最初の文で、スピーチのテーマ（ここでは、名前）が示されている。したがって、名前について、どんな話が展開されているかを追えばよい。簡単に書くと、〈自分の個人名の由来⇒自分の姓について⇒外国人の名や姓について⇒結びのことば〉という展開。

▶ スピーチに限らないが、何かのテーマについて語るとき、自分にとって身近な事柄から語り始めて、だんだんと話を広げていく、というのは、よくある展開のしかたの１つ。読解においては、こうした展開（＝流れ）をつかんで読み進めることが大切。

表 現

② my first name, Ken：コンマ（,）のあとの Ken は my first name を具体的に言い
かえたもの。「ケン（健）という私のファーストネーム（＝個人の名）」

③ wanted me to be healthy：〈want ＋人＋ to ～〉の形。「私に健康になってほしかった」

⑥ learned about it on the Internet：on the Internet は「インターネットで」の意
味。この on は手段（～で）を表している（テレビ・電話・インターネットなどの場
合）。「インターネットでそれについて知った」

⑦ got interested in ～：be interested in ～は「～に興味をもっている」だが、get
interested in ～は「～に興味をもつ（ようになる）」の意味。

⑧ First he told me ～：この first は「最初に」の意味。次の段落の最初の文（Then
he told me ～）と呼応している。この then は「それから、その次に」の意味。

⑪ make friends with each other：make friends with ～は「～と友だちになる、親
しくなる」の意味。each other は「おたがい」の意味の代名詞。

⑫ call their friends by their nicknames：この by は手段（～で）を表している。
「（自分の）友人たちを愛称で呼ぶ」

⑭ Fisher comes from ～：come from ～で「～に由来する」の意味を表す。

⑮ It is interesting for me to ～：この It は to 以下を指す形式主語。for me は to 以
下の意味上の主語。「私には～することは興味深い」

⑯ Thank you.：スピーチの最後のことばとしてよく使う。

日本語訳

　私はきょう、名前について話したいと思います。ごぞんじのように、私の名前はケン・
ヤマカワです。私の両親が私にケン（健）というファーストネームをつけてくれました。
生まれたとき、私は（体が）小さくて弱かったのです。両親は私に、健康になってもらい
たくて、この（私の）名前を選んだのです。小学生のときに、私はその意味を知りました。
　ヤマカワ（山川）という私の名字（ラストネーム）の意味は私たちにとってとても単純
です。でも、それには長い歴史があります。私はそのことをインターネットで知りました。
　それから、私はまた外国人の名前にも興味をもちました。それで、私たちの英語の先生
ロバート・フィッシャー先生に、彼の名前についてたずねました。最初に彼は私に自分の
ファーストネームについて話してくれました。彼は「ロバートは“有名な”と“輝かしい”
を意味する」と言いました。彼は家族や友人たちからよくボブと呼ばれます。ボブという
のはロバートの愛称だからです。アメリカの人たちは、たがいに親しくなると、自分の友
人たちをよく愛称で呼ぶのです。
　それから彼は私に自分のラストネームのフィッシャーについて話してくれました。
フィッシャーというのは魚をとって売る人のことです。ですから、フィッシャー（という
名前）は、職業の名前に由来しているのです。
　私にとって名前について知ることは興味深いことです。私は外国人の名前の意味につい
てもっと知りたいと思います。ありがとうございました。

☐ STEP 45 ▪

次の英文は、アヤカさんがインドネシアのヤント（Yanto）君から受け取ったＥメールです。自分が返事を書くつもりで、メールの要点をメモしながら読みましょう。

Hi, Ayaka,

　Thank you for sending me the pictures of Aomori. I really like them. The white mountains and trees are very beautiful.

　As you know it is very hot in Indonesia. We have only two seasons, *the
5 rainy season and *the dry season. The rainy season is from November to April, and the dry season is from May to October. It is cooler during the rainy season, so I like the rainy season better. We don't have winter, and we don't have snow here. So I have never seen snow. But someday I want to make a *snowman!

10　　Having four seasons sounds wonderful. What season do you like the best? Do you have a rainy season in Japan? If you do, when does your rainy season begin?

　Do you like winter? How do you spend winter days? Could you write me about your winter life?

15　Please write to me soon.

Your friend,
Yanto

〔注〕 the rainy season　雨季　　the dry season　乾季　　snowman　雪だるま　　　（青森）

メールや手紙は相手に何か伝えたいことがあって書く文章です。何か特別なテーマや主張にそって読むというよりは、伝えたいメッセージ（１つとは限らない）をしっかりと読みとるようにしましょう。

▶ このメールにはいろいろなことが書かれている。〈送ってくれた写真への感謝・感想、インドネシアの季節の説明、日本の季節に対する興味・質問、冬という季節に対する興味・質問〉といった内容をしっかりと読みとろう。

▶ メールや手紙は、書き手の興味や関心にそって書かれるので、そうしたものをしっかり受けとめながら読むと、内容がよく理解できる。このメールの書き手は、青森の写真を見て、日本の季節、特に冬に興味をもったということがわかる。

表現

② **Thank you for sending me …**：〈Thank you for ～ing〉で「～してくれてありがとう」の意味の熟語。「…を私に送ってくれてありがとう」

④ **As you know**：この as は接続詞で「～するように」の意味。「あなたも知っているように、ごぞんじのように」

④ **it is very hot in Indonesia**：この it は天候を表している。特に日本語にする必要はない。「インドネシアはとても暑い」

⑥～⑦ **It is cooler during the rainy season**：後ろに than during the dry season が省略されている。ここは文脈から比較の対象が明らかなので省かれている。

⑦ **We don't have winter**：この we は「自分をふくむ一般的な人々、私たちの地域〔国〕の人々」を指している。特に日本語にする必要はない。

⑩ **Having four seasons sounds wonderful.**：Having four seasons がこの文の主語。sounds wonderful は「すばらしく思われる＝すばらしい」の意味。

⑩～⑪ **What season do you like the best?**：この you は「アヤカ」を指している。

⑪ **Do you have a rainy season in Japan?**：この you は「相手をふくむ一般的な人々」を指している。特に日本語にする必要はない。

⑪ **If you do**：この do は同じ動詞のくり返しをさけるときに使うもの。＝ If you have a rainy season

⑬～⑭ **Could you ～?**：ていねいな依頼の表現。「～していただけませんか」

日本語訳

こんにちは、アヤカ、

　（私に）青森の写真を送ってくれてありがとう。本当に（それらを）気に入りました。白い（＝雪をかぶった）山々や木々は、とても美しいです。

　あなたも知っているように、インドネシアは非常に暑いです。ここではたった２つしか季節がありません。雨季と乾季です。雨季は１１月から４月までで、乾季は５月から１０月までです。雨季の間は（乾季の間）よりすずしいので、私は雨季のほうが好きです。ここには冬はありませんし、雪も降りません。そのため、私はいままで雪というものを見たことがありません。でも、いつか、私は雪だるまをつくってみたいです！

　四季をもっているということ（＝四季があるということ）はすばらしいことです。あなたはどの季節がいちばん好きですか。日本には雨季がありますか。もしあるのなら、そちらの雨季はいつ始まるのですか。

　あなたは冬が好きですか。冬の日々はどんなふうにして過ごしますか。あなたの冬の生活について書いていただけませんか（＝教えていただけませんか）。

　早くお返事をください（＝お返事をお待ちしています）。

あなたの友人、
ヤント

6 生徒と先生の対話

生徒のマミとグリーン先生の対話です。話題が何かに注目して読みましょう。

Mami : Hi, Mr. Green. I'm going to stay with a family in Australia for the first time.

Mr. Green : Wow, great!

Mami : Do you think my English is good? I'm afraid I won't make friends

⑤   there.

Mr. Green : Oh, don't worry about that, Mami. Your English is OK. But remember *eye contact and a friendly smile when you talk.

Mami : I see.

Mr. Green : Mami, there is one more thing to tell you. When you talk with

⑩   people, you need to say "Yes" or "No" clearly. It's always important for you to give your ideas to other people. If you can't do that, they may *misunderstand you.

Mami : OK. Is there anything else I should do?

Mr. Green : How about taking some videos of your family and school with

⑮   you? If you show them to the host family, you can easily introduce your life in Japan.

Mami : That's a good idea! I'll try it.

〔注〕 eye contact　話し相手と目を合わせること　　misunderstand　〜を誤解する

(福島)

学習の POINT

高校入試の読解問題では、対話文がよく出題されます。ここからは、いろいろなテーマや設定の対話をとりあげて、対話文を読むときの注意点について、さまざまな観点から見ていくことにします。

▶ 対話文を読むときは、まずは、"対話者の関係"をつかむことが大切。この対話の場合、〈これから海外にホームステイに行こうとしている生徒〉と〈外国人の先生〉という関係。これを対話の初めのほうでしっかりつかむようにしよう。

▶ それをつかんだ上で、この対話の"話題"と、その"展開"をつかむ。話題は〈ホームステイをするときの準備や心がまえ〉で、それについて、グリーン先生が3つのアドバイスをする、という展開を読みとろう。

表 現

①～② for the first time：「はじめて」

⑥ don't worry about that：worry about ～は「～を心配する」の意味。that はマミの直前の発言内容を指している。

⑧ I see.：「わかりました」

⑨ there is one more thing to tell you：to tell you は thing を修飾する不定詞句。「あなたに言うべきことがもうひとつある」

⑩ need to say ～：〈need to ＋動詞の原形〉で「～する必要がある」の意味。

⑪ If you can't do that：do that はすぐ前の文の give your ideas to other people の部分を指す。代名詞が具体的に何を指すかを読みとることは読解の基本。

⑬ anything else I should do：I should do は anything else を修飾している。「私がすべき〔したほうがいい〕何かほかのこと」

⑭～⑮ How about taking …?：How about ～ing? で「～するのはどうですか、～してはいかがですか」の意味。

⑭～⑮ taking some videos of your family and school with you：take ～ with you で「～を持っていく」の意味。～の部分が長いので注意しよう。

日本語訳

マミ：こんにちは、グリーン先生。私、（こんど）初めてオーストラリアで、ある家族の家に泊めてもらう（＝ホームステイをする）ことになっているんです。

グリーン先生：おお、すばらしいですね！

マミ：先生は私の英語がちゃんとしていると思いますか。私、そこで（＝オーストラリアで）友だちができないんじゃないか、心配なんです。

グリーン先生：ああ、それについては（＝そんなことは）心配しないで、マミ。あなたの英語で問題ありません。でも、話すときには、相手と目を合わせることと、親しみのこもった笑みを忘れないでください。

マミ：わかりました。

グリーン先生：マミ、もうひとつあなたに言っておきたいことがあります。人と話すときは、「イエス」か「ノー」かをはっきり言う必要があります。（あなたが）自分の考えを他人に伝えることは、つねに大切です。それができないと、彼らはあなたを誤解するかもしれません。

マミ：わかりました。ほかに何か（私が）したほうがいいことはありますか。

グリーン先生：あなたの家族と学校の（＝あなたの家族と学校を撮った）ビデオを持っていってはいかがですか。それをホストファミリーに見せれば、あなたの日本での生活を簡単に紹介できますよ。

マミ：それはいい考えですね！ やってみます。

7 家族の対話

もうすぐ高校生になるマサオと家族の対話です。話題とその展開に注目して読みましょう。

Father : Have you decided what club you are going to join in high school?

Masao : No, I haven't.

Father : I thought you were going to join the soccer club. Everyone says that you are a really good soccer player.

⑤ *Masao :* Well, one of my friends told me to join the tennis club with him. I like tennis, too. I can't decide which club I should join.

Mother : You don't have to decide now.

Father : She is right. You have a lot of time to think about it. I think it is good to play sports when you are young. Sports make your body
⑩ strong. You will also learn many things in your club. The people you meet there will be your friends for a long time.

Masao : You and your friend, Mr. Taguchi, were in the swimming club when you were high school students, weren't you?

Father : That's right. We are still good friends.

⑮ *Masao :* What club were you in, Mother?

Mother : I was not in any club, but I did a lot of volunteer work. I wanted to do something for other people. I hope you will find something you can enjoy.

（長崎）

学習の POINT　前のステップで見たように、対話文を読むときには、"対話者の関係"をつかんだ上で、その対話の"話題"とその"展開"を読みとることが大切です。そのトレーニングをここでもしてみましょう。

▶ これは家族（父と母と息子）による会話。この会話の話題は、〈高校に入ったら何のクラブに入るか〉ということ。これをめぐって、おもに父と母がマサオに自分の考えを述べる、という展開になっている。

▶ 父は〈スポーツすることのよい点〉を中心に述べているが、母は〈自分が楽しめるものを見つけてほしい〉と述べている。話の展開の中で、父や母が高校のころにどんな活動をしていたか、といった点にもふれられているので注目しよう。

表現

① **Have you decided 〜?**：完了（〜してしまった）を表す現在完了の疑問文。

① **what club you are going to join 〜**：間接疑問。decided の目的語の働きをしている。

③ **I thought you were going to join 〜**：I thought のあとで were going to と過去形が使われているのは、時制の一致によるもの。「〜に入ろうとしていると思った」

④ **a really good soccer player**：「本当にサッカーがじょうずな人」

⑤ **told me to join 〜**：〈tell ＋人＋ to ＋動詞の原形〉で「人に〜するように言う」の意味。「私に〜に入るように言った」

⑦ **don't have to decide now**：don't have to 〜で「〜する必要はない」の意味。

⑧ **a lot of time to think about it**：to think 〜は time を修飾する不定詞。「それについて考えるたくさんの時間」

⑨〜⑩ **Sports make your body strong.**：make A B で「A を B にする」の意味。「スポーツはあなたの体を強くする」

⑩〜⑪ **The people you meet there**：you meet there が people を修飾している。「あなたがそこで（＝そのクラブで）出会う人たち」

⑫〜⑬ **You and your friend, Mr. Taguchi, were 〜, weren't you?**：少し長い文だが、最後に付加疑問がついていることに注意。

日本語訳

父親：高校では何のクラブに入るか、決めたかい？

マサオ：いや、（まだ）決めていない。

父親：（私は）おまえはサッカー部に入るんだと思っていたよ。みんなが、おまえは本当にサッカーがじょうずだと言っているからね。

マサオ：うーん、友人の一人からは、（彼と）いっしょにテニス部に入ろうと言われたよ。ぼくはテニスも好きなんだ。どっちのクラブに入ったらいいか、決められないんだ。

母親：いますぐ決める必要はないわ。

父親：母さんの言うとおりだ。（それについて）考える時間はたくさんある。私は、若いころにスポーツをするのはいいことだと思う。スポーツは体をじょうぶにする。また、クラブではたくさんのことを学ぶだろう。そこで出会った人たちは、長い間おまえの友人となるだろう。

マサオ：父さんと父さんの友人のタグチさんは、高校生のとき、水泳部にいたんだよね。

父親：そうだよ。（私たちは）いまでもいい友だち同士だ。

マサオ：母さんは何のクラブに入っていたの？

母親：私は何のクラブにも入っていなかったけど、ボランティア活動をたくさんしたわ。私は他人のために何かがしたかったの。私は、あなたが楽しめるものを見つけるといいと思うわ。

☐ STEP 48 ....

高校生のマキとカナダからの留学生のジュディは、春休み中のある土曜日の予定について話をしています。下の図は、二人が見ているイチョウ公園までの案内図です。

Maki : Judy, let's go to the Dream Festival this Saturday.

Judy : Sure.

Maki : Look at this. We'll go to Icho Park to enjoy the Dream Festival. We'll take the train at Minami Station. Let's meet there at nine thirty. The train that stops at Ayame Station will leave at nine forty, and the train that stops at Momiji Station and Keyaki Station will also leave at nine forty.

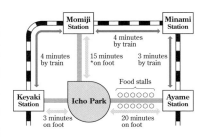

⑤

Judy : OK. How can we get to Icho Park from Minami Station?

⑩

Maki : We can get there from three stations, Ayame Station, Momiji Station, or Keyaki Station. On the way to Icho Park from Ayame Station, there are a lot of food *stalls. We can enjoy eating snacks.

Judy : Sounds interesting. But I want to choose the fastest way to get there.

⑮

Maki : I see. Let's go to the park from Keyaki Station. It is the fastest way from Minami Station.

Judy : OK. I can't wait!

〔注〕 stall　屋台　　on foot　徒歩で　　（東京）

学習の POINT

対話文の中には、地図や図を用いることで解答をみちびき出す形式の対話もあります。自分に必要な情報を、与えられた地図や図から“正確に”読みとるようにしましょう。

▶ この会話のおもな内容は、交通手段の説明を中心とした観光案内。ここでマキは、〈イチョウ公園へのさまざまな行き方や、使用する駅、かかる時間といった情報を、図を用いて留学生のジュディに説明する〉という展開になっている。

▶ 日常的な場面での単純な内容の会話なので、それほどむずかしい表現はないが、〈最も早く到着する行き方を説明する〉部分では、それぞれの交通手段にかかる時間を正確に読み取ることが大切である。

表現

⑤ take the train：この take は「（電車やバスなどに）乗る」の意味。

⑤〜⑥ Let's meet there at nine thirty.：Let's 〜は「〜しよう」など、相手を誘うときに用いる表現。なお、この at は時刻をあらわす前置詞。

⑥〜⑦ The train that stops at Ayame Station will 〜：この that は関係代名詞で、that 以下には the train をくわしく説明する語句が入る。

⑩ How can we get to 〜 ?：この get は「着く」の意味。目的地までの行き方をたずねる表現。
to Icho Park from Minami Station：to のあとには目的地、from のあとには出発地点が入る。from A to B の形で「A から B まで」の意味。

⑫ On the way to 〜：「〜までの道の途中」の意味。

⑬ enjoy eating snacks：enjoy 〜 ing で「〜することを楽しむ」の意味。なお、この snacks は「軽食」の意味。

⑭ Sounds interesting.：この sounds は動詞で「〜のように聞こえる」の意味。「興味深いですね」の意味。

日本語訳

マキ：ジュディ、今週の土曜日にドリームフェスティバルに行きましょう。

ジュディ：いいですね。

マキ：これを見てください。ドリームフェスティバルを楽しむためにイチョウ公園に行く予定です。みなみ駅で電車に乗ります。9 時半にそこで会いましょう。あやめ駅に停車する電車は 9 時 40 分に出発し、もみじ駅とけやき駅に停車する電車もまた 9 時 40 分に出発します。

ジュディ：わかりました。みなみ駅からイチョウ公園まではどのように行きますか。

マキ：あやめ駅、もみじ駅、けやき駅の 3 駅から行くことができます。あやめ駅からイチョウ公園までの道の途中では、食べ物の屋台がたくさんあります。軽食を楽しめますよ。

ジュディ：興味深いですね。ですが、私は 1 番はやくそこに到着できる方法を選びたいです。

マキ：なるほど。では、けやき駅から公園に行きましょう。それがみなみ駅から最もはやく着く方法です。

ジュディ：わかりました。待ちきれません！

☐ STEP 49

アメリカ人の留学生ジェーンとユキの対話です。話題とその展開に注目して読みましょう。

Jane : What are you doing?

Yuki : I'm writing my wish on a piece of paper for *Tanabata*, the Star Festival in English.

Jane : Oh ? What is *Tanabata*?

5 *Yuki* : It is a traditional festival. We write our wishes on a piece of paper and *decorate a bamboo tree with the paper. We believe the wishes on the paper will come true.

Jane : Oh, that's interesting. I don't think we have a festival like *Tanabata* in America.

10 *Yuki* : Would you like to write your wish on this paper?

Jane : Yes, of course. Can I write it in English?

Yuki : Sure.

Jane : What did you write, Yuki?

Yuki : I wrote, "I want to become a doctor to help sick people."

15 *Jane* : That's wonderful! Good luck!

Yuki : Thank you. How about you, Jane?

Jane : My wish is to become an astronaut and go to *Mars.

Yuki : Great! I hope your wish will come true.

〔注〕 decorate a bamboo tree　竹に飾りつけをする　　　Mars　火星　　　　　　（岩手）

学習の POINT

日本人の生徒と留学生との対話というのは、高校入試でよく出題される設定です。対話の話題としては、日本の伝統文化や生活様式などがよくとりあげられます。伝統文化や生活様式の説明をしっかり読みとりましょう。

▶ この対話の内容を簡単に書くと、〈紙に願いごとを書くユキ⇒七夕祭りの説明⇒ジェーンも願いごとを書く⇒おたがいの願いごとの内容〉という展開。日本の伝統文化というテーマは、対話文以外でもしばしば見られる。

▶ この対話では、前半は七夕祭りとはどういうものかが話題の中心だが、後半をすぎると、（七夕につなげて）おたがいの将来の夢へと話題が移ってゆく。対話ではこのように話題が少しずつ転換してゆくことも多いので注意しよう。

表　現

② **a piece of paper**：a piece of 〜は「１つの〜、１枚の〜、１切れの〜」などの意味を表す。物質（紙、パンなど）を表す名詞などを数えるときに使う。

⑥〜⑦ **the wishes on the paper**：「その紙（の上）の願い」＝「その紙に書かれた願い」

⑦ **come true**：「（夢や願いが）現実になる、実現する、かなう」の意味。

⑧〜⑨ **I don't think we have 〜**：そのまま訳すと「私たちには〜があるとは思わない」だが、「私たちには〜はないと思う」としたほうが自然。英語では否定の意味を先に表す傾向があり、I *think* we *don't* have 〜のようには言わない。

⑧ **a festival like *Tanabata***：この like は前置詞で「〜のような、〜に似た」の意味。「七夕祭りに似た祭り」

⑩ **Would you like to 〜?**：文字通りには「〜したいと思いますか」の意味だが、これで「〜してみませんか」という勧誘の意味を表している。

⑪ **Yes, of course.**：肯定を強めた言い方。「ええ、もちろんです」

⑪ **Can I write it in English?**：この can は「〜してもいい」（許可）の意味。「（それを）英語で書いてもいいですか」

⑮ **Good luck!**：「幸運を祈ります、がんばって」（＝ I wish you good luck!）

⑰ **My wish is to become 〜**：この to become 〜は is の補語になる名詞的用法の不定詞。「私の願いは〜になることです」

日本語訳

ジェーン：何をしているの？

ユキ：七夕祭り——英語でいうとお星様の祭りね——のために、１枚の紙に願いを書いているの。

ジェーン：へえ？ タナバタって何？

ユキ：（それは）伝統的なお祭りよ。私たちは１枚の紙に自分の願いを書いて、その紙で竹に飾りつけをするの。私たちは、その紙に書かれた願いがかなうと信じてるの。

ジェーン：わあ、それはおもしろいわね。アメリカには七夕祭りに似た祭りはないと思うわ。

ユキ：（あなたも）この紙に願いを書いてみたいと思いますか（＝書いてみませんか）。

ジェーン：ええ、もちろん。英語で書いてもいいかしら？

ユキ：いいわよ。

ジェーン：あなたは何て書いたの、ユキ？

ユキ：私は「病気の人を助けるためにお医者さんになりたい」って書いたわ。

ジェーン：それはすてきだわ！ 幸運を祈るわ！

ユキ：ありがとう。あなたはどう（＝あなたは何て書いたの）？

ジェーン：私の願いは、宇宙飛行士になって火星へ行くことなの。

ユキ：すごい！（あなたの）願いがかなうといいわね。

☐ STEP 50

キヨシとユーイチの対話です。話題とその展開に注目して読みましょう。

Kiyoshi : Hi, Yuichi. You went to see the soccer game, didn't you?

Yuichi : Yes. It was a very exciting game. My favorite team played very well. And there was another thing that impressed me.

Kiyoshi : What was it?

5 *Yuichi :* I bought juice from a *vending machine there. You know, paper cups are usually used, but the cup wasn't paper. It was a plastic cup.

Kiyoshi : Really?

Yuichi : Yes. It was a *reusable cup.

Kiyoshi : A reusable cup? What do you mean?

10 *Yuichi :* We often throw away paper cups after we use them one time. But we can use plastic cups again and again. That's a wonderful idea.

Kiyoshi : Do we have to pay more for a plastic cup of juice?

Yuichi : Well ... yes and no. You have to pay one hundred yen more for the plastic cup. But you can get your money back if you return your cup.

15 *Kiyoshi :* How many people return their cups?

Yuichi : I hear about ninety percent of them do.

Kiyoshi : Oh, do they?

Yuichi : Yes. Reusable cups are useful to reduce trash and make our city beautiful. Everyone can do something to save our earth. It's

20 important.

Kiyoshi : OK. I'll do something, too.

〔注〕 vending machine 自動販売機　　reusable 再利用できる　　　　　（佐賀）

学習の POINT 　友人同士の対話という設定では、話題として、環境問題や福祉問題などがよくとりあげられます。こうした明確なテーマがある場合は、そのテーマを中心に対話の流れを読みとるようにしましょう。

▶ この対話のおもな話題は〈再利用できるコップ〉で、展開は〈サッカーの試合で自動販売機からジュースを買った⇒プラスチック製のコップだった⇒再利用できる上に経済的な損失もない⇒環境にもよい⇒みんなが地球を守るために何かすることが重要だ〉。

表現

③ **another thing that impressed me**：この that は関係代名詞。「私に感銘をあたえたもうひとつのこと」

⑩ **after we use them one time**：この time は「～回」の意味。「1回」はふつう once を使うが、ここでは強調するために one time と言っている。

⑪ **again and again**：「何度も何度も、何度もくり返して」の意味。

⑫ **pay more for ～**：「～に対してもっとたくさん（お金を）払う」

⑫ **a plastic cup of juice**：a cup of juice は「（コップに入った）1ぱいのジュース」の意味。ここでは cup に plastic がついているので「プラスチック製のコップに入った1ぱいのジュース」ということになる。日本語訳では少し言い方を変えてある。

⑭ **get your money back**：get ～ back で「～を取りもどす」の意味。

⑱～⑲ **make our city beautiful**：「私たちの都市を美しくする」

日本語訳

キヨシ：やあ、ユーイチ。きみはサッカーの試合を見に行ったんだったね？

ユーイチ：うん。とてもハラハラする試合だったよ。ぼくのひいきのチームはとてもよくプレーしてたね。それから、もうひとつ感銘を受けたことがあったんだ。

キヨシ：（それは）何だい？

ユーイチ：ぼくはそこで、自動販売機からジュースを買ったんだ。ほら、（自動販売機では）ふつう紙コップが使われてるよね。だけど、そのコップは紙じゃなかった。プラスチック製のコップだったんだ。

キヨシ：ほんと？

ユーイチ：うん。それは再利用できるコップだったんだ。

キヨシ：再利用できるコップ？　どういうこと？

ユーイチ：ぼくたちは紙コップを1回使ったあと、たいてい捨ててしまう。でも、プラスチック製のコップなら何度もくり返し使える。それって、すばらしい考えだよね。

キヨシ：コップがプラスチック製だと、1ぱいのジュースに対してより多く（お金を）払わなくてはならないんじゃない（＝ジュース1ぱいの値段が高くならない）？

ユーイチ：うーん……そうだとも言えるし、そうでないとも言えるね。プラスチック製のコップに対して100円余分に払わなくちゃならない。でも、コップを返せば、そのお金を取りもどせる（＝そのお金が返ってくる）んだ。

キヨシ：どれくらいの人がカップを返すの？

ユーイチ：90パーセントくらいの人が返すらしいよ。

キヨシ：へえ、そうなの？

ユーイチ：うん。再利用できるコップは、ごみをへらして町を美しくするのに役立つ。（そんなふうに）だれでも地球を守るために何かができる。そのことが重要なんだ。

キヨシ：わかった。ぼくも何かするよ。

2

さまざまな
問題を解く

長文の内容理解の力を強化しながら、
どんな形式の問題にも
対応できるようにしよう！

□ STEP 51

次の英文を読んで問いに答えなさい。

Naoto joined the tennis team when he became a junior high school student. His father said, "I'm glad to hear you will start tennis. I hope we'll play tennis together soon. By the way, I have two tennis rackets. You can use one for a few months." "Thank you, Dad," Naoto answered. "But
5 you need your own shoes. Let's go and buy them this weekend," said his father.

Saturday came. It was a sunny day. Naoto and his father went to a tennis shop. There were many kinds of tennis rackets and shoes there. Soon Naoto found a pair of shoes and *tried them on. "This *brand is my
10 favorite. I want these, Dad." His father said, "Wait, Naoto. You should try other shoes on, too." "Why? Many people buy this brand of shoes." "Can you say the things many people buy are always good for you? I don't think so. Try some other shoes on," said his father. So Naoto did. He was surprised when he found a better pair of shoes. "Dad, you are right. I'll
15 take these." They were not the ones of a famous brand.

After shopping, Naoto said to his father, "I thought popular things were always the best. But I was wrong." His father answered, "Right. There are a lot of things around us. When you choose something from them, *popular* and *famous* are not the best words to use. You should see things
20 with your own eyes, touch them with your hands, and think what is really important to you. I want you to learn this." "I will," said Naoto. Then he looked at his father with a smile. "Well, Dad, aren't you hungry? It's almost twelve. I know a popular restaurant. Is it really good? I want to know that with my own mouth. OK?"

〔注〕 try ～ on　～をはいてみる　　brand　ブランド、商標

設　問

問1 本文の内容に合う文を、次のア～クの中から3つ選びなさい。

ア　Naoto's father was happy because Naoto joined the tennis team.

イ　Naoto's father had two rackets and gave both to Naoto.

ウ　Naoto and his father played tennis together the next Saturday.

エ　Naoto asked many people about tennis in the tennis shop.

オ　Naoto's father wanted Naoto to get really good tennis shoes.

カ　Naoto's father told Naoto to try some shoes on, but he didn't do that.

キ　Naoto's father thought that famous things were always good.

ク　Naoto wanted to have lunch at a restaurant with his father.

問2 次の①②の質問にそれぞれ英語で答えなさい。

① How was the weather on Saturday?

② Why did Naoto and his father go to the tennis shop?

問3 本文中の下線部のように Naoto が感じたのはなぜか。25字以上、35字以内の日本語で書きなさい。ただし、句読点は字数にふくむものとする。

（茨城）

高校入試の長文読解では、本文の内容と一致する英文を選ぶという問題が
とてもよく出題されます。こうした問題を解く上で最も重要なのは、各選
択肢の英文が、本文のどの部分に関するものかを読みとることです。

●選択肢の英文では、本文と同じ表現が使われているとは限らない。表現が一部ちがって
も、内容的に本文のどこと対応しているかを見ぬく必要がある。そのためにも、長文読
解では、文章の流れをしっかりつかんでおくことが大切。

解　答

問1　ア、オ、ク

問2　① It was sunny.

　　　② To buy tennis shoes. ／ Because they wanted to buy tennis shoes.

問3　有名ブランドではないものの中に、もっとよいくつがあったから。（30字）

解き方のポイント

問1　各選択肢の英文が、本文のどの部分に関するものかをまず特定し、両者を比べて内
　　容的に一致するかどうかを判断する。ただし、本文の主旨と明らかに異なる場合、そ
　　こまでしなくても判断できることもある。

　ア　「ナオトがテニスのチームに入ったので、ナオトの父は喜んだ」

　　　▶本文 ①〜② の内容と一致。Naoto joined the tennis team 〜と His father
　　　said, "I'm glad to 〜から判断できる。

　イ　「ナオトの父はラケットを2本持っていて、両方ともナオトにあげた」

　　　▶本文 ③〜④ の内容と不一致。ナオトの父は I have two tennis rackets とは
　　　言っているが、それに続けて You can use one for a few months.（1本を数
　　　か月間使ってよい）と言っているだけ。両方あげたわけではない。

　ウ　「ナオトと彼の父は、その次の土曜日にいっしょにテニスをした」

　　　▶2人がいっしょにテニスをしたという内容は本文に全くないので、すぐに不一
　　　致とわかる。2人は土曜日にテニス・シューズを買いに行った。

　エ　「ナオトはテニス・ショップで、たくさんの人にテニスについてたずねた」

　　　▶本文中に書かれているテニス・ショップでの会話は、ナオトと父の間の会話の
　　　み。不一致。

　オ　「ナオトの父はナオトに、本当によいテニス・シューズを買ってもらいたかった」

　　　▶本文 ⑩〜⑬ のナオトの父の発言から判断する。父は、ナオトがよいシューズ
　　　を見つけられるようにと助言している。一致。

　カ　「ナオトの父はナオトに、いくつかのシューズをはいてみるように言ったが、彼
　　　はそうしなかった」

▶これも文章の流れをつかんでいれば、ありえない内容で、すぐに不一致と判断できる。（本文 ⑬ に So Naoto did (= tried them on). とはっきり書かれているが、ここを確認するまでもない。）

キ 「ナオトの父は、有名なものはつねによいと考えていた」
　▶本文 ⑯〜⑰ の内容と不一致。そのように考えていたのはナオト。

ク 「ナオトは、父といっしょにレストランで昼食を食べたいと思った」
　▶本文 ㉒〜㉔ の内容と一致。㉔ の know that with my own mouth は「自分の口でそれを確かめる」⇒「食べてみる」ということ。

問2 このような問題も、内容一致文選択問題と同じように、問われている内容が、"本文のどの部分に関するものか"を特定することがポイント。
　① 「土曜日は天気はどうでしたか」
　　▶本文 ⑦ を参照。It was a sunny day. とある。答えの文は問いに合わせて It was sunny. としよう。
　② 「なぜナオトと彼の父はテニス・ショップへ行ったのですか」
　　▶本文 ⑤（および ⑦ 以降）を参照。ナオトの父親が「今週末、それ（＝テニス・シューズ）を買いに行こう」と言っている。また、本文 ⑦ 以降に、実際に買いに行ったときの様子がえがかれている。

問3 この問題も"本文のどの部分"を答えればいいのかを特定することがポイント。このように下線部に関する問いの場合は、下線部の前後から探す。ここでは、下線部の直後の when 以下の内容に（これだけでは"なぜ"に対する答えとしては弱いので）、本文 ⑮ の They were not the ones of 〜の内容を加えて答える。

表 現

③ By the way：by the way は「ところで」の意味の熟語。

⑤ go and buy：〈go and ＋動詞〉で「〜しに行く（＝ go to 〜）の意味。「買いに行く」

⑨ a pair of shoes：a pair of 〜で「1組の〜、1対の〜」の意味。「1足のくつ」

⑪ this brand of shoes：「このブランドのくつ」

⑫ the things many people buy：many people buy は things を修飾している。

⑬ So Naoto did.：この so は、文頭に使われて、「そのように、そう」の意味を表す。「ナオトはそのようにした（＝別のくつをはいてみた）」

⑮ the ones of a famous brand：ones は同じ名詞のくり返しをさけるときに使う代名詞。ここでは shoes を指している。「有名なブランドのくつ」

⑲ the best words to use：to use は形容詞的用法の不定詞。「使うべき最も適切なことば」

⑳ with your own eyes：この with は手段・道具を表している。「自分自身の目で」

㉒ with a smile：「ほほえみながら」の意味の熟語。

☞ 日本語訳は231ページを参照。

☐ STEP 52 ....

次の英文を読んで問いに答えなさい。

　　Nami is a junior high school student and has lived in Okinawa for three years. When she was twelve, her family moved to Okinawa because of her father's job. She lives with her parents, brother, two sisters and grandfather. She loves her family very much.

⑤　　On her birthday, the 7th of June, Nami's grandfather gave her a computer. Nami was very happy because she was interested in the Internet and e-mail. She has an American friend, Kenny. He lives in New York. Now she can send an e-mail to him.

　　Two months after her birthday, Nami got an e-mail from Kenny. He
⑩ told Nami that she should go *diving because Okinawa is famous for its beautiful sea. Nami's brother, Tsuyoshi, is a college student and goes diving every weekend during summer. Nami asked Tsuyoshi to take her diving. On a fine Sunday they went to *Cape Maeda which is one of the best diving *spots. She saw a lot of fish with beautiful colors and enjoyed
⑮ another world under the sea. It was so exciting and interesting that Nami felt she was really lucky to live in Okinawa.

　　After she came home, Nami *searched on the Internet and found that many people are working very hard to protect the beautiful sea of Okinawa. The Internet has also showed her that it is very important for
⑳ us to send messages from Okinawa to many people in the world. Nami is now thinking about what else she can do for the sea of Okinawa.

〔注〕　dive　ダイビングをする　　Cape Maeda　真栄田岬　　spot　場所
　　　search　調べる

問 1 次の各問いに対する最も適切なものを、ア～エの中から 1 つ選びなさい。

1　How many people does Nami live with?

  —　She lives with ＿＿＿＿＿＿

  ア　five people.　　イ　six people.　　ウ　seven people.　　エ　eight people.

2　When did Nami get an e-mail from Kenny?

  —　She got it ＿＿＿＿＿＿

  ア　in June.　　イ　in July.　　ウ　in August.　　エ　in September.

3　Why did Nami feel she was lucky to live in Okinawa?

  —　Because ＿＿＿＿＿＿

  ア　she has a friend who lives in America.

  イ　her sister took her diving.

  ウ　Tsuyoshi told her many things about diving.

  エ　diving was very exciting and interesting.

4　What did Nami learn from the Internet after diving?

  —　She learned ＿＿＿＿＿＿

  ア　a lot of people are working hard for the sea of Okinawa.

  イ　the Internet is very important for many people.

  ウ　sending messages from Okinawa is not good.

  エ　it is very hard for her to use her computer.

問 2 本文の内容のまとめとして最も適切なものを、ア～エの中から 1 つ選びなさい。

ア　Nami is fifteen years old.　She enjoys sending e-mails to Kenny in New York and she likes him very much.

イ　Nami got a computer on her birthday.　After diving with her brother, she is more interested in the sea of Okinawa and wants to do something for it.

ウ　Nami has an American friend, Kenny.　She went diving because he asked her to learn about the sea of Okinawa on the Internet.

エ　Nami uses her computer every day.　When her brother took her diving, she felt she should send a message to Kenny because he told her about diving.

（茨城）

長文の読解力を試す問題の中で、内容一致文問題は最も基本となるものです。この問題にしっかりと対応できるようになれば、あとで見るように、ほかのさまざまな問題にも対応できるようになるでしょう。

●内容一致文問題にはいくつかの形がある。前回のような内容一致文を選ぶ問題のほかに、内容一致文を完成させる問題、内容不一致文を選ぶ問題などもある。しかし、解き方のポイントは同じ。それが、本文のどの部分に関するものかを特定することである。

解　答

問1　1－イ　　　　2－ウ　　　　3－エ　　　　4－ア　　　　問2　イ

解き方のポイント

問1　各設問の英文が、本文のどの部分に関するものかをまず特定してから、どの選択肢がその内容と一致しているかを判断する。

1　「ナミは何人の人と暮らしていますか」―「_____と暮らしています」
　▶本文 ③〜④ を参照。ナミは「両親、兄、2人の姉妹、それに祖父」と暮らしているとあるので、合計「6人の人」（イ）と暮らしていることになる。

2　「ナミはいつケニーからEメールをもらいましたか」―「_____もらいました」
　▶本文 ⑨ に「誕生日の2か月後にケニーからEメールをもらった」とある。そして、本文 ⑤ に彼女の誕生日が「6月7日」と記されているので、その2か月後の「8月に」（ウ）Eメールをもらったことになる。

3　「ナミはなぜ、沖縄に住んでいて幸運だと感じたのですか」
　　―「なぜなら_____からです」
　▶本文 ⑮〜⑯ に「ナミは沖縄に住んでいて本当に幸運だと感じた」とあるので、その前後から、その理由をさがす。It was so 〜 that …（それはとても〜だったので…）の文に注目。It was so 〜の部分が理由を表していると考え、それと同じことを述べている「ダイビングがとてもワクワクドキドキでおもしろかった」（エ）を選ぶ。他の選択肢の訳は次のとおり。
　　ア「アメリカに住む友人がいる」　イ「姉〔妹〕が彼女をダイビングに連れていった」　ウ「ツヨシが彼女にダイビングについて多くのことを話した」

4　「ダイビングをしたあと、ナミはインターネットから何を学びましたか」
　　―「彼女は _____ことを学びました」
　▶本文では learn from the Internet という表現は使われていないが、本文 ⑰〜⑲ の searched on the Internet and found that 〜（インターネットで調べて〜ということがわかった）が、ほぼ同じことを述べている。この that 以下の内容と一致するものを選べばよい。「たくさんの人が沖縄の海のために一生

懸命働いている」（ア）が正解。他の選択肢の訳は次のとおり。

　イ「インターネットは多くの人にとってとても重要である」　ウ「沖縄から
メッセージを送ることはよくない」　エ「彼女にはコンピュータを使うことは
とてもむずかしい」

問2　本文の「まとめとして最も適切なもの」なので、各選択肢の内容が本文と一致してい
るかどうかをチェックした上で、本文の主旨を適切に表現しているものを選ぶ。

　ア　「ナミは15歳です。彼女はニューヨークのケニーにEメールを送ることが楽し
みです。彼女は彼のことが大好きです」

　　　▶本文の内容に大きく反することは書かれていないが（「ケニーが大好き」とは
特に書かれていない）、これでは本文の第2段落までの内容しか入っていない。

　イ　「ナミは誕生日にコンピュータをもらいました。彼女は、兄とダイビングをした
あと、沖縄の海に対して興味が深まり、そのために何かしたいと思っています」

　　　▶本文の内容に反することは書かれていない。本文の最も重要な部分（ダイビ
ングに行き、沖縄の海を守ることに目覚めた）が適切にまとめられている。

　ウ　「ナミにはケニーというアメリカ人の友人がいます。彼女は、インターネットで
沖縄の海について学ぶよう彼にたのまれたので、ダイビングをしに行きました」

　　　▶because 以下が本文 ⑩〜⑪ の内容と不一致。ケニーがナミにダイビング
に行くことを勧めたのは、「沖縄は美しい海で有名だから」である。

　エ　「ナミは毎日コンピュータを使います。彼女は、兄にダイビングに連れていって
もらったとき、ケニーにメッセージを送らなくてはと感じました。なぜなら、
彼は彼女にダイビングについて話をしたからです」

　　　▶前半（毎日コンピュータを使う）は本文中に記述
なし。後半（ダイビングに行ったあとでケニーに
メッセージを送る…）も本文中に記述なし。

表現

　②〜③　because of 〜：「〜のために、〜のせいで」

　⑩　go diving：go 〜ing で「〜しに行く」の意味。

　⑩〜⑪　is famous for its beautiful sea：be famous for 〜で「〜で有名である」の意味。

　⑫〜⑬　take her diving：〈take ＋人＋〜ing〉で「人を〜しに連れていく」の意味を表す。
「彼女をダイビングに連れていく」

　⑭　a lot of fish with beautiful colors：fish は複数形もふつうは fish。with beautiful
colors は fish を修飾している。「美しい色をもった（＝色をした）多くの魚」

　⑰　on the Internet：この on は手段を表す。「インターネットで」

　㉑　what else she can do for 〜：直前の前置詞 about の目的語となる間接疑問。else
は「ほかに」の意味。「〜のために彼女がほかに何ができるか（について）」

☞ 日本語訳は231〜232ページを参照。

3 空所補充問題 (1)

次の英文は、隆（Takashi）がホームステイ中に書いた日記です。これを読んで問いに答えなさい。

August 5, fine

It is the first day of my stay with an American family. I became friends with Bob, a member of this family. I had some wonderful experiences today.

⑤ This morning, Bob took me to a church. We met some people who can't see at all. Bob read today's newspaper to them. He *acted as their (①). After a while I asked him, "(②) do you help them?" He answered, "Well, nobody can live alone. We all live together. So it is important for us to help each other." I was *moved by his words.

⑩ After lunch, Bob took me to meet his friend, *Pedro. He came from *Mexico. They are in the same class. Bob learns *Spanish at school, but he isn't good (③) it. Pedro has lived in America for a few months, but his English is not good enough. So they had a good idea. When they talk with each other, Bob must try to speak in (ⓐ), and Pedro

⑮ in (ⓑ).

While they were talking, I tried to understand Pedro. But I couldn't understand what he said. So I asked Bob, "Do you understand Pedro's English?" Bob answered, "Yes, very well." I thought Pedro could speak English (④) I. I must practice harder to be a good speaker of

⑳ English like Pedro.

In the evening after dinner, Bob and I went fishing. After a few hours it was still light, and I asked Bob, "Why doesn't it get (⑤) even after eight?" Then he answered, "The day is longer in summer. To save the *daylight hours, we change the clock forward one hour." I thought we

㉕ could stay (⑥) until about nine.

I had a good time. What can I (⑦) tomorrow?

〔注〕 act 行動する　move 感動させる　Pedro：ペドロ（人名）
Mexico メキシコ　Spanish スペイン語　daylight 日中、昼間

154

設　問

問1　（　①　）～（　⑦　）に入る最も適切な語句を、次から1つずつ選びなさい。

①　ア　ears　　　　　　　イ　eyes
　　ウ　hands　　　　　　エ　legs

②　ア　What　　　　　　イ　How
　　ウ　When　　　　　　エ　Why

③　ア　on　　　　　　　イ　in
　　ウ　at　　　　　　　エ　for

④　ア　better than　　　イ　not better than
　　ウ　as well as　　　エ　not so well as

⑤　ア　short　　　　　　イ　light
　　ウ　long　　　　　　エ　dark

⑥　ア　home　　　　　　イ　away
　　ウ　inside　　　　　エ　outside

⑦　ア　help　　　　　　イ　discover
　　ウ　introduce　　　エ　share

問2　（　ⓐ　）（　ⓑ　）に入る最も適切な英語各1語を、それぞれ本文中から見つけて書きなさい。

（秋田）

英文の空所の中に適切な語句を入れる、という問題です。文法や熟語の知識で答えがでる場合もありますが、基本は、前後関係（文脈）からそこにどういう意味の語句がくるのが自然かを判断します。

●高校入試では、この形式の問題もよく出題される。読解ではない単文の空所補充問題では文法力や熟語力などが試されるが、読解の空所補充問題では、ふつう文章の流れを理解できているかどうかが試されるので、そのつもりで取り組む必要がある。

解　答

問1　①—イ　　②—エ　　③—ウ　　④—ア　　⑤—エ　　⑥—エ　　⑦—イ

問2　ⓐ Spanish　　　ⓑ English

解き方のポイント

問1　まず、この日記で書かれていることが、隆がホームステイの初日に体験した、彼にとって新鮮な出来事だということを頭に入れて読み進めよう。

① 「彼（＝ボブ）は彼らの（　　　）として行動した」

適語句を補充する問題では、空所の前か後に判断の根拠となるような表現がある。ここでは、空所の前に「ボブは彼ら（＝目のまったく見えない人々）に新聞を読んであげた」とあるのが根拠となる。「彼らの目として行動した（＝彼らの目の役割をした）」とする。この as は「〜として」の意味の前置詞。

② 「（　　　）あなたは彼らを助けてあげるのですか」

この問いに対するボブの答え（＝空所の後）が判断の根拠になる。ボブは「人間はひとりでは生きられない。…たがいに助け合うことが重要だ」と答えている。これは、助ける"理由"となっているので、「なぜあなたは〜」とすると文章が自然につながる。なお、Why の質問に対しては、ふつう Because 〜や To 〜で答えるが、ここはその形になっていないので、内容から判断するしかない。

③ 「彼（＝ボブ）はそれ（＝スペイン語）がじょうずではない」

ここでは、be good at 〜（〜がじょうずだ、得意だ）という熟語の知識がポイントになる。読解の空所補充でも、このような問題がでることがある。なお、ここは、文脈的には、直前に「ボブは学校でスペイン語を習っている。しかし…」とあるので、上のような意味の文になることは容易に想像できるだろう。

④ 「ペドロは私（　　　）英語を話すことができると私は思った」

ここでは、空所の後に「ペドロのようにじょうずに英語を話せるようになるために、私はもっと一生懸命練習しなくてはならない」とあるのが根拠となる。ペドロのほうが「私よりじょうずに英語を話すことができる」と思ったから、そのように述べているのである。

⑤ 「もう8時を過ぎているのに、なぜ（　　　）ならないのですか」

空所の前に、「夕食のあとで釣りをしに行」き、それから「数時間後も、まだ明るかった」とあるのが根拠となる。また、空所のあとでボブが「夏は日が長い」と答えているのも根拠となる。「なぜ暗くならないのですか」とする。なお、ここが否定疑問文の形（Why doesn't it get 〜?）になっていることに注意。

⑥ 「ぼくは9時ごろまで（　　　）いることができると思った」

空所の前の内容（昼が長く、おそい時間になっても明るい）が判断の根拠となる。「9時ごろまで外に〔戸外に〕いることができる」とすると自然につながる。

⑦ 「あすは何を（　　　）ことができるだろうか」

ここはややむずかしい。空所の前に「ぼくは（きょう）楽しい時をすごした」とあるだけで、手がかりがない。このような場合は、文章全体の流れをつかんだ上で、選択肢を1つ1つ吟味するしかない。日記の最初のほうに、「きょうはすばらしい体験をした」（本文 ③〜④ ）とあり、その後、その体験について述べていることから考えて、日記の最後は、「あすは何を発見することができる（＝どんな新しいことを経験できる）だろうか」とするとしっくりくる。

問2 文章の流れに注目しよう。この部分は、「ボブはスペイン語がじょうずではなく、ペドロは英語がじょうずではない」⇒「（そこで）いいことを考えた」という流れ。空所をふくむ文は、その「いい考え」を具体的に述べた部分。

その「いい考え」が、たがいに苦手な言語を話すことで、苦手を克服しようとすることだと気がつくかどうかがポイント。「彼らがたがいに話をするときは、ボブがスペイン語を話し、ペドロが英語を話すように努力しなくてはならない」とする。次の段落を読むと、ペドロが英語を話していることが確認できる。

表現

⑤〜⑥ **some people who can't see at all**：who 以下は people を修飾する関係代名詞の節。not … at all は「まったく…ない」の意味。「まったく見ることのできない人々」

⑦ **After a while**：after a while で「しばらくすると」の意味。

⑬ **not good enough**：この enough は「十分に」の意味の副詞。形容詞（ここでは good）を修飾するときは後ろに置く。

⑭〜⑮ **Bob must try to speak in 〜, and Pedro in …**：同じ語句がくり返される場合、省略されることがある。ここでは Pedro のあとに must try to speak が省略されている。

㉓ **The day is longer**：この day は「昼間、日中」の意味。

㉓〜㉔ **To save the daylight hours**：この不定詞は目的を表す用法。この save は「節約する、むだづかいしない」の意味。「日中の時間をむだづかいしないように」

㉔ **change the clock forward one hour**：forward は「前へ、先へ」の意味の副詞。「時計を1時間進ませる」

☞ 日本語訳は232〜233ページを参照。

□ STEP 54

次の英文は、高校生の貴子（Takako）と亜紀（Aki）が、ある休日に電車の中で行った対話です。これを読んで問いに答えなさい。

Takako : Aki, do you know that boy using a *mobile phone?

Aki : Yes. He and I were in the same class last year.

Takako : Really? I have never seen him. Well, he should not use his mobile phone in the train. I'm angry. I'll say something to him.

⑤ *Aki :* (A   )

Takako : I'm going to say, "Stop! Don't use your mobile phone here!"

Aki : Oh, no! That's not good.

Takako : But he has very bad manners. Using a mobile phone *disturbs people around him. I want him to stop using it.

⑩ *Aki :* (B   ) But wait, Takako. There are other ways to say it.

Takako : Other ways? For example?

Aki : How about saying it like this? "I know you want to talk now, but can you use your mobile phone after getting off the train?"

Takako : That's nice. I was only thinking I had to tell him about his bad

⑮ manners. I didn't think about the way to say it. (C   )

Aki : Yes, I think so. You always speak your *thoughts. It is your *strong point. But sometimes it is a problem for you. My mother often says, "Think today and speak tomorrow."

Takako : 〔   〕

⑳ *Aki :* It means we must think well before speaking. If we do so, we can have good *relationships with other people.

Takako : I see. (D   ) It is my *weak point. Well, I'll say to him in your way.

Aki : Oh, you understand me. I'm happy.

㉕ 〔注〕 mobile phone 携帯電話   disturb 迷惑をかける   thought 考え
strong point 長所   relationship 関係   weak point 短所

設 問

問1 対話の流れに合うように、文中の（ A ）～（ D ）のそれぞれにあてはまる最も
適切な文を、次のア～クの中から１つずつ選びなさい。

ア Do you think saying it in my way will make him angry?

イ Why are you going to talk with him?

ウ Do you want him to say it?

エ What are you going to say?

オ Do you know where he is going to get off?

カ Sometimes I don't think about how other people feel.

キ I know you want him to stop using it.

ク Now I can't remember the way to use a mobile phone.

問2 対話の流れに合うように、文中の〔　　　〕にあてはまる表現を考えて、英語で書
きなさい。

（和歌山）

空所の中に語句ではなく文を入れる問題もよく出題されます。解き方は語句の場合と同じで、前後関係（文脈）からそこにどういう意味の文がくるのが自然かを判断します。

● 対話文でこの形式の問題が出題されるときは、空所の前後の受け答えの表現にも注意が必要。1人で書く文章とちがって、対話文の場合は複数の人間が発言するので、話者がだれかを確認しながら対話の展開を読むことも重要。

解　答

問1 A－エ　　　B－キ　　　C－ア　　　D－カ

問2 What does it[that] mean?

解き方のポイント

問1 対話の大きな流れ（貴子が電車の中で携帯電話を使っている男の子を注意しようとする⇒注意のしかたについて亜紀が意見を言う⇒貴子がその意見に納得する）を押さえた上で、空所にどんなことばがくるかを考えよう。

〔選択肢の訳〕

ア「それを私のやり方で言うこと（＝言ったら）彼を怒らせると思う？」

イ「あなたはなぜ彼と話をしようとしているの？」

ウ「あなたは彼にそれを言って（＝そう言って）ほしいの？」

エ「あなたは何と言うつもり？」

オ「あなたは彼がどこで（電車を）降りるのか知っているの？」

カ「ときどき私は他人がどう感じているのかを考えないの」

キ「あなたが彼にそれを使うのをやめさせたいのは（私にも）わかるわ」

ク「いま私は携帯電話の使い方が思い出せないの」

A　貴子は、この空所の直前に「彼に（何か）言うわ」と言い、空所（＝亜紀の発言）のあとで「『やめなさい！～』と言ってやるの」と、具体的に"何を言うか"を述べているところから判断できる。亜紀が「何と言うつもり？」とたずねると、対話の流れが自然になる。

B　貴子は、この空所の直前に「彼にそれ（＝携帯電話）を使うのをやめさせたいの」と言っている。それに対して亜紀は、空所の発言に続けて「でも、待ってちょうだい」と言っている。この「でも（But）」に注目しよう。「でも」の前には、貴子の言ったことを肯定する内容がくるはず。「あなたの気持ち（＝携帯電話を使うのをやめさせたい）はわかるわ。でも～」とすると、対話の流れが自然になる。

C　貴子は、この空所の発言の直前に「私は（それの）言い方について考えなかった」と言っている。そして空所の直後に亜紀は、「ええ、そう思うわ」と言っている。

160

「ええ（Yes）」と答えていることから、空所にはア、ウ、オのどれかが入るとわかる。その中で、「言い方」について述べているのはアのみ。「私のやり方で言ったら彼を怒らせると思う？」⇒「ええ、そう思うわ」とすると自然な流れになる。

D　貴子は空所の直前に「わかります」と言って、亜紀のことば（話す前によく考えれば、他人とよい関係を築ける）に納得している。そして空所の直後に、「それが私の短所なの」と言っている。したがって、空所には、他人との関係に関しての、　貴子の"短所"となる内容がくることがわかる。そのような内容として適切なのは、カの「私は他人がどう感じているかを考えないことがある」。

問2　亜紀は、この空所の直前では「きょう考えてあす話しなさい」という母親のことばを紹介し、空所（＝貴子の発言）のあとでは、そのことばの意味を説明している。このことから、空所には「それ（＝その母親のことば）はどういう意味？」という内容がくると流れが自然になる。

自分で英文を書く問題だが、こうした問題ではたいてい本文中に使うべき表現のヒントがある。ここでは、亜紀が It means ～ と答えていることから、mean を使えばよいのだとわかる。母親のことばは it か that で受けて、What does it[that] mean?（それは何を意味しているのですか）とする。

表現

[1] that boy using a mobile phone：using a mobile phone は boy を修飾する句。この using は現在分詞。「携帯電話を使っているあの男の子」

[8]～[9] Using a mobile phone disturbs ～：Using a mobile phone はこの文の主語。この Using は動名詞。「携帯電話を使うことは～に迷惑をかける」

[9] stop using it：stop は動名詞を目的語にとる。「それ（＝携帯電話）を使うのをやめる」

[10] other ways to say it：to say it は ways を修飾する句。この way は「やり方、方法」の意味。「それを言う別のやり方」

[11] For example?：for example は「たとえば」の意味の熟語。ここでは相手への問いかけとして使われている。「たとえば？」

[12] How about saying it like this?：この How about ～ing? は提案を表している。「それをこのように言ってはどうですか」

[12]～[13] can you ～?：この can you ～? は「～してくれませんか」という依頼の意味。

[13] after getting off the train：get off は「（電車などを）降りる」の意味の熟語。ここでは動名詞として使われている。「電車を降りたあとで」

[20] If we do so：この do so は、ここでは think well before speaking のこと。

[22]～[23] say to him in your way：この way も「やり方、方法」の意味。「あなたの（言うような）やり方で彼に言う」

☞ 日本語訳は233ページを参照。

☐ STEP 55 ■■■■■■■■■■■■■■■■■■■■■■■■■■■■■■■■■■

放課後、英会話部の生徒たちがブラウン先生 (Ms. Brown) を交えて、外国で2〜3週間ホームステイをするならどこがよいかについて話をしている。これを読んで問いに答えなさい。

Ms. Brown : Where do you want to go and stay?

Yoko : I have a friend who lives in *Britain. We have exchanged letters in English for one year. So I'd like to stay at her home.

Akira : Really? I also want to visit Britain. I'm interested in soccer and my
⑤ favorite player lives there.

Rumi : Britain is nice, but I want to stay in Singapore. I think it's a very beautiful and interesting country.

Akira : I hear several different *ethnic groups live there. Do they speak English?

⑩ *Rumi* : Yes, of course. English is their common language.

Junko : I hear there is a study tour to Bangladesh. I'd like to join the tour and stay at a farm. It will be interesting to *milk the cows and *pump water from a *well.

Ken : That sounds great! When I traveled to Canada with my family last
⑮ winter, we stayed at a hotel. I'd like to go there again, but this time I'd like to stay at someone's home. Then I can learn a lot about their different way of living. My English will also become better.

Hiroshi : That's true. Last year a student from New York stayed at my home for one month. He became very interested in Japanese culture,
⑳ and he learned a lot about Japanese life. His Japanese became better and better every day, too.

Ms. Brown : How about you, Koji?

Koji : Well, I want to go to America. But I've never been abroad, so I want to stay at a home in America with my Japanese friend.

㉕ *Yoko* : That's not a good idea. If you don't stay with your Japanese friend, you have to speak English a lot. You also have to think and decide everything without your friend's help. That's better for you.

Koji : I see.

③ *Ms. Brown :* I enjoyed your ideas. If you go abroad and stay at a home, the people who live there also want to know about Japan from you. Please try to study about your country and its culture before you go there.

〔注〕 Britain イギリス   ethnic group 民族（集団）   milk 乳をしぼる
pump ポンプでくむ   well 井戸

設 問

問1 農場での体験をしたいと言っているのはだれか。その名前を英語で書きなさい。

問2 ホームステイをしたい国を特に述べていない生徒はだれか。その名前を英語で書きなさい。

問3 ホテル滞在を経験して、今度はホームステイをしたいと言っているのはだれか。その名前を英語で書きなさい。また、なぜホームステイをしたいと言っているのか。その理由を2つ日本語で書きなさい。

問4 日本人の友人とではなく1人でホームステイをすることをすすめているのはだれか。その名前を英語で書きなさい。また、なぜそのようにすすめているのか。その理由を2つ日本語で書きなさい。

問5 ブラウン先生は、生徒たちにどのような助言をあたえているか。その内容を日本語で書きなさい。

（福井）

PART 2

2

さまざまな問題を解く

学習の
POINT
英文の内容に関して、さまざまな説明を求める問題です。こうした問題を解く上で重要なことは、問われている事柄が本文のどの部分に関するものかを特定することです。その上で、その部分をていねいに読み直します。

●問われている事柄が本文のどの部分に関するものかを特定する、という点は内容一致文問題を解くときと同じ（そのためには、文章の流れをつかんでおく必要がある）。内容一致文問題に対応できる力がついていれば、こうした内容説明問題もこわくはない。

解　答

問1　Junko　　　**問2**　Hiroshi

問3　名前：Ken
　　　理由：① カナダ人の異なった暮らし方について多く学べるから。
　　　　　　② 英語が上達するから。

問4　名前：Yoko
　　　理由：① 友人がいないと、自分がたくさん英語を話さなければならないから。
　　　　　　② 友人の助けを借りずに、すべてを自分で考えて決めなければならないから。

問5　（ホームステイ先の人々は日本について知りたがるので、）外国に行く前に、自分の国とその文化について勉強しておくこと。

解き方のポイント

問1 この問題は内容説明ではないが、解き方は同じ。「農場」について発言している部分を見つけて、発言者を確認する（複数いた場合は、農場へ「行きたい」と発言している人を選ぶが、この対話では1人しかいない）。
　　　本文 ⑪〜⑬ に「バングラデシュへの学習ツアー」の話があり、発言者のジュンコは、それに参加して「農場 (farm)」に泊まりたいと言っている。また「牛の乳をしぼったり井戸から水をポンプでくんだりするのはおもしろいだろう」と述べていることから、「農場での体験」をしたいと思っていることがわかる。

問2 この対話の主題が「ホームステイをするならどこがよいか」なので、発言者がどこへ行きたいと思っているかは、当然注意しなくてはいけない。発言順に、ヨーコ＝イギリス、アキラ＝イギリス、ルミ＝シンガポール、ジュンコ＝バングラデシュ、ケン＝カナダ、と続くが、ヒロシは特に自分の行きたい場所について発言はしていない。そのあとで、コージはアメリカへ行きたいと発言している。

問3 まず、「ホテル滞在」についての発言を見つけて、発言者を確認する。⑭〜⑯ に、家族とカナダへ行き「ホテル (hotel)」に滞在したこと、こんどはそこでホームステイをしたいということが述べられている。発言者はケン。

その理由については、16〜17 の Then（そうすると）以下の2つの文で述べられているので、それを日本語にすればよい。

なお、their different way of living の their は前の文の someone を受けている。someone や everyone は単数扱いだが、性別が不明であるため、それを代名詞で受けるときは、しばしば they[their, them] を使う。

問4　まず、「日本人の友人」についての発言を見つけて、発言者を確認する。「日本人の友人（Japanese friend）」ということばが出てくるのは、23〜24 のコージの発言の中。そこで彼は「日本人の友人といっしょにホームステイ」したいと述べている。それに対して「1人でホームステイすることを勧めている」のは、次の発言者のヨーコ。

その理由については、That's not a good idea. のあとに続く2つの文で述べているので、それを日本語にすればよい。

問5　ブラウン先生の発言は全部で3回。そのうち2回（本文 1 と 22 ）は短い問いかけで、助言ではない。結局、最後の発言（本文 29〜32 ）の中から「助言」といえる部分をさがす。

助言としてふさわしいのは、最後の1文（Please try to 〜）。その前の文（If you go abroad 〜）は、助言の理由に当たる部分。理由をふくめて答えてもよいが、ここでは助言の部分だけで十分だろう。

表　現

1　**Where do you want to go and stay?**：〈go and ＋動詞〉で「〜しに行く」の意味。「あなたはどこへホームステイしに行きたいですか」

3　**I'd like to 〜**：would like to 〜で「〜したい」の意味。

8　**I hear 〜**：「（人の話では）〜だそうだ、〜といううわさだ」の意味。

10　**of course**：「（相手のことばを受けて）もちろん」

15　**this time**：「今回は、今度は」の意味の副詞句。

16　**Then**：「そうすると」の意味。then には「そのとき」や「それから、その次に」のほかに、「そうすると、それで」の意味があるので注意。文章の流れを読みとる上で重要な語なので注意しよう。

16〜17　**their different way of living**：way of living で「生活様式、暮らし方」の意味。「彼ら（＝カナダ人）の（私たちとは）異なる暮らし方」

20〜21　**became better and better**：〈比較級＋and＋比較級〉で「だんだん〜、ますます〜」の意味。「ますますよくなった」

23　**I've never been abroad**：abroad は副詞なので、前に前置詞はつかない。「私は（いままで）外国へ行ったことはない」

29　**I enjoyed your ideas.**：「私はみなさんの考えを楽しく聞かせてもらった」くらいの意味。

☞ 日本語訳は234ページを参照。

6 要約文完成問題

次の英文は、中学生の健太（Kenta）が、英語の授業中に行われた討論（discussion）についてまとめたものです。これを読んで問いに答えなさい。

　　We had an interesting discussion about the question of studying foreign languages in Japan.　Three students, Rumi, Takashi and Masako, gave their opinions about it.　They were very good.　Here are their opinions.

Rumi : English is the foreign language we should study.　I have three reasons.　First, many Japanese people go to other countries now, and a lot of foreign people come to Japan.　We need English to communicate with foreign people. (　①　), among the languages in the world, I think English is used a lot on the Internet.　Last, we can enjoy English songs and movies more by studying English.　I think we should study English.

Takashi : 〔　　　A　　　〕 Many people say learning foreign languages is important, but I don't agree.　We don't use them every day.　For example, we can enjoy watching foreign movies in Japanese.　Also, we don't have many chances to talk with foreign people in my town.　I think learning Japanese is more important for us.

Masako : I know studying English is important, (　②　) it's not the only foreign language we should study.　Last year, my aunt went to *Mexico.　She said, "I couldn't communicate in English with some people in Mexico. *Spanish is spoken there."　After she came back to Japan, she began to study Spanish.　I think we should study English and another foreign language.

　　After they spoke, we *discussed the opinions in class.　Before the discussion, I thought there was one clear answer to this question.　In today's class, I learned everyone had his or her opinions.　I thought each one was right and it was very important to exchange our own opinions through discussion. (　③　) opinions helped me to find a new way of thinking. I hope to give my own opinion in the next discussion.

〔注〕 Mexico メキシコ　　Spanish スペイン語　　discuss ～について討論する

設 問

問1 （ ① ）～（ ③ ）に入る最も適当なものを、ア～エから１つずつ選びなさい。

① ア Second　　イ Third　　ウ Later　　エ But

② ア because　　イ so　　ウ but　　エ when

③ ア Same　　イ My　　ウ Next　　エ Different

問2 〔 A 〕に入る最も適当な英文を、ア～エから１つ選びなさい。

ア I don't think we need to learn foreign languages.

イ I think everyone should learn English and Spanish.

ウ I don't think we need to learn Japanese to communicate with foreign people.

エ I think everyone should learn English to watch foreign movies.

問3 本文の内容に関する次の質問に、英語で答えなさい。

What does Kenta want to do in the next discussion?

問4 次の文章は本文を要約したものです。文中の（ ① ）～（ ⑤ ）に入る最も適当なものを、下のア～シから１つずつ選びなさい。

Should people in Japan study foreign languages? The students in Kenta's class tried to answer the （ ① ） . Rumi, Takashi and Masako spoke about it. Rumi said that they （ ② ） to study English. Takashi thought that studying foreign languages was not （ ③ ） . Masako said that studying only （ ④ ） was not enough. When the three students finished speaking, everyone （ ⑤ ） about their opinions. Kenta learned that exchanging opinions was very useful.

ア English　　イ had　　ウ listened　　エ Japanese

オ foreign　　カ talked　　キ important　　ク speak

ケ question　　コ next　　サ Mexico　　シ easy

（千葉）

167

要約文を完成させる問題では、①元となる文章（＝本文）の流れにそって、②本文と内容が一致するように語句を入れます。したがって、この問題も、内容一致文問題の応用・発展と考えることができるでしょう。

●要約文の空所に語句を入れるときには、内容一致文問題を解くときと同様に、そこで述べられている内容が本文のどの部分に関するものかを特定しなくてはならない。何度もくり返すようだが、これができるようになれば、読解問題の多くは解けるのである。

解 答

問1 ① ア　　② ウ　　③ エ

問2 ア

問3 He wants to give his own opinion.

問4 ① ケ　　② イ　　③ キ　　④ ア　　⑤ カ

解き方のポイント

問1　①本文 ④〜⑤ に I have three reasons. とあり、それに続けて First 〜（第一に〜）と、理由を列挙しはじめていることに注目する。空所は2番目の理由を述べるところなので、Second（二番目に）が入る。

　　②空所の前後の内容から判断する。「英語を勉強することは大切だ」と「それ（＝英語）は勉強すべき唯一の外国語ではない」なので、両者を、逆接を表す接続詞の but（だが、しかし）で結ぶのが適切。

　　③空所までの文章の流れ（みんなが自分の意見をもっている⇒それぞれが正しい⇒意見を交換することは大切だ）から、「異なった〔さまざまな〕意見は、私が新しい考え方を見つけるのを助けてくれた」とするのが適切。

問2　空所の直後の発言に注目する。「多くの人が外国語を学ぶことは大切だと言うが、私は賛成ではない」と述べていることから、それと矛盾しない内容の英文を選ぶ。

　　ア「私は外国語を学ぶ必要はないと思います」

　　イ「私はみんなが英語とスペイン語を学ぶべきだと思います」

　　ウ「私は外国の人と意思疎通をするために日本語を学ぶ必要はないと思います」

　　エ「私はみんなが外国の映画を見るために英語を学ぶべきだと思います」

問3　英問英答の問題。英語の問いが"本文のどの部分に関するものか"をまず特定する。問いの文の最後にある in the next discussion から、本文の最後の部分に関する問いだとわかる。あとは、その部分の内容（I hope to 〜）をよく理解した上で、問いの文の形（What does Kenta want to 〜?）に合わせて答えればよい。

問4　要約に関する問題。本文の流れにそってまとめているので、空所が"本文のどの部分に関するものか"は特定しやすい。ただし、まとめるときには表現が少し変わる

こともあるので注意が必要。

①直前の文 (Should people in Japan 〜?) が問い (= question) の形になっている
ことに注目する。ここは特に本文の内容を確認しなくても答えが出る。（ただし、
本文でも、最初のところで question の語が使われている。）

②ルミが言いたいことは、彼女の主張の最初と最後に明確に述べられている。「私た
ちは英語を勉強すべきだ」ということなので、それに合うような語を選ぶ。

③タカシの考えは、本文 ⑪〜⑫ に述べられている。「外国語を学ぶことは大切だ
(important)」という考えに対して、「賛成できない」と言っているので、それに
合うような語を選ぶ。

④マサコの意見も、彼女の主張の最初と最後に明確に述べられている。「英語が勉
強すべき唯一の外国語ではない」「英語ともうひとつの外国語を勉強すべきだ」と
言っているので、それに合うような語を選ぶ。

⑤ここは本文 ㉒ (After they spoke, we discussed 〜) の内容と同じことを述べて
いる。discussed 〜は talked about 〜で言いかえられる。

［要約文の日本語訳］

日本の人々は外国語を勉強するべきだろうか。健太のクラ
スの生徒たちはその問いに答えようとした。ルミとタカシ
とマサコがそれについて意見を述べた。ルミは、英語を勉
強しなくてはならないと言った。タカシは、外国語を学習

することは大切ではないと考えた。マサコは、英語だけを学習するのでは十分で
はないと言った。3 人の生徒が話し終えると、みんなが彼らの意見について語り
合った。健太は、意見を交換することはとても有益だということを学んだ。

表 現

⬜〜⬜　the question of studying foreign languages in Japan：〈A of B〉で「Bという
A」の意味を表すことがある。「日本で外国語を学ぶという問題」

⑫　don't use them every day：〈not + every〉は"部分的な否定"を表す。「それらを
毎日使うわけではない」（「毎日使わない」ではない）

⑭　many chances to talk with 〜：to talk 以下は chances を修飾している。「〜と話
すたくさんの機会」

㉔　everyone had his or her opinions：everyone のように性別が不明な場合、his
or her で受けることがある。（前回見たように、their で受けることもある。）

㉔〜㉕　each one：ここでは each opinion のこと。

㉖　through discussion：この through は手段を表している。「討論によって」

㉖　helped me to find 〜：〈help A to ＋動詞の原形〉で「Aが〜するのを助ける」の意
味を表す。「私が〜を見つけるのを助けてくれた」

☞ 日本語訳は234〜235ページを参照。

☐ STEP 57 ▪▪▪▪▪▪▪▪▪▪▪▪▪▪▪▪▪▪▪▪▪▪▪▪▪▪▪▪

次の英文を読んで問いに答えなさい。

　　One Friday morning, when Koji was going to school, his classmate Mariko spoke to him, "Do you have any plans for tomorrow? I'll go to the recycling market in the park. Why don't you come with me?" He asked, "Recycling market? What's that?" She answered, "People bring things
⑤ they don't use, and sell them there. ①Most (there / things / are / the / sold / of) used ones, so they are very cheap. If you are lucky, you can find something *brand-new and nice." Koji said, "(②   ). OK. I'll go with you."

　　The next morning, when Mariko and Koji came to the market, there
⑩ were already hundreds of people there. They took a walk in the market. There were many things that were really nice and cheap. He said to her, "Now I've learned ③one thing, Mariko." "What?" she asked. He said, "We should not throw things away easily."

　　After they walked for a while, Koji said in a loud voice, "Hey! Look at
⑮ that bike! I've wanted one like that for a long time!" Then they ran to the *booth. The man selling the bike looked like a foreigner, so Koji spoke to him in English, "Excuse me. (④   )?" The man said, "It's two thousand yen." Koji said, "Oh, it's very cheap! And it doesn't look so old! ⑤Why are you selling a nice bike like this?" The man answered, "I must
⑳ go back to America next month, so I'd like to sell all the big things I have." "Oh, I see. How long have you had it?" Koji asked. The man said, "For about three years. But don't worry. I've used it carefully since I got it, so it still works well." "I understand. OK. I'll take it," Koji said. "Thank you. I hope you'll use it carefully, because I still love it," said the man. "All
㉕ right. I will," Koji said with a smile.

　　After that, Koji and Mariko talked with the man. Then Koji said to him, "(⑥   )" And Koji and Mariko went home together. It was a really good day for Koji, because he got a nice bike and a happy memory.

〔注〕 brand-new 真新しい　　booth 露店（路上などに臨時に出した店）

設 問

問1 下線部①が、「そこで売られているもののほとんどは中古品です」という意味になるように、（　　）内のすべての語を正しく並べかえて書きなさい。

問2 （　②　）に入る最も適切なものを、次のア〜エの中から1つ選びなさい。

ア　You're welcome
イ　Make yourself at home
ウ　Here you are
エ　That sounds interesting

問3 下線部③の one thing とはどのようなことか。その内容にあたる一文を本文中から見つけて、その文の意味を日本語で書きなさい。

問4 （　④　）にはコージの質問が入る。相手の答えを参考にして、その質問を4語以上の英文一文で書きなさい。ただし、疑問符、コンマなどは語として数えない。

問5 下線部⑤に Why are you selling a nice bike like this? とあるが、この露店の男の人は、なぜ自転車を売っているのか。その理由にあたる最も適当な一文を、その男の人が言ったことの中から見つけて、その意味を日本語で書きなさい。

問6 （　⑥　）には、コージがこの露店の男の人と別れるときに彼に対して話した言葉が入る。もしあなたがコージであったなら、男の人にどのようなことを話すか。その言葉を英文3文以内で書きなさい。ただし、語数は全部で10語以上とし、ピリオド、コンマなどは語として数えない。

問7 次のア〜カの中から、本文の内容に合っているものを2つ選びなさい。

ア　Mariko and Koji visited the recycling market in the park on Saturday.
イ　Mariko and Koji took a walk because the recycling market wasn't open.
ウ　Koji wanted to sell his old bike at the recycling market.
エ　The man selling the bike spoke to Mariko and Koji in Japanese.
オ　Koji was surprised because the bike was too expensive for him.
カ　The man selling the bike wanted Koji to use it carefully.

（香川）

171

読解問題の中で表現力を試す問題が出題されることもあります。語句の並べかえ、和文英訳、自由作文など、形式はさまざまですが、多くの場合、本文の内容を頭に入れて書くことが求められます。

● 英作文に対して苦手意識をもっている人は多い。しかし、英作文の問題では、それほど高度な表現を使う必要はないし、出題する側もそのようなものを求めてはいない。基本的な表現をうまく使えば何とかなるものばかりである。まず苦手意識をすてよう。

解 答

問1 (Most) of the things sold there are (used ones)

問2 エ

問3 私たちは物を簡単に捨てるべきではない。

問4 How much is this bike?

問5 私は来月アメリカに帰らなければならないので、大きな持ち物を全部売りたいのです。

問6 〔解答例1〕 Goodbye! I hope you will come back to Japan some day again.
〔解答例2〕 Thank you. I'm really happy to get a nice bike. I hope we'll meet again.

問7 ア、カ

解き方のポイント

問1 整序作文（＝語句の並べかえ）の問題。ここでは日本語があたえられているので、特に前後の内容を意識しなくてよい。この問題のポイントは、「そこで売られているもの」をどう表現するか。the things（もの）を過去分詞の句 sold there（そこで売られている）で修飾することに気がつけば、あとの語順は自然に決まる。

問2 ここは、マリコからリサイクル・マーケットがどんなものかを説明されて、コージも行ってみる気になる、という流れ。エの「それはおもしろそうだね」が適切。アは「どういたしまして」、イは「くつろいでください」、ウは「はい、どうぞ」の意味。

問3 直後にマリコから What?「（それは）何？」とたずねられているので、それに対するコージの応答の文（We should not throw things away easily.）を日本語に直せばよい。throw ～ away は「～を捨てる」の意味。

問4 文章の流れに合った英文を入れるという作文問題。相手が値段を答えているので、値段をたずねる文にすればよいとわかる。また、ここまでの流れで、コージは外国人が売っている自転車に注目していることがわかるので、「自転車の値段」をたずねる文にするのがよい。「この〔その〕自転車はいくらですか」という文にする。

問5 直後に露店の男の人が答えているので、その文（I must go back to ～）を日本語に

直せばよい。go back to ～ は「～へ帰る」、I'd like to ～ は「私は～したい」、all the big things I have は「私が持っているすべての大きな物」の意味。

問6　ある程度自由に書く作文。状況（よい自転車を買えた／うれしい／相手はもうすぐ帰国する／相手と少し親しくなった等）を頭に入れて、別れぎわのことばとしてふさわしいものにする。3文以内ということは、1文でもよい。10語以上ということは、10語でもよい。むりにたくさん書く必要はないし、上にあげた状況をすべて盛り込む必要もない。自分の書きやすいように書くことが大切。解答例では、2文と3文のものを1つずつ示してある。

問7　ア　「マリコとコージは土曜日に公園のリサイクル・マーケットを訪れた」
　　　　　▶本文 ①〜③と⑨〜⑩ の内容と一致。マリコがコージに「あすは何か予定があるの？」とたずねたのは金曜日。リサイクル・マーケットを訪れたのは翌日。

　　　イ　「マリコとコージはリサイクル・マーケットが開いてなかったので散歩をした」
　　　　　▶ふたりはリサイクル・マーケットの中を歩いた。不一致。

　　　ウ　「コージはリサイクル・マーケットで自分の古い自転車を売りたかった」
　　　　　▶コージは自転車を売ったのではなく買った。明らかに不一致。

　　　エ　「自転車を売っている男の人はマリコとコージに日本語で話しかけた」
　　　　　▶本文 ⑯〜⑰ の内容と不一致。コージが英語で話しかけている。

　　　オ　「コージはその自転車が彼にとって高価すぎたのでおどろいた」
　　　　　▶本文 ⑱ の内容と不一致。コージは「安い」のでおどろいたのである。

　　　カ　「自転車を売っている男の人はコージに
　　　　　それを注意深く使ってほしいと思った」
　　　　　▶本文 ㉔ の内容と一致。男の人のこと
　　　　　ば（I hope you'll ～）を参照。

PART 2
2
さまざまな問題を解く

表現

④〜⑤　things they don't use：they don't use は things を修飾している。

⑦　something brand-new and nice：something を修飾する形容詞は後ろに置かれる。

⑩　hundreds of ～：「何百もの～」

⑩　took a walk：take a walk で「散歩をする」だが、ここは「歩きまわった」くらいの意味。

⑭　for a while：「しばらくの間」

⑮　one like that：この one は名詞のくり返しをさけるときに使う代名詞。ここでは (a) bike を指している。「あのような自転車」

⑯　The man selling the bike：selling the bike は man を修飾している。「その自転車を売っている男の人」

㉓　works well：この work は「（機械などが）動く」の意味。

☞ 日本語訳は235〜236ページを参照。

☐ STEP 58 ▪▪▪▪▪▪▪▪▪▪▪▪▪▪▪▪▪▪▪▪▪▪▪▪▪

次の英文を読んで問いに答えなさい。

Akira and Saori are talking with their English teacher, Mr. Smith, at school.

Saori : Next Sunday, we'll have a festival for children in the park near my house. My sister and I are going to play *otedama* with children there.

Mr. Smith : What's *otedama*?

5 *Saori :* It's a traditional Japanese game. We throw and catch small bags of cloth. There are many *small beans in the bags. My sister and I are making a lot of bags for the festival now. Our mother taught us how to make them.

Mr. Smith : I see. (ア)<u>あなたたちは、いくつ袋を作らなければならないのですか。</u>

10 *Saori :* About thirty. Shall I make some bags for your children?

Mr. Smith : Yes, please. They will be very happy.

Akira : Mr. Smith, this toy is called *kendama*. My grandfather often played *kendama* when he was a child. He gave me this *kendama* last summer. This is one of my treasures.

15 *Mr. Smith :* I've never seen that before. How do you play *kendama*?

Akira : I'll show you some *tricks. Watch this.

Mr. Smith : Wow, you're very good at it!

Saori : We'll have a *kendama* contest at the festival and Akira is going to join it.

20 *Akira :* I talked about it with my grandfather about a month ago. (イ)<u>彼は私に一生懸命練習するように言いました。</u>

Mr. Smith : Now I understand why you can play *kendama* so well.

(①)

Akira : Sure. Here you are.

25 *Mr. Smith :* Thank you .... Oh, it's difficult.

Akira : At first it's difficult, but you can learn some easy tricks soon.

Mr. Smith : I want to play *kendama* as well as you.

Saori : You can enjoy playing traditional Japanese games at the festival. Why don't you go there with your children?

[30] *Mr. Smith :* (　　　　②　　　　) See you on Sunday.

　〔注〕 small bean　あずき　　trick　(けん玉の) 技

設 問

問 1 本文中の(ア)(イ)の日本語の内容を英語に直しなさい。

問 2 (①) (②) に入る最も適切な文を、次のア～エから 1 つずつ選びなさい。

　① ア Can you go with me?

　　イ Can you come to the festival?

　　ウ Can I try it?

　　エ Can I talk with your grandfather?

　② ア Just a minute.　　イ Don't worry.

　　ウ I'm sorry.　　　　エ That sounds great.

問 3 本文の内容に合うように、ア～エの中から最も適切なものを 1 つずつ選び、(1)と(2)の英文を完成させなさい。

　(1) Mr. Smith thinks that his children will be glad if they _____

　　ア play *otedama* with Saori.

　　イ meet Saori's mother.

　　ウ get some bags from Saori.

　　エ learn how to make a bag.

　(2) Akira's grandfather talked with Akira about _____

　　ア the *kendama* contest Akira would join.

　　イ the *kendama* Akira would make at the festival.

　　ウ Saori and her treasure.

　　エ Mr. Smith and his children.

問 4 あなたの宝物 (大切しているもの) について、次の一連の質問に対する答えを英語で書きなさい。ただし、(1)は 5 語以上の 1 文、(2)は 8 語以上の 1 文で書くこと。(「,」「.」などの符号は語として数えない。)

　(1) あなたの宝物は何ですか。(ただし、お手玉とけん玉は除く。)

　(2) また、どうしてそれがあなたの宝物なのですか。

（茨城）

PART
2

2

さまざまな問題を解く

学習の POINT 読解問題の中の英作文問題では、本文中の語句を利用できることもよくあります。そういう場合はなるべく利用しましょう。そして、それ以外のところも、できるだけやさしい語句を使って表現するようにしましょう。

● 読解問題中の自由英作文の場合、ある程度の状況設定や条件はあるにしても、自分で何を書くかを決められるので、前もって、それがやさしい英語で表現できるかどうかを考えておくとよい。つまり、自分にとって書きやすい題材を選ぶのがポイント。

解　答

問1 (ア) How many bags do you have to make?

（あるいは How many bags must you make?）

(イ) He told me to practice hard.

（あるいは He said to me, "Practice hard."）

問2 ① ウ　　② エ

問3 (1) ウ　　(2) ア

問4 ［解答例1］ (1) My treasure is my dog.

(2) Because I feel happy when I play with him.

［解答例2］ (1) My friends are my treasure.

(2) Because they help me when I am in trouble.

解き方のポイント

問1 ふつうの和文英訳問題。どういう語句が使えるかを考えていくと、しだいに文の形が見えてくるだろう。まず、文を構成するための糸口を見つけるのがポイント。

(ア) 「袋を作る」という表現は本文中にあるので (make + bags)、それを利用する。「いくつ」には how many 〜 を、「〜しなければならない」には have to か must を使って…と考えてゆくと、文の形が見えてくるだろう。

(イ) 「一生懸命練習する」は practice hard。「私に〜するように言いました」は〈tell A to ＋動詞の原形〉（Aに〜するように言う）の形を使う。それが思いつかない場合は、元の日本語を「彼は私に『一生懸命練習しなさい』と言った」と言いかえて英語に直してもよい。

問2 ① 空所の直後の会話に注目する。アキラが「いいですよ。はい、どうぞ」と言い、先生が「ありがとう…ああ、むずかしいですね」と答えていることから、アキラが先生にけん玉を貸したのだと推測できる。だとすると、ウの「やってみてもいいですか（＝貸してもらえますか）」が適切。

② 空所の直前のサオリの発言に注目する。「お子さんとそこへ行ってはいかがですか」（提案）に対する応答としては、エの「それはいいですね」が適切。

問3 内容一致文を完成させる問題。まず、本文のどの部分に関する内容かを特定しよう。

(1) 「スミス先生は、子どもたちは、もし＿＿＿＿たら喜ぶだろうと思っている」

▶本文 ⑩～⑪ サオリと先生のやりとりから判断する。「先生のお子さんたちにいくつか袋を作りましょうか」というサオリの申し出に対して、先生は「ええ、お願いします。子どもたちはとても喜ぶでしょう」と答えているので、ウの「サオリからいくつかの袋（＝お手玉）をもらっ(たら)」が適切。
アは「サオリとお手玉をし（たら）」、イは「サオリの母親と会っ(たら)」、エは「袋（＝お手玉）の作り方を習っ(たら)」の意味。

(2) 「アキラの祖父は＿＿＿＿についてアキラと話をした」

▶本文 ⑱～⑳ のサオリとアキラのやりとりから判断する。アキラは「1か月ほど前に祖父とそれについて話した」と言っている。「それ」とは、直前のサオリの発言の中に出てくる a *kendama* contest のこと。アの「アキラが参加するけん玉コンテスト〔競技会〕」が適切。
イは「その祭りでアキラが作るけん玉」、ウは「サオリと彼女の宝物」、エは「スミス先生と彼の子どもたち」の意味。

問4 (1) これは単純に My treasure is ～. あるいは～ is[are] my treasure. とすればよい。「～」は、もちろん自分の知っている単語で表現できるものにする。

(2) 自由作文では、しばしば「理由」を書くことを求められるので、慣れておくとよいだろう。理由を書くときは、ふつう Because で始める。そのあとの内容はできるだけ単純化して、やさしい英語で表現するようにしよう。あまり複雑なことを説明しようとすると、英語表現で行きづまってしまう。解答例を参考に、自分でいくつか書いてみると、よいトレーニングになるだろう。

表現

⑦～⑧ taught us how to make them：how to ～で「どのように～したらいいのか、～のし方」の意味。「私たちにそれら（＝袋）の作り方を教えてくれた」

⑩ Shall I ～?：「（私が）～しましょうか」という申し出の意味を表す会話表現。

⑫ this toy is called *kendama*：We call this toy *kendama*.（このおもちゃをけん玉と呼ぶ）を受け身にした形の文。「このおもちゃはけん玉と呼ばれる」

㉒ understand why you can play *kendama* so well：why 以下は間接疑問で、動詞 understand の目的語の働きをしている。

㉖ At first：at first は「最初は」の意味の熟語。

㉗ play *kendama* as well as you：as ～ as …で「…と同じくらい～」の意味。「あなたと同じくらいじょうずにけん玉をする」

㉚ See you on Sunday.：see you は別れのあいさつ。

☞ 日本語訳は236～237ページを参照。

☐ STEP 59

次の英文は、雅夫（Masao）がアメリカの友人のボブ（Bob）あてに書いた手紙です。この手紙と手紙に同封されたグラフ（Graph A, B）を読んで問いに答えなさい。

Dear Bob,

Thank you for your letter. Your report about water pollution was very interesting. I'm also interested in the problem of water pollution. I'd like to tell you about a small lake in my city. The water of the lake was very
5 clean about 30 years ago. There were a lot of fish, and children could swim in the lake. But people stopped swimming there about 20 years ago because it was polluted.

Now, the lake is still polluted and I want to make the lake clean again. But how? One day, I went to the city library and found two graphs. Look
10 at Graph A. We use "*COD" to measure the degree of water pollution. A large COD means that there is much pollution in the water. A small COD means that the water is not so polluted. Graph A shows that there are three *sources of water pollution in the lake in my city: home, natural, and *industrial *waste. From this graph, I found (①) waste had the
15 biggest influence of the three on total water pollution in the lake.

Next, I'd like to tell you about five different wastes: *mayonnaise, milk, *shampoo, *soy sauce, and used *cooking oil. They are used and *drained in homes every day, so I
20 studied about them. Please look at Graph B. It shows that (②). 20ml of milk needs 1 *bathtub of water to make it clean enough for fish to live in. That's 300l of water. I think that's a lot of water! 20ml of soy sauce needs 3 bathtubs of
25 water. Mayonnaise needs more water than shampoo, and used cooking oil needs the most water of all. Now what can we do at

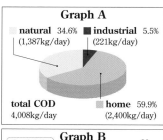

Graph A

natural 34.6% (1,387kg/day)   ■ industrial 5.5% (221kg/day)

total COD 4,008kg/day   home 59.9% (2,400kg/day)

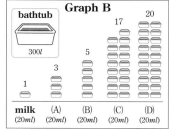

Graph B

bathtub   300l

milk (20ml) 1   (A) (20ml) 3   (B) (20ml) 5   (C) (20ml) 17   (D) (20ml) 20

home to reduce water pollution? It's not so difficult. For example, we
③⓪ should eat all our food. We should not drain used cooking oil and not
use too much shampoo. I decided to write a report about how to reduce
water pollution and tell my school friends about it. I hope we can enjoy
swimming in the lake some day. What do you think?

Your friend, Masao

〔注〕 COD　化学的酸素要求量（水の中に含まれている汚れを数値化したもの）
source　原因　　industrial　産業の　　waste　廃棄物、廃水
mayonnaise　マヨネーズ　　shampoo　シャンプー　　soy sauce　しょう油
cooking oil　料理用の油　　drain　～を流す　　bathtub　浴槽

設 問

問1 （ ① ）に入る最も適当なものを、次のア～エの中から 1 つ選びなさい。
　ア industrial　　イ home　　ウ natural　　エ total

問2 （ ② ）に入る最も適当なものを、次のア～エの中から 1 つ選びなさい。
　ア homes drain many bathtubs of waste every day
　イ people use a lot of water every year
　ウ a lot of bathtubs are made every month
　エ cleaning wastes needs a lot of water

問3 Graph Bの(A)(B)(C)は次のどれか。次のア～エの中から 1 つずつ選びなさい。
　ア mayonnaise　　イ shampoo　　ウ soy sauce　　エ cooking oil

問4 本文とグラフの内容に合っているものを、次のア～エの中から 1 つ選びなさい。
　ア Graph A shows three sources of water pollution in the lake in
　　Bob's city.
　イ Masao thinks there are some things people can do at home to
　　reduce water pollution.
　ウ Cleaning $40ml$ of milk needs more water than cleaning $20ml$ of
　　used cooking oil.
　エ The lake in Masao's city has become clean, and now people can
　　swim there.

（千葉）

グラフや図を使った読解問題では、グラフや図の意味を読み取りながら英文を理解しなくてはなりません。**本文の中のグラフや図について説明している部分は、特に注意深くていねいに読むようにしましょう。**

●こうした問題に出てくるグラフや図は決して複雑なものではない。出題者の意図は、グラフや図の読み取りの能力を試すことではなく、英語の理解力を試すこと。英文をしっかりと理解できれば、グラフや図の意味は簡単にわかるだろう。

解　答

問1 イ　　　**問2** エ
問3 (A)－ウ　　(B)－イ　　(C)－ア　　　**問4** イ

解き方のポイント

問1 空所をふくむ文の意味：「このグラフから私は、その３つの中で、（　　　）の廃棄物が、湖の水質汚染全体に最も大きな影響をおよぼしていることを知りました」
これはグラフＡの読み取りに関する問題。まず、グラフＡについて説明している部分（本文 12 ～ 14 ）をしっかりと読む。ここから、グラフＡが示しているのは「３つの水質汚染の原因」であり、その３つが「家庭の廃棄物、自然の廃棄物、産業の廃棄物」であることがわかる。
空所には、その３つの中で「湖の水質汚染全体に最も大きな影響をおよぼしている」もの（＝グラフ中で割合が大きいもの）が入る。それをグラフＡから読み取る。

問2 空所をふくむ文の意味：「それ（＝グラフＢ）は（　　　）ということを示しています」
これは問１とは逆に、グラフＢが何を示すグラフかを問う問題。空所に続く部分を読むと、（廃棄される）「牛乳」「しょう油」「マヨネーズ」等に関して、「魚が住めるほどきれいにするのに、浴槽何個分の水が必要か」を述べている。このことから、グラフＢは「廃棄物をきれいにするのに大量の水が必要だ」（エ）ということを示したものだということがわかる。

問3 これはグラフＢの読み取りに関する問題。といっても、本文の中のグラフＢについて説明している部分を理解することが必要。本文 25 ～ 28 に、（廃棄される）「しょう油」「マヨネーズ」「シャンプー」「使用済みの料理用の油」をきれいにするのに、どれほどの水が必要かが述べられている。
しょう油は「浴槽３個分の水」とあるので、グラフから(A)だとわかる。料理用の油は「いちばんたくさんの水を必要とする」とあるので、グラフから(D)だとわかる。残りの２つのうちで、「マヨネーズはシャンプーよりたくさんの水を必要とする」とあるので、(C)がマヨネーズだとわかる。

問4 内容一致文選択問題だが、グラフから判断するものもあるので注意。

ア　「グラフAは、ボブの町にある湖の水質汚染の３つの原因を示している」

　　　▶「水質汚染の３つの原因を示している」の部分は正しいが、この手紙を書いたのは雅夫なので、手紙の中に出てくる湖は「雅夫の町の湖」。不一致。

イ　「雅夫は、水質汚染を減少させるために、人々が家庭でできることがあると考えている」

　　　▶本文 ㉘〜㉛ の内容と一致。雅夫は、「さて、水質汚染を減少させるために私たちは家庭で何ができるだろうか」と問い、いくつかの例（食べ物を残さずに食べる、使用済みの料理用の油を流さない、等）をあげている。

ウ　「40ミリリットルの牛乳をきれいにするには、20ミリリットルの使用済みの料理用の油をきれいにするよりもたくさんの水を必要とする」

　　　▶グラフBの読み取りが必要。グラフBによれば、20ミリリットルの牛乳をきれいにするのに浴槽１個分の水が必要なので、40ミリリットルの牛乳では浴槽２個分が必要。他方、20ミリリットル使用済みの料理用の油をきれいにするには浴槽20個分の水が必要。不一致。

エ　「雅夫の町の湖はきれいになり、いまではそこで人々は泳ぐことができる」

　　　▶本文 ㉜〜㉝ の内容と不一致。「いつかその湖で泳いで楽しめる（＝楽しく泳げる）ようになればいいと思う」とあり、現在は泳げる状態ではないことがわかる。なお、これについては本文 ⑤〜⑦ の内容からも判断できる。

表 現

⑥　stopped swimming there：swimming は動名詞。「そこで泳ぐことをやめた」

⑩　to measure the degree of water pollution：「水質汚染の程度を測るために」

⑬〜⑭　home, natural, and industrial waste：home, natural, industrial はすべて waste にかかっている。「家庭の、自然の、そして産業の廃棄物」

⑭〜⑮　had the biggest influence of the three on 〜：have an influence on 〜で「〜に影響をおよぼす」の意味。これに最上級の表現がからんでいる。「〜にその３つの中で最も大きな影響をおよぼす」

㉑　20*ml* of milk：「20ミリリットルの牛乳」

㉒　1 bathtub of water：「浴槽１個分の（量の）水」

㉒〜㉓　clean enough for fish to live in：… enough to 〜で「〜するのに十分なほど…」の意味。ここでは to の前に不定詞の意味上の主語（for fish）が示されている。「（その中で）魚が住むのに十分なほどきれい」

㉖〜㉗　used cooking oil：used は名詞を修飾する過去分詞。「使用された（＝使用済みの）料理用の油」

㉛　a report about how to 〜：「どうやって〜するか〔〜のし方〕に関するレポート」

☞ 日本語訳は237〜238ページを参照。

☐ STEP 60

次の英文は、幕末（the end of the Edo period）に幕府の命を受けて、アメリカのサンフランシスコ（San Francisco）をめざし、太平洋を横断する（cross the Pacific）航海（voyage）に出た船について書かれたものです。これを読んで問いに答えなさい。

On February 10, 1860, at the end of the Edo period, a ship left Japan to cross the Pacific. It was the Japanese ship (send) to America by the *Bakufu.* It was not a big ship for the long and difficult voyage, but people on the ship wanted to do this great job well. They thought this voyage
⑤ was important for the future of Japan. Some of them also wanted to see America with their own eyes. 〔   A   〕

Before this voyage, in 1853, the *Kurofune*, the Black Ships, came to Japan. They wanted Japan to open its doors to the world. At that time, many people were afraid of the ships, but some people thought that Japan
⑩ should learn more about the world. 〔   B   〕

There were also eleven American people on the Japanese ship. They had a lot of experience at sea and they were good *sailors, but the Japanese people didn't want them to be on the ship. 〔   C   〕

The voyage on the Pacific was not easy. The ship often went into
⑮ storms. The Japanese people could not *control the ship well. They didn't have much experience and many of them got sick from the bad weather. 〔   D   〕

One day, a very big storm came. The Japanese people could not control the ship. So the American sailors began to do it. Some Japanese people
⑳ joined them. With their hard work, the ship came out of the storm. After this, the Japanese and American people began to work together and had better communication. The American people showed the Japanese people how to control the ship. Some Japanese people tried to learn about America from the American people. Later, the Japanese and American
㉕ people became friends. On March 17, the people on the ship saw the mountains of San Francisco. They were very happy. 〔   E   〕

The name of this ship was the *Kanrin Maru*. Fukuzawa Yukichi and other young Japanese people were on the ship. They learned a lot during their stay in America and brought new ideas back to Japan. Later, in the ㉚ Meiji *era, they worked hard for their country.

〔注〕 sailor 船乗り　　control 操縦する　　era 時代

設 問

問 1 下線部の（　　）内の語を、最も適切な形になおして 1 語で書きなさい。

問 2 次の(a)(b)の英文は、ある語の説明です。英文が説明している最も適切な 1 語を、それぞれ本文中から抜き出して書きなさい。
- (a) This word means the condition of the sky and the air, for example, sunny, rainy, or cloudy.
- (b) This word means giving and getting ideas or understanding feelings with language, or with other things like our faces and hands.

問 3 次の質問に対する答えの英文を、＿＿＿に 1 語ずつ入れて完成させなさい。
What did the American sailors begin to do when a very big storm came? ― They began to ＿＿＿＿＿ ＿＿＿＿＿ ＿＿＿＿＿.

問 4 次の 1 文が入る最も適切な位置を、本文中の〔 A 〕～〔 E 〕から 1 つ選びなさい。
They said, "We can cross the Pacific without their help!"

問 5 本文の内容と合っているものを、次のア～オから 2 つ選びなさい。
- ア The Japanese people on the ship didn't want to cross the Pacific because it was a difficult voyage.
- イ The Japanese people had a lot of experience at sea, but the American people didn't have much experience.
- ウ The American people didn't help the Japanese people, but the ship came out of a very big storm.
- エ The Japanese and American people worked hard to cross the Pacific and they became friends.
- オ Some young Japanese people who were on the ship came back to Japan with new ideas.

（長野）

学習の POINT

ここまで見てきたもののほかにも、さまざまな形式の問題があります。しかし、英文の理解——1つ1つの文の理解、そして文章の流れや主旨の理解——さえしっかりしていれば、どんな問題もこわくはないのです。

●読解力を強化する方法は、たくさんの英文を読んで、さまざまな問題を解くこと以外にない。それによって、さまざまな角度から英文の理解力が試され、読解力が深まるのである。次章でも、引き続き、たくさんの英文を読み、さまざまな問題に挑戦しよう！

解　答

....

問1　sent

問2　(a) weather　　(b) communication

問3　control the ship

問4　C　　　　　　**問5** エ、オ

解き方のポイント

問1　語形を変化させる問題。文法的な知識も試される。直後の to America（アメリカへ）と by the *Bakufu*（幕府によって）がヒントになる。send（送る、派遣する）を形容詞的な働きをする過去分詞にし、「幕府によってアメリカへ派遣された日本の船」という意味にする。send の過去分詞は sent。

問2　単語の意味を問うのではなく、逆に意味から単語を探させる問題。どちらも本文の重要な場面で使われているので、(a)(b)の意味がわかれば、見つけるのは容易だ。

(a)「この語は、空や大気の状態——たとえば、晴れ、雨、曇りなど——を意味する」：本文 ⑭～⑯ の、嵐（＝悪天候）にあう場面で使われている。

(b)「この語は、考えを述べたり理解したりすること、あるいは、言語やそのほか表情や手ぶりのようなものを使って気持ちを理解することを意味する」：本文 ⑲～㉒ の、日本人とアメリカ人との間で心が通いはじめる場面で使われている。

問3　英問英答問題。問いの文は「とても大きな嵐が来たとき、アメリカ人の船乗りは何をしはじめましたか」という意味。

本文の「とても大きな嵐」が来た場面（本文 ⑱～⑳ ）を読み直して、アメリカ人の船乗りが何をしたかを確認する。the American sailors began to do it とある。do it が何を指すかは、その前の文を見ればわかる。

問4　1つの文を本文の適切な場所に置く問題。その1文は「彼らは『私たちは彼らの助けなしで太平洋を横断することができる！』と言った」という意味。

文章の流れを頭に入れた上で、A～Eの直前の文に注目するとよい。Cの直前の文（日本人はアメリカ人の船乗りに船にいてほしくなかった）のあとに上の文を置くと、「私たち（＝日本人）は彼ら（＝アメリカ人の船乗り）の助けなしで太平洋を横断

184

できる！」の部分がうまくつながる。

問5 内容一致文選択問題。この問題にはしっかりと対応できるようにしておこう。
　　ア「船に乗っていた日本人は、困難な航海だったので、太平洋を横断したくなかった」
　　　　▶本文 ③〜⑥ の内容と不一致。船に乗っていた日本人は、この航海をうまくや
　　　　　りとげたいと思っていたし、日本の未来にとって重要だと考えていた。
　　イ「日本人は航海の経験が豊富だったが、アメリカ人はあまり経験がなかった」
　　　　▶本文 ⑪〜⑫ の内容と不一致。航海の経験が豊富だったのはアメリカ人のほ
　　　　　う。彼らはすぐれた船乗りだった。
　　ウ「アメリカ人は日本人を助けなかったが、船はとても大きな嵐から脱出した」
　　　　▶本文 ⑱〜⑳ の内容と不一致。アメリカ人の船乗りの協力があって、船は大嵐
　　　　　から脱出することができたのである。
　　エ「日本人とアメリカ人は、太平洋を横断するために一生懸命働き、仲よくなった」
　　　　▶本文 ⑱〜㉕ の内容と一致。日本人とアメリカ人は、一生懸命働いて嵐から脱
　　　　　出し、それ以降はいっしょに働くようになり、仲よくなった。
　　オ「船に乗っていた何人かの若い日本人は、新しい
　　　　考えを日本に持ち帰った」
　　　　▶本文 ㉗〜㉙ の内容と一致。その船には、福沢
　　　　　諭吉やそのほかの若い日本人が乗っていて、
　　　　　日本に新しい考えを持ち帰った。

表現

⑤〜⑥　see America with their own eyes：own は their を強調している。「彼ら（＝自分）
　　　　自身の目でアメリカを見る」
　⑧　wanted Japan to open its doors to the world：「日本が世界に対してその扉を開
　　　　けることを望んだ」
　⑨　were afraid of the ships：「その船（＝黒船）を恐れた」
⑨〜⑩　thought that Japan should learn 〜：that の前の動詞が現在形（think）でも過去
　　　　形（thought）でも、that 節の中の should（〜すべきだ）は変化しない。
　⑯　got sick from the bad weather：この from は原因を表している。「悪天候が原因
　　　　で病気になった〔気分が悪くなった〕」
　⑳　came out of the storm：come out of 〜で「〜から（外に）出る」の意味。「嵐から
　　　　脱出した」
㉒〜㉓　showed the Japanese people how to control the ship：「日本人に船の操縦のし
　　　　かたを教えた」
　㉙　brought new ideas back to Japan：bring 〜 back [bring back 〜] で「〜を持っ
　　　　て帰る」の意味の熟語。「新しい考えを日本に持って帰った」

☞ 日本語訳は238〜239ページを参照。

3 中学長文読解の完成！

たくさん英文を読み、
たくさん問題を解こう。
それが読解力をつけるベストの方法です！

☐ STEP 61

次の英文は、シンガポール（Singapore）から来たワン・リー（Wang Lee）先生が，英語の授業で自己紹介をしたときのものです。これを読んで問いに答えなさい。

　Hello! Nice to meet you. My name is Wang Lee. I'm from Singapore.

　First, I'll tell you about my country. Do you know about Singapore? Singapore is near *Malaysia. It has one big island and many small islands. Singapore is full of beautiful trees and flowers all through the year, so
5 Singapore is called the 'Garden City' or the 'Clean and Green City'.

　In Singapore, English is a common language, but some other languages are also used. Many of us can speak two languages. For example, I speak English and *Malay because my parents are from Malaysia. Have you ever heard Malay? One example is "Selamat pagi." Do you know what
10 "Selamat pagi." means? This is used by people in Malaysia as a *greeting in the morning. It means（　　A　　）in English.

　Next, I'll tell you about my family. There are four people in my family. I have my mother, my father, and my younger brother. My parents are very good at cooking and I love the food they cook. My brother is a high
15 school student. He is interested in using computers.

　Last, I'll introduce myself. I like sports, reading books, and watching movies. My favorite sport is swimming. I often went swimming with my friends in my country. Could you tell me where to swim in this city later?

　This is my first visit to Japan. I have studied Japanese for five years.
20 I'm glad I've come to Japan. Let's study English together. I want you to tell me about the Japanese language and culture. I think studying foreign languages helps us to（　　B　　）foreign cultures and our own culture.

〔注〕Malaysia　マレーシア　　Malay　マレー語　　greeting　あいさつ

設 問

問1 本文の内容から考えて（　A　）に入る最も適当なものを、ア〜エから選びなさい。

ア "Good morning."　　　イ "Good afternoon."

ウ "Thank you."　　　　エ "You're welcome."

問2 本文の内容から考えて、（　B　）に入る最も適当なものを、ア〜エから選びなさい。

ア become　　　イ listen　　　ウ bring　　　エ understand

問3 本文の内容と合わないものを、ア〜エから1つ選びなさい。

ア Singapore has many trees and flowers.　It is called the 'Garden City' or the 'Clean and Green City'.

イ English is a common language in Singapore.　So people there speak only English.

ウ Mr. Wang likes to swim.　So he asked the students to tell him where to swim.

エ Mr. Wang came to Japan for the first time.　He wants to know about the Japanese language and culture.

問4 ワン先生の自己紹介の後、英語を担当している田中先生がクラスの生徒に質問をしました。ワン先生の自己紹介の内容と合うように、次の(1)〜(4)の＿＿＿に入る適当な1語をそれぞれ書きなさい。

(1) *Ms. Tanaka :* ＿＿＿＿＿ ＿＿＿＿＿ people are there in Mr. Wang's family?

　　Masahiko : There are four.

(2) *Ms. Tanaka :* ＿＿＿＿＿ ＿＿＿＿＿ Mr. Wang's parents ＿＿＿＿＿?

　　Megumi : They are from Malaysia.

(3) *Ms. Tanaka :* Does Mr. Wang's younger brother like to use computers?

　　Hiroshi : ＿＿＿＿＿, he ＿＿＿＿＿.

(4) *Ms. Tanaka :* How long has Mr. Wang studied Japanese?

　　Yukiko : He has studied it ＿＿＿＿＿ ＿＿＿＿＿ ＿＿＿＿＿.

（北海道）

問1 ア　　問2 エ　　問3 イ

問4 (1) How many　(2) Where are, from　(3) Yes, does

　　(4) for five years

解き方のポイント

問1 空所補充の問題は、空所の前後から判断の決め手をさがす。この空所があるのは、段落の最後の文なので、空所の前に手がかりがあると推測できる（段落が変わると、そこで流れがやや変わる）。ここでは直前の文 (This is used by people in Malaysia as a greeting in the morning.) から判断できる。「朝のあいさつ」として使うことばなので、英語では Good morning. の意味だとわかる。

問2 この空所補充も、同様に直前の文 (I want you to tell me about the Japanese language and culture.) から判断できる。生徒たちに向かって「日本語や日本の文化について教えてほしい」と言っているので、ここで先生は、「外国の文化（と自国の文化）を理解したい」のだとわかる。したがって、understand が適切。

問3 ア 「シンガポールにはたくさんの木や花があります。それ（＝シンガポール）は〈庭園都市〉あるいは〈清潔な緑の都市〉と呼ばれています」

　　　▶本文 ④〜⑤ の内容と一致。

　　イ 「シンガポールでは英語が共通語です。そのため、そこの人々は英語しか話しません」

　　　▶前半は正しいが、後半の「英語しか話さない」は、本文 ⑦ の内容（私たちの多くは2つの言語を話すことができる）と一致しない。

　　ウ 「ワン先生は泳ぐことが好きです。そのため、先生は生徒たちにどこで泳いだらいいかを教えてくださいと頼みました」

　　　▶本文 ⑰〜⑱ の内容と一致。

　　エ 「ワン先生は初めて日本に来ました。先生は日本語と日本の文化について知りたいと思っています」

　　　▶本文 ⑲〜㉑ の内容と一致。

問4 (1)と(2)は、生徒の答えの文から、先生が何をたずねているかを推測する。

　　(3)と(4)は、先生の質問内容に関する記述を、本文中から探して答える。

　　(1) 田中先生：ワン先生の家族には何人の人がいますか（＝何人家族ですか）。

　　　　マサヒコ：4人います（＝4人家族です）。

　　　　▶本文 ⑫ から判断する。

　　(2) 田中先生：ワン先生の両親はどこの出身ですか。

　　　　メグミ：（彼らは）マレーシアの出身です。

　　　　▶本文 ⑧ から判断する。

(3) 田中先生：ワン先生の弟はコンピュータを使うのが好きですか。

　　ヒロシ：<u>はい</u>、（彼は）<u>好きです</u>。

　　▶本文 ⑮ から判断する。

(4) 田中先生：ワン先生はどのくらい（の期間）日本語を勉強してきましたか。

　　ユキコ：（彼は）<u>５年間勉強してきました</u>。

　　▶本文 ⑲ から判断する。

表　現

⑵　**First, I'll tell you ～**：この First は「まず第一に」の意味の副詞。スピーチなどで、話す項目や理由などを順序立てて述べるときに使う。⑫ の **Next**（次に）や ⑯ の **Last**（最後に）とセットで使われている。全体の流れをおさえる上で重要な表現。

⑷　**is full of beautiful trees and flowers**：be full of ～で「～でいっぱいである」の意味の熟語。「美しい木々や花々でいっぱいである」

⑷　**all through the year**：「１年を通して、１年中」

⑺　**Many of us**：この us は「（私たち）シンガポールの人間」くらいの意味。「多くのシンガポールの人々」

⑩～⑪　**as a greeting in the morning**：「朝のあいさつとして」

⑫　**There are four people in my family.**：「私の家は４人家族です」

⑬～⑭　**are very good at cooking**：be good at ～で「～がじょうずだ、得意だ」の意味の熟語。

⑭　**love the food they cook**：they cook は food を修飾している。「彼らがつくる食べ物が大好きだ」

⑮　**is interested in using computers**：be interested in ～で「～に興味をもっている」の意味。ここでは in のあとに動名詞がきている。「コンピュータを使うことに興味をもっている」

⑯　**I'll introduce myself**：introduce ～self で「自己紹介する」の意味になる。

⑱　**Could you ～?**：「～していただけませんか」の意味。ていねいな言い方。

⑱　**where to swim in this city**：「この都市ではどこで泳いだらいいのか」

⑳　**I'm glad I've come to Japan.**：be glad (that) ～で「～ということがうれしい、～して喜ぶ」の意味。「私は日本に来たことをうれしく思っている」

⑳～㉑　**I want you to tell me about ～**：〈want A to ＋動詞の原形〉で「Aに～してほしい」の意味。「私に～について教えてほしい」

㉒　**helps us to understand ～**：〈help A to ＋動詞の原形〉で「Aが～するのを手伝う、助ける」の意味。「私たちが～を理解するのを助けてくれる」

☞ 日本語訳は239～240ページを参照。

PART 2

3

中学長文読解の完成！

☐ STEP 62

次の文章は、サユリ（Sayuri）が幼稚園（Kindergarten）での職場体験を終えた日に書いた日記文です。これを読んで問いに答えなさい。

Thursday, October 16

This morning I went to Asagao Kindergarten at 9:00 with my friend Tomoko. There were 18 children in our class. It was difficult to take care of them, but ①it was fun. The children were all cute, and Tomoko and I enjoyed talking and singing with them. The children also looked happy when they were singing their favorite songs.

In the afternoon the children gave us paintings of our faces. I said to them, "Thank you for your nice presents. We like the paintings! ②We're happy, but sad. We want to stay with you tomorrow, but we can't. We hope we can see you again." And at 2:00 the children said goodbye to their friends, their teacher, and us.

On our way home, Tomoko and I talked about the work at the kindergarten. Tomoko said, "I really enjoyed working there. When I was reading a book to the children, they were smiling and listening to me. I think it's wonderful to do things for other people. Today I learned an important thing." I agreed.

At home I told my family about the experience at the kindergarten. I showed them the paintings from the children. My parents wanted to know about my work at the kindergarten, and asked many questions about it. My mother said, "I'm glad to know you had a very good time."

I think my experience at the kindergarten has changed me. People usually work to make themselves happy. That was my idea about work. ③But now I have a new idea. We should also work to make other people happy.

Today I've found my dream. I want to work to help other people in the future, but _____? I will study a lot and find the answer. I've just started a new trip to the future.

設 問

問1 本文中の下線部①で、「楽しかった」とあるが、何が楽しかったのか。次のア～エから１つ選びなさい。

ア　トモコ（Tomoko）と幼稚園に行くこと

イ　幼稚園児の世話をすること

ウ　幼稚園児についてトモコと話をすること

エ　家族に幼稚園での経験を話すこと

問2 本文中の下線部②で、「うれしいけれど、悲しいわ」とあるが、サユリたちはなぜ「悲しい」のか。その理由を本文中からさがし、日本語で書きなさい。

問3 本文中の下線部③で、「でも、いまは新しい考えがある」とあるが、「新しい考え」とはどのような考えか。その内容を本文中からさがし、日本語で書きなさい。

問4 本文の内容に合っているものを、次の１～６から２つ選びなさい。

1　Sayuri and Tomoko enjoyed singing their favorite songs at the kindergarten.

2　Sayuri and Tomoko got nice presents from the children in the afternoon.

3　Tomoko had a good experience when she was talking with Sayuri.

4　Sayuri gave her parents the paintings from the children at home.

5　Sayuri thinks her experience at the kindergarten has changed her parents.

6　Sayuri's dream is to work to help other people in the future.

問5 本文中の＿＿＿＿＿に、本文の内容から考えて、最もよくあてはまるものを、次のア～エから１つ選びなさい。

ア　what can I do

イ　where is the kindergarten

ウ　what is Tomoko's dream

エ　when do people usually work

（福岡）

問1　イ

問2　〔例〕幼稚園児たちとあすもいっしょにいたいが、そうできないから。

問3　〔例〕（自分を幸せにするためだけでなく）他の人たちを幸せにするためにも
　　　働くべきだという考え。

問4　2、6　　**問5**　ア

解き方のポイント

問1　下線部の英語は it was fun なので、「何が楽しかったのか」という問いは、言いかえ
　　ると、「it が何を指しているか」ということになる。この it は直前の It was difficult
　　to take care of them の It と同じものを指していると考えられるので、その It が指
　　すものを選択肢の中から見つければよい。
　　　この It は形式主語で to take care of them を指しており、them は幼稚園の子ども
　　たちを指しているので、イの「幼稚園児の世話をすること」が適切。

問2　理由などの説明を求める問題では、下線部の前後をよく読みなおしてみよう。ここ
　　では、「うれしい」気持ちになった理由は下線部の前に述べられているが、「悲しい」
　　気持ちになった理由は下線部の直後に述べられている。We want to stay with you
　　tomorrow, but we can't. の部分を日本語にして答える。

問3　下線部のすぐ前の文（That was my idea about work.）の That の指すものが"古
　　い考え"で、下線部の a new idea はそれに対する"新しい考え"。古い考えを表し
　　ているのは work to make themselves happy（自分を幸せにするために働く）の部
　　分で、新しい考えを表しているのは、下線部の直後の work to make other people
　　happy（他の人々を幸せにするために働く）の部分。

問4　1　「サユリとトモコは幼稚園で自分の大好きな歌を歌って楽しみました」
　　　　▶本文 ⑤～⑥ の内容と不一致。歌ったのは、子どもたちが大好きな歌。

　　2　「サユリとトモコは午後に子どもたちからすてきなプレゼントをもらいました」
　　　　▶本文 ⑦～⑧ の内容と一致。プレゼントは子どもたちの描いた2人の似顔絵。

　　3　「トモコはサユリと話をしたときによい経験をしました」
　　　　▶文章全体の主旨（特に本文 ⑫～⑯ ）と不一致。ここでの「よい経験」とは2人
　　　　の幼稚園での職場体験のこと。

　　4　「サユリは家で、子どもたちからもらった絵を両親にあげました」
　　　　▶本文 ⑰～⑱ の内容と不一致。子どもたちからもらった絵は、両親にあげたの
　　　　ではなく、見せただけ。

　　5　「サユリは幼稚園での経験が彼女の両親を変えたと思っています」
　　　　▶㉑の内容と不一致。幼稚園での経験が変えたのは、両親ではなくサユリ自身
　　　　（の考え方）。

6 「サユリの夢は、将来、他の人々を助けるために働くことです」
　　　▶本文 25 ～ 26 の内容と一致。

問5 空所の前後をよく読んで、選択肢を1つずつ確かめるようにしよう。
　　　前の部分は「私は将来、他の人々を助けるために働きたいが…」と、but で終わって
　　　いることに注目。また、直後が「私はたくさん勉強してその答えを見つけるつもり
　　　です」と、その疑問文に対する答えがまだ見つかっていないことを示している。
　　　以上のことをふまえて、アからエまでの選択肢を入れてみる。
　　　　ア　「私に何ができるのでしょうか」
　　　　イ　「幼稚園はどこにあるのでしょうか」
　　　　ウ　「トモコの夢は何でしょうか」
　　　　エ　「人々はふつういつ働くのでしょうか」
　　　ア以外の選択肢は、前後の内容と合わない。

表　現

① **Thursday, October 16**：英語ではふつう日付より曜日が前にくる。「10月16日木曜日」

② **This morning I went to ～**：This morning は「けさ」の意味の副詞句。英語の文はふつう主語から始まると習うが、実際には、このように副詞句が主語の前にくることも少なくない。次の段落の最初の文も、副詞句の **In the afternoon**（午後に）が文頭にきている。

⑤ **enjoyed talking and singing**：enjoy ～ing で「～することを楽しむ、～して楽しむ」の意味。

⑦ **gave us paintings of our faces**：give A B（AにBをあたえる）の形。Aが us で、Bが paintings of our faces。「私たちに私たちの顔の絵をくれた」

⑨ **but we can't**：can't のあとに stay with you (tomorrow) が省略されている。

⑫ **On our way home**：on ～'s way home は「家へ帰る途中で」の意味。

⑭～⑮ **I think it's ～**：I think のあとに that が省略されている。

⑮ **it's wonderful to do ～**：この it は to do 以下を指す形式主語。

⑰ **At home**：at home は「家で、家に」の意味。

⑱ **the paintings from the children**：「子どもたちからもらった絵」くらいの意味。

㉑ **has changed me**：現在完了の完了用法。過去形で changed me というと、単なる過去の出来事になるが、「変わって、今は新しい自分になっている」というニュアンスを伝えるために現在完了が使われている。

㉒ **to make themselves happy**：「自分自身を幸せにするために」

㉕～㉖ **in the future**：「将来」

☞ 日本語訳は240ページを参照。

195

☐ STEP 63

次の文は、中学生の拓也さん（Takuya）が英語の授業で行ったスピーチの原稿です。これを読んで問いに答えなさい。

Hello, everyone. Today I'm going to talk about my good friend in Korea. Last summer I went to Korea as a member of the *International Exchange Program in my town. I stayed with a Korean family. That family has a boy. His name is *Cheolsu. He is as old as I am. We knew only a few words
5 of each other's language, so we used English. Our English was not very good, but we tried hard to communicate with the help of gestures. When I didn't understand some words that his family said, Cheolsu explained them to me in English.

One day during my stay, Cheolsu's father took us to some famous places
10 in the city by car. After that, we visited Cheolsu's school. Some students were playing basketball there. Cheolsu introduced me to his friends. I greeted them in the Korean language. "Would you like to play with us?" some students asked. I answered, "Sure." After the game, his father took pictures of us all. We had a great time together.

15 On the last night, the family had a party for me. Cheolsu and his mother made traditional Korean food. His father showed me some pictures he took during my stay. I had a very good time with them. At the end of the party I said, "Thank you. I enjoyed my stay very much. I will go back to Japan tomorrow, but _____" After the party, I
20 talked with Cheolsu in his room until *midnight. We talked about many things, such as school life, our favorite things and our dreams. He said, "I want to *keep in touch with you, Takuya."

Cheolsu and I have been good friends since then. We often exchange e-mails in English to know more about each other, so I'm studying English
25 harder now. I think it is a lot of fun to communicate with people in other countries. Thank you very much.

〔注〕 International Exchange Program　国際交流プログラム
Cheolsu　チョルス（男の子の名前）　　midnight　真夜中
keep in touch with 〜　〜と連絡をとり続ける

設　問

問 1 次の(1)〜(3)について、それぞれの下線部に適切な語句を書き、質問に対する答えを完成させなさい。下線部にあてはまる語句は 1 語とは限りません。

(1) What language did Cheolsu use to explain some Korean words to Takuya?

He used ＿＿＿＿＿＿＿＿＿＿.

(2) How did Cheolsu's father take Takuya and Cheolsu to some famous places in the city?

He took them ＿＿＿＿＿＿＿＿＿＿.

(3) What did Cheolsu's father do after the basketball game?

He ＿＿＿＿＿＿＿＿＿＿ of Takuya, Cheolsu and the students.

問 2 次の文が本文の内容と合うように、(　　)の中に入る最も適切な語を下のア〜カからそれぞれ 1 つ選びなさい。

Last summer Takuya visited Korea and he enjoyed (　A　) with a Korean family very much. The family has a boy called Cheolsu. Takuya and Cheolsu became good friends. After (　B　) back to Japan, Takuya often communicates with Cheolsu by (　C　) e-mails.

ア thinking 　　　　　イ staying 　　　　　ウ spending

エ sending 　　　　　オ helping 　　　　　カ coming

問 3 文中の＿＿＿＿＿＿の中に、その場面にふさわしい英文を書きなさい。

問 4 次のア〜オのうち、本文の内容に合うものを 2 つ選びなさい。

ア Cheolsu is a high school student and he is older than Takuya.

イ Cheolsu used many Japanese words but Takuya knew only a few Korean words.

ウ Takuya used Korean words when he was introduced to Cheolsu's friends.

エ Takuya made traditional Japanese food with Cheolsu at the party.

オ Takuya talked about a lot of things with Cheolsu after the party.

問 5 拓也さんがいま、一生懸命に英語を勉強しているのはなぜですか。その理由を日本語で書きなさい。

（石川）

問1 ⑴ English ⑵ by car ⑶ took pictures

問2 A イ　　　B カ　　　C エ

問3 〔例〕I will come here again some day. （または I will never forget this
stay.)

問4 ウ、オ

問5 〔例〕おたがいをもっとよく知るために，チョルスと英語でEメールの交換を
している から。

解き方のポイント

問1 本文の内容に関する英文の問いに答える問題。ただし、全文を書くのではなく、語
句を補充する形式になっている。問いの文が、本文のどの部分に関するものかを特
定することがポイント。それができさえすれば答えはすぐにわかるはず。

⑴ 「チョルスは韓国のことばを拓也に説明するのに、何語を使いましたか」
「彼は英語を使いました」
▶本文 ⑥〜⑧ を参照。

⑵ 「チョルスの父親はどうやって拓也とチョルスをその都市の有名な場所へ連れて
行きましたか」
「彼は車で彼らを連れて行きました」
▶本文 ⑨〜⑩ を参照。

⑶ 「チョルスの父親はバスケットボールの試合のあとで何をしましたか」
「彼は拓也とチョルスと生徒たちの写真を撮りました」
▶本文 ⑬〜⑭ を参照。

問2 要約文の空所に語句を補充する問題。かなりおおまかな要約文。選択肢があたえら
れているので、本文の大きな流れをつかんだうえで、前後の語句に注目すれば、答
えはしぼられてくるはず。

[日本語訳]この前の夏、拓也は韓国を訪れ、ある韓国の家族のところに泊まって、
とても楽しくすごしました。その家族にはチョルスという少年がいます。拓也と
チョルスはよい友だちになりました。日本に帰ってきたあと、拓也はEメールを送
ることによってチョルスとよく連絡をとっています。

▶A は stay with 〜（〜の家に泊まる）、B は come back to 〜（〜にもどる）、C は
send e-mails (Eメールを送る) の形を使う。どれも動詞を動名詞にして使う。

問3 直前の内容（あす日本に帰る）と but でつながれて自然な内容にする。「（あす帰る
けど）また来ます」あるいは「（帰ってしまうけど）忘れない」といった内容にすれば
よいだろう。

問4 ア 「チョルスは高校生で、拓也より年が上です」

▶本文 ④ の内容と不一致。2人は同い年。

イ 「チョルスはたくさんの日本のことばを使いましたが、拓也はほんの少ししか韓国のことばを知りませんでした」

▶本文 ④〜⑤ の内容と不一致。チョルスも日本のことばをよく知らなかった。

ウ 「拓也はチョルスの友人たちに紹介されたとき、韓国のことばを使いました」

▶本文の ⑪〜⑫ の内容と一致。

エ 「拓也はパーティーでチョルスといっしょに伝統的な日本食をつくりました」

▶本文の ⑮〜⑯ の内容と不一致。「チョルスと彼の母が伝統的な韓国料理をつくってくれた」とある。

オ 「パーティーのあとで拓也はチョルスと多くのことについて話をした」

▶本文の ⑲〜㉑ の内容と一致。

問5 本文のどこを答えればよいかを特定する。「一生懸命に英語を勉強している」という内容は本文 ㉔〜㉕ に出てくる (so I'm studying English harder now)。その理由は、直前（結果を表す接続詞 so の前）に述べられている。

表現

④ He is as old as I am. : 「彼は私と同い年だ」

④ knew only a few words : 副詞の only があるため、やや否定的なニュアンスになっている。「少しのことばしか知らなかった」

⑥ tried hard to communicate : try to 〜で「〜しようと努力する」の意味。そこに副詞の hard がはさまっている。「意思の疎通をしようと一生懸命努力した」

⑥ with the help of gestures : with は手段を表している。「身ぶりの助けを借りて」

⑦ some words that his family said : この that は関係代名詞。

⑬〜⑭ took pictures of us all : us all は「私たち全員、私たちみんな」の意味。「私たちみんなの写真を撮った」

⑮ had a party for me : have a party で「パーティーを開く」の意味。

⑯〜⑰ some pictures he took during my stay : 「私の滞在中に彼が撮った（数枚の）写真」

⑰〜⑱ At the end of the party : at the end of 〜は「〜の終わりに」の意味。

⑲ go back to Japan : go back (to 〜) は「（〜へ）帰る、もどる」の意味。

⑳〜㉑ many things, such as 〜 : 〜, such as …で「（たとえば）…のような〜」の意味。具体例をあげるときに使う。「たとえば〜のような多くのこと」

㉓ have been good friends since then : 継続を表す現在完了。since then は「そのとき以来」の意味。「そのとき以来（ずっと）よい友だち同士である」

㉕ it is a lot of fun to communicate with 〜 : この it は to communicate 以下を指す形式主語。「〜と意思の疎通をはかることはとても楽しいことだ」

☞ 日本語訳は241ページを参照。

☐ STEP 64 ████████████████████████

次の英文は、健太 (Kenta) がアメリカに帰国したジェーン先生 (Jane-sensei) に書いた手紙と、ジェーン先生の返事です。これを読んで問いに答えなさい。

September 5

Dear Jane-sensei,

How is your life there? I often talk about you with my friends. We liked your class because we enjoyed singing many English songs with you. In
⑤ your class, you often said to us, "It's important to have a dream." I think so, too.

Now I'll tell you about my dream. I want to be a scientist who does many experiments in space. If we learn many things about space through experiments, we can stay in space longer. I hope that my experiments will
⑩ make space trips easy. Then, we can enjoy space trips with our families and our friends. It's exciting to think that my experiments will make the future better.

Please write a letter to me if you have time.

Yours,
Kenta

September 20

Dear Kenta,

Thank you for your letter. I'm happy to know that you enjoyed my class. I enjoyed teaching and learned a lot from you, too. Kenta, you have a big
⑤ dream. Study for your dream. I want to go into space, too.

I came back to America last month, and I've started to study to be a *forest ranger. A forest ranger takes care of a forest and teaches people who visit it about the animals living there. Look at the picture with this letter. There is a beautiful forest in it. When I was seven years old, I went
⑩ camping in this forest with my family. Then we met a forest ranger there, and we walked with him in the beautiful forest. He told us a lot of things about the trees and the birds. We had a good time with him, and then I

thought, "I want to be a forest ranger and work in a beautiful forest."

In my English class, I talked about my dream to be a forest ranger, and
15 said to you, "It's important to have a dream." As a forest ranger, I want
to teach young people how to enjoy forests. Then, they will learn that it's
very important to protect nature for the future. Let's work together to
"make the future better"!

Yours,

Jane

〔注〕 forest ranger　森林監視員

設　問

問1 手紙の中で、健太は彼と彼の友人たちがジェーン先生の授業が好きだった理由
を述べています。その内容を日本語で書きなさい。

問2 本文中の下線部の last month とは何月のことですか。次から1つ選びなさい。
ア April　　　イ July　　　ウ August　　　エ October

問3 手紙の中で、ジェーン先生は森林監視員と楽しい時間を過ごしていたときに
思ったことを述べています。その内容を日本語で書きなさい。

問4 本文の内容と合うように、次の問いに対する答えをそれぞれ英語で書きなさい。
① What does Kenta want to be?
② Did Jane-sensei tell Kenta to study for his dream in her letter?

問5 次のうち、本文で述べられている内容と合うものを1つ選びなさい。
ア Kenta wrote about the dreams of his friends in his letter.
イ Kenta thinks that many people have enjoyed space trips with their
families.
ウ Jane-sensei told the forest ranger about the trees when she was
seven years old.
エ As a forest ranger, Jane-sensei wants to teach young people how
to enjoy forests.

（大阪）

解　答

問 1　ジェーン先生といっしょにたくさんの英語の歌を歌って楽しんだから。

問 2　ウ

問 3　森林監視員になって美しい森の中で働きたいということ。

問 4　①　He wants to be a scientist who does many experiments in space.

　　　　②　Yes, she did.

問 5　エ

解き方のポイント

問 1　下線部について理由を説明するというような問題の場合は、その前後を見ればいいが、この問題のように、下線による指定がない場合は、まず、問われているのが本文のどの部分についてかを特定する必要がある。

　　　この問題の場合、健太の手紙の初めのほうで We liked your class（私たちはあなたの授業が好きでした）とあるので、そこに注目する。そのすぐあとが because ～（なぜなら～）と続いているので、その部分を答えればいいとわかる。

問 2　手紙文やメール文では、書いた日付がはっきりしており、それをからませた問題が出されることもある。この手紙は 9 月（September）に書かれているので、その前の月（last month）は 8 月（August）になる。

問 3　この問題でも問 1 と同様に、まず、問われているのが本文のどの部分についてかを特定しよう。ジェーン先生が、「森林監視員と楽しい時間を過ごした…」と書いているのは、先生の手紙の ⑫～⑬ 。We had a good time with him に続けて、and then I thought ～（そして、そのとき私は～と思った）と書いているので、thought のあとの部分（I want to be ～）を答えればいいとわかる。

問 4　この問題でも、問われているのが本文のどの部分についてかを特定することが必要。

　　①　「健太は何になりたいと思っていますか」

　　　　健太のなりたいものについて書いてあるのは、健太の手紙の ⑦～⑧ 。I want to be ～を、そのまま he を主語にして書けば答えになる。

　　②　「ジェーン先生は手紙の中で健太に、自分の夢のために勉強しなさい、と言いましたか」

　　　　先生の手紙の ⑤ に、Study for your dream. と書かれている。これは健太へのことばなので、「はい、彼女は言いました」という意味の答えにする。

問 5　ア　「健太は手紙の中で、彼の友人たちの夢について書きました」

　　　　▶健太の手紙の ⑦～⑧ の内容と不一致。健太が手紙の中で書いたのは「自分の夢」について。

　　　イ　「健太は多くの人々が家族と宇宙旅行を楽しんできたと思っています」

　　　　▶健太の手紙の ⑨～⑪ の内容と不一致。「家族と宇宙旅行を楽しめる」ように

なるのは、未来の話。⑩ の Then は「そうすれば、そのときには」の意味。

ウ 「ジェーン先生は、7歳のときに、森林監視員に木々についての話をしました」
　▶ジェーン先生の手紙の ⑪〜⑫ の内容と不一致。「木々（や鳥たち）についての話」をしたのは森林監視員のほう。

エ 「ジェーン先生は、森林監視員として、若い人たちに森の楽しみ方を教えてあげたいと思っています」
　▶ジェーン先生の手紙の ⑮〜⑯ の内容と一致。ここに全く同じ内容のことが I（私）を主語にして語られている。

表　現

《健太の手紙》

⑤ It's important to have a dream. :「夢をもつことは大切だ」

⑤〜⑥ I think so, too. : この so は節の代わりをする副詞で、「そのように、そう」の意味を表す。くり返しをさけるときに使う。ここでは (that) it's important to have a dream の代わりをしている。「私もそう思う」

⑧ in space : この space は「宇宙空間、宇宙」の意味。

⑧〜⑨ learn 〜 through experiments : この through は手段（〜によって）を表している。「実験によって〜を学ぶ」

⑩ make space trips easy :「宇宙旅行を容易にする」

⑩ Then, we can 〜 : この Then は、前の内容（私の行う実験が宇宙旅行を容易にすればいいと思う）を受けて、「そうすれば、そのときには」の意味を表している。「そうすれば、私たちは〜できる」

《ジェーン先生の手紙》

⑥〜⑦ study to be a forest ranger :「森林監視員になるために勉強する」

⑦〜⑧ teaches people who visit it about 〜 : people を修飾しているのは who visit it まで。「そこを訪れる人々に〜について教える」

⑧ the animals living there : living there は animals を修飾している。「そこ（＝森）で暮らしている動物たち」

⑭ my dream to be a forest ranger : この to be 〜は dream を修飾する形容詞的用法の不定詞。「森林監視員になるという私の夢」

⑮ As a forest ranger : この as は「〜として」の意味の前置詞。

⑯ teach young people how to enjoy forests : 目的語が2つある文。2つ目の目的語が how to 〜の形の句になっている。「若い人たちにどうやって森を楽しむか（＝森の楽しみ方）を教える」

☞ 日本語訳は241〜242ページを参照。

PART 2
3
中学長文読解の完成！

☐ STEP 65 ▪▪▪▪▪▪▪▪▪▪▪▪▪▪▪▪▪▪▪▪▪▪▪▪▪▪

クモ (spider) についての次の英文を読んで、問いに答えなさい。

Do you like spiders? Most of you will answer, "No." You may be scared when a spider appears suddenly. You may think spiders are dangerous and want to get away from them. But wait a minute! Spiders are 〔　　　　〕 *creatures.

5 　　You know spiders make *webs. The webs are made of *spider silk and can catch many things. Have you ever seen webs covered with *water drops? Yes, spider silk can catch water in the air. Scientists have studied the great power of spider silk. They thought it would be a solution to water problems. In some parts of the world, people don't get enough water. If 10 they make something like spider silk, it will help people living in such places.

　　Spider silk is very *thin, so we think it is weak. 　ア　 However, it is so strong, light and *elastic that we want to use it for clothes. But collecting a lot of spider silk is difficult. 　イ　 So, scientists have found 15 ways to make *artificial spider silk. 　ウ　 The clothes have become stronger and lighter. 　エ　 In addition, the artificial spider silk is good for the earth and our future. We must use oil to make other artificial *fibers, but we don't have to depend on oil to make artificial spider silk. If we use it, we can save oil. Like this, from spiders, we can learn some ways 20 to live in the future.

　　You have found that spiders have 〔　　　　〕 powers. Now, can I ask the same question again? Do you like spiders?

〔注〕 creature 生き物　　web クモの巣　　spider silk クモの糸
　　　water drop 水滴　　thin 細い　　elastic 伸縮性がある
　　　artificial 人工の　　fiber 繊維

設 問

問1 本文中の〔　　　〕に共通して入る語を選びなさい。

ア joyful　　イ amazing　　ウ careful　　エ boring

問2 下線部の、科学者たちが考えた解決策とはどのようなことか。次の（　　　）内
の①、②に適切な日本語を書きなさい。

（　　①　　）ことのできるクモの糸が持つ力を使って、

（　　②　　）人々を助けること。

問3 本文中の＿＿ア＿＿から＿＿エ＿＿のいずれかに次の1文が入る。最も適切な
位置はどれか。

By using this, some companies are making wonderful clothes.

問4 本文の内容と一致するものはどれか。

ア We think spiders always appear in dangerous places.

イ Spider silk can get water and make oil from the earth.

ウ We should buy the clothes made by spiders to save the earth.

エ Spiders may give us several ideas to live in the future.

（栃木）

解　答

問 1　イ

問 2　①　（例）　空気中の水分を捕らえる

　　　　②　（例）　水を十分に得られない

問 3　ウ

問 4　エ

解き方のポイント

問 1　第 1 段落の〔　〕を含む文は、「クモは〔　〕生き物だ」という意味。第 5 段落の〔　〕を含む文は、「あなたはクモが〔　〕力を持つことがわかった」という意味。第 1 段落前半では、クモについての悲観的な内容が書かれているが、「しかし、ちょっと待ってください！」と続き、悲観的な内容だけではないことがうかがえる。第 2 段落以降では、クモの糸の特性など、良い面が書かれていることから、イ「すばらしい」が適切。ア「喜ばしい」、ウ「注意深い」、エ「退屈な」

問 2　a solution が含まれた英文は「彼ら（科学者たち）はそれは水問題の解決策となるだろうと考えた」という意味。この「それ（it）」が指すところに注目する。直前の文に「科学者たちはクモの糸の偉大な力を研究してきた」とあり、it は「クモの糸の偉大な力（the great power of spider silk）」である。また、クモの糸の偉大な力については、その前文に「クモの糸は空気中の水分を得ることができる」と具体的な内容が書かれている。①はこの部分をまとめる。②は続く文に「世界の一部の地域では、人々は十分に水を得ていない。もし彼ら（科学者たち）がクモの糸のようなものを作れば、そのような場所に住んでいる人々を助けるだろう」とあるので、この部分をまとめる。

問 3　英文は「これを使うことによって、すばらしい衣服を作る会社もある」という意味。この「これ（this）」が何を指しているかがこの問題のポイント。this の内容は前の文に述べられていることが多いので、ア〜エの前の文の内容と合わせながら考える。ウの直前の文に「科学者たちは人工のクモの糸を作る方法を見つけた」とある。this は「人工のクモの糸」を指していると考えられる。ウの直後には「その衣類はより強く、より軽くなる」とあり、内容的にも合う。

問 4　ア　「私たちはクモはいつも危険な場所に現れると思っている」

　　　　▶本文第 1 段落を参照。クモが現れる場所については書かれていないので、不一致。

　　　イ　「クモの糸は水分を得たり、地球から油を作ったりできる」

　　　　▶本文第 2 段落の内容と不一致。⑦に「クモの糸は水分を得ることができる」とあるが、地球から油を作ることができる、とは書かれていない。oil（油）については、第 3 段落にも書かれているが、人工繊維をつくるためには oil を使

わなければならない、という内容なので、不一致。

ウ 「私たちは地球を救うためにクモによって作られた衣服を買うべきである」

▶本文に、買うべきである、とは書かれていないので、不一致。

エ 「クモは私たちに将来生きていくためのいくつかのアイデアを与えるかもしれない」

▶本文第3段落の内容と一致。第3段落ではクモの糸の特性が書かれ、第3段落最終文に「このように、クモから、私たちは将来生きていくためのいくつかの方法を学ぶことができる」とある。

① Most of ~ : most of ~は「~の大部分」の意味。

may : この may は可能性を表す。「~かもしれない」の意味。

be scared : 「怖い」

③ get away : 「離れる」

⑤ be made of … : 「…で作られた」の意味。make ~ of …「~を…で作る」の受動態。

⑥ Have you ever seen ... ? : 現在完了の経験の用法。「今までに~を見たことがありますか」

⑥~⑦ webs covered with water drops : covered は過去分詞で、covered with water drops は webs を修飾している。「水滴で覆われたクモの巣」の意味。

⑩~⑪ people living in such places : living は現在分詞で、living in such places は people を修飾している。「そのような場所に住んでいる人々」の意味。

⑬ so strong, light and elastic that we … : so ~ that …で「とても~なので…」の意味。

⑭ collecting a lot of spider silk : collecting ~ は動名詞句で、文の主語。「~を集めること」の意味。

⑮ ways to make artificial spider silk : to make ~は形容詞的用法の不定詞で ways を修飾する。「人工のクモの糸を作るための方法」の意味。

⑯ In addition : in addition で「その上：さらに」の意味。

⑰~⑱ to make other artificial fibers : to make ~は副詞的用法の不定詞で「~をするために」と目的を表す。

⑱ don't have to ~ : 「~する必要はない」

depend on ~ : 「~に頼る」

㉑ You have found that ~ : found は find の過去分詞形。

can I ~? : 「~してもよいですか」

☞ 日本語訳は242〜243ページを参照。

PART 2

3

中学長文読解の完成！

6 ホームステイ 〈作文〉

□ STEP 66

次の英文は、高校生の愛（Ai）さんが夏休みにアメリカのブラウン家（the Browns）にホームステイしたときの体験を書いた作文です。これを読んで問いに答えなさい。

During summer vacation, I stayed with the Browns in the United States for three weeks. Mr. and Mrs. Brown, and their 17-year-old daughter Jane, were very nice people. They had a dog called Sunny. When I met Sunny for the first time, he welcomed me by *wagging his tail. He was
5 very friendly and *well-mannered. I liked him at once. Sunny was always with the family. They often talked about him in their daily conversation. It was easy for me to understand ①Sunny was an important member of the family. Jane took care of him and I often helped her.

One day, Jane said to me, "I'm going to the hospital as a volunteer with
10 Sunny. Sometimes we are asked to visit people in the hospital together. Today we are going to meet a 5-year-old girl. ②いっしょに行きませんか。" I didn't know what would happen, but I went with them.

When we got to the hospital, one of the nurses said, "Sarah had a big car accident two weeks ago. She has not opened her heart to other people
15 since then. Even her parents couldn't cheer her up."

When we walked into the room, Sarah was in her bed. Jane and I said "Hello" to her, but she said nothing. ③I was a little worried. Jane tried to talk with her, but she still didn't answer.

After a few minutes, Jane *lifted Sunny up, so Sarah could see him.
20 Then it happened. As soon as she saw Sunny, she *sat up and began to *pet Sunny. Sunny wagged his tail and gave *gentle kisses on her hands. His kisses brought her a smile. She was really smiling and started talking to Sunny! We were really surprised to see ④this. When we went out of the room, Jane said to Sunny, "(⑤   ) I'm very proud of you."

25 I came back to Japan and got a letter from Jane. It said "After you left, Sunny and I visited Sarah two more times. She enjoyed playing with Sunny. She is much (⑥) than before. She can leave the hospital soon." I'm not sure what happened to the girl. But Sunny has a wonderful

power that makes people happy. I believe ⑦Sunny is the sunshine of
Sarah's life.

〔注〕 wag ～'s tail しっぽをふる well-mannered 行儀のよい
lift ～ up ～を持ち上げる sit up 体を起こす pet やさしくなでる gentle 優しい

設　問

問1 本文の内容と一致するものを、次のア～オから2つ選びなさい。

　　ア ジェーンさんとサニーは、ボランティアとしてときどき病院を訪問する。

　　イ サラさんは交通事故のショックで2週間食事をとっていない。

　　ウ 最初、サラさんはサニーに関心を示さなかった。

　　エ ジェーンさんは、サニーと一緒に3回サラさんの病室を訪れた。

　　オ サラさんは、愛さんが日本に帰った後すぐに退院できた。

問2 下線部①について、愛さんがこのように感じた理由を日本語で書きなさい。

問3 下線部②の日本語の意味となるような英文を書きなさい。

問4 下線部③について、愛さんがこのような気持ちになった理由として最も適当な
ものを、次のア～エから1つ選びなさい。

　　ア サラさんのけがが治らないのではないかと思ったから。

　　イ サニーがサラさんにいたずらをしないか心配だったから。

　　ウ サラさんの両親に何と言っていいのか分からなかったから。

　　エ サラさんが心を開いてくれないかもしれないと思ったから。

問5 下線部④が指している内容を、日本語で書きなさい。

問6 （　⑤　）にあてはまる最も適当な文を、次のア～エから1つ選びなさい。

　　ア You did a good job.　　イ That's a good idea.

　　ウ That's too bad.　　　　エ I'm glad to hear that.

問7 （　⑥　）にあてはまる最も適当な語を、英語1語で書きなさい。

問8 下線部⑦が表す内容として最も適当な文を、次のア～エから1つ選びなさい。

　　ア Sunny has a power that opens Sarah's heart.

　　イ Sunny is always happy with Sarah.

　　ウ Sunny likes to take Sarah out in the sun.

　　エ Sunny always brings fine weather to Sarah.

（鳥取）

解き方のポイント

問1　1つずつ、本文の該当箇所と見比べて確認しよう。

　　ア　本文⑩。Sometimes we are asked to ～の部分と内容的に一致。

　　イ　本文⑬～⑮。交通事故が起きたのが2週間前で、それ以来「心を開かない」とは書いてあるが、「食事をとっていない」とは書いていない。不一致。

　　ウ　本文⑲～㉑。サラさんはサニーを見たとたんに興味を示した。不一致。

　　エ　本文㉕～㉖。愛さんが日本に帰ったあと、ジェーンさんとサニーは、さらに2回サラさんを見舞っているので、合計3回訪れたことになる。一致。

　　オ　本文㉗～㉘。ジェーンさんの手紙には、サラさんは「まもなく退院できる」とある。したがって、愛さんが帰ってすぐに退院できたわけではない。不一致。

問2　下線部①は「サニーは家族の大切な一員である」という意味。その理由となりそうなところを、下線部の前後から探す。ここでは、すぐ前の2つの文（Sunny was always with the family. と They often talk about him ～）が理由として適切。

問3　これは勧誘を表す文なので、Would you like to ～? や Won't you ～? で表すとよいだろう。「（相手のいる場所に）行く」という場合や「（相手の行くところへ）行く」という場合はふつう come を使うので、この場合の「いっしょに行く」は come with us で表すのが自然だが、「（病院へ）行く」と考えて go with us としてもよい。

問4　下線部③は「私は少し心配になった」という意味。その理由となりそうなところを、下線部の前後から探す。ここでは、直前の文（Jane and I said "Hello" to her, but she said nothing.）が理由と考えられるが、それをそのまま述べた選択肢はないので、その文にふくまれている意味を適切に表現している選択肢を探す。「何も言わない」⇒「心を開かない」と考えて、エを選ぶ。

問5　この this は、すぐ前に述べられたことを指す用法。ここでは、サラさんがサニーを見てから起こったこと全体を指している。本文で言うと、⑳～㉓の As soon as she saw Sunny ～から ～ started talking to Sunny! までになるが、ここ全体を訳す必

要はない。サラさんの行動を中心にまとめればよい。

問6 ここは、サニーがサラさんの心を開いた、という出来事のあとでジェーンさんがサニーに発したことばなので、「いい仕事をした（＝よくやった）」と、ほめる表現を入れるのが適切。すぐあとの「あなたのことをとても誇りに思う」ともうまくつながる。

問7 ここも文脈をおさえて判断する。その後ジェーンさんとサニーが2回サラさんを見舞い、楽しくすごしたこと（空所の前）、サラさんがもうすぐ退院できること（空所の後）から考えて、「彼女（＝サラさん）は以前よりもずっと元気だ」とするのが適切。「元気な」を意味する well を比較級にして使う。

問8 下線部⑦は「サニーはサラさんの命を照らす日の光だ」という意味（この文の sunshine は「太陽の光＝明るさをあたえてくれるもの」くらいの意味）。これを直前の文（Sunny has a wonderful power ～）も参考にして解釈すると、アの「サニーには、（閉ざされていた）サラさんの心を開く力がある」が適切だとわかる。

　　イ　「サニーはサラさんといっしょだといつも幸せだ」
　　ウ　「サニーはサラさんを日なたに連れ出すのが好きだ」
　　エ　「サニーはいつもサラさんによい天気をもたらす」

表現

② **17-year-old**：「17歳の」の意味。このようにハイフン（‐）でつないで合成語にする場合、**year** は複数形にしない。

③ **a dog called Sunny**：「サニーと呼ばれる（＝という）犬」

④ **welcomed me by wagging his tail**：〈by ＋動名詞〉で「～することによって」の意味。「しっぽをふることによって（＝しっぽをふって）私を歓迎した」

⑤ **at once**：「すぐに」

⑩ **we are asked to visit** …：〈ask A to ＋動詞の原形〉（Aに～するように頼む）を受け身にした形の文。「私たちは…を訪れるように頼まれる」

⑪～⑫ **I didn't know what would happen**：I don't know what will happen を過去にした文。時制の一致で、**will** が **would** になっている。

⑮ **cheer her up**：cheer ～ up で「（人を）元気づける、はげます」の意味。

⑰ **I was a little worried.**：この a little は副詞で「少し」の意味。

⑳ **Then it happened.**：この **it** は、ばくぜんと状況や事態を指しており、その具体的な内容は、あとで述べられている。「それから、それが起きた」

㉒ **brought her a smile**：「彼女にほほえみをもたらした」

㉗ **leave the hospital**：「退院する」

㉘ **I'm not sure what happened to the girl.**：〈happen to ＋名詞・代名詞〉で「～（の身）に起こる」の意味。「その女の子（の身）に何が起こったのか（＝その女の子がどうなったのか）、私にははっきりはわからない」

☞ 日本語訳は243～244ページを参照。

☐ STEP 67

次の英文は、中学生の恵子（Keiko）と ALT のスミス先生（Ms. Smith）との、職員室での対話です。これを読んで問いに答えなさい。

Keiko : Wow! What is the tree with white flowers in this picture?

Ms. Smith : That's an apple tree. My mother lives in New York. She took this picture, and sent it to me.

Keiko : These beautiful [ア make　イ flowers　ウ happy　エ me], Ms. Smith.

5　*Ms. Smith :* Good. It has been a special tree (　①　) I was a small child. When I was reading a book about John Chapman with my mother, I asked her to plant it. And I (　②　) care of it for a long time.

Keiko : Oh, please tell me about John Chapman.

Ms. Smith : OK. Chapman went across America about 200 years ago. He
10　planted so many apple trees, and gave apple seeds to poor *pioneers. Now, there are a lot of apple trees growing in my country.

Keiko : So you loved the story of his life and wanted to plant an apple tree.

Ms. Smith : That's right. He is popular, and he is called Johnny Appleseed.

Keiko : _____

15　*Ms. Smith :* Yes, I think so, too. And my mother and I planted the tree on Arbor Day. It's a day for trees in America, and many people plant trees on that day.

Keiko : Oh, I've never heard of it. What date is <u>Arbor Day</u>?

Ms. Smith : Well, you know, America is a very large country which has a
20　lot of *states. There are cold states like *Alaska and hot states like Hawaii. So we must think of the best date for trees.

Keiko : Can each state choose the date for Arbor Day?

Ms. Smith : Yes. And, in New York and many other states, it's the last Friday in April. It'll come soon.

25　*Keiko :* I see. *Greenery Day will come soon in Japan. So I'll plant a tree like you.

〔注〕 pioneer 開拓者　　state 州　　Alaska アラスカ　　Greenery Day みどりの日

212

設 問

問1 本文の [   ] の中のア〜エを、意味が通るように並べかえなさい。

問2 （ ① ）と（ ② ）に入る最も適切な語を、ア〜エから1つずつ選びなさい。

① ア when　　　イ before　　　ウ after　　　エ since

② ア lived　　　イ took　　　ウ sent　　　エ asked

問3 本文の＿＿＿＿に入る英文として最も適切なものを、ア〜エから1つ選びなさい。

ア Do you know his name?　　　イ Do you love apples, too?

ウ That's a nice name.　　　エ That's an apple tree.

問4 本文の内容と合うものを、次のア〜エの中から1つ選びなさい。

ア Ms. Smith wanted to send her mother a picture of an apple tree grown in New York.

イ Ms. Smith loved John Chapman's story, and planted an apple tree with her mother.

ウ Keiko likes apple trees very much, because John Chapman is popular in America.

エ Keiko and Ms. Smith usually plant an apple tree on Greenery Day with each other.

問5 下線部 Arbor Day について、次の①②の問いに答えなさい。

① Arbor Day はニューヨーク州ではいつか。日本語で答えなさい。

② 次の英文は Arbor Day についての説明である。＿＿＿＿の中に、本文の内容と合うように数語の英語を補いなさい。

Arbor Day is a day for trees in America, but it is not on the same date in every state. America is a very large country. There are cold states like Alaska and hot states like Hawaii. So each ＿＿＿＿＿＿＿＿＿ for it.

（静岡）

問1　イーアーエーウ

問2　① エ　　② イ

問3　ウ　　　　問4　イ

問5　① 4月の最後の金曜日。　　② state can choose the date （ほかに、state must think of the best date などでもよい）

解き方のポイント

問1　語句の並べかえの問題。文章の流れをつかむこと（＝文脈）と、あたえられた語句から、どんな形の文ができそうかということ（＝文法）の、両面から考える。

　　ここでは、写真にうつった白い花を話題にしていて、その花を恵子は「美しい」と思っている。（＝文脈）あたえられた語句を見ると、beautiful のあとには flowers がくるしかないこと、そして、この文の動詞は make だということがわかる。また、make には make A B で「A を B にする」の意味を表す用法がある。（＝文法）

　　以上から、(These beautiful) flowers make me happy （これらの美しい花は私を幸せな気持ちにする）とするのが適切だとわかる。

問2　①　この空所をふくむ文が現在完了の継続の用法であることに気づくことがポイント。空所の前は「それ（＝りんごの木）は（ずっと）特別な木だった」の意味なので、継続の起点を表す since を入れて、「私が小さな子どもだったときから」の意味にする。

　　　②　「母親にりんごの木を植えてと頼んだ」に続く文なので、took を入れて「そして、私は長い間それの世話をした」という意味にする。この問題では、take care of の形になることに気がつけば、特に文脈を考えなくても答えは出る。

問3　直後に、スミス先生が Yes, I think so, too.（ええ、私もそう思います）と言っていることに注目する。先生が共感するような内容の選択肢は、ウの「それはすてきな名前ですね」のみ。アとイは疑問文なので、I think so で受けるのは不自然。エの「それはりんごの木です」は共感するような内容ではない。

問4　ア　「スミス先生はニューヨークで育てられたりんごの木の写真を母親に送りたいと思いました」

　　　　　▶本文の ②〜③ の内容と不一致。りんごの木の写真を送ったのは母親。

　　　イ　「スミス先生はジョン・チャップマンの話が大好きで、母親といっしょにりんごの木を植えました」

　　　　　▶本文の ⑥〜⑦、および ⑫〜⑬ の内容と一致。

　　　ウ　「恵子はりんごの木がとても好きです。なぜなら、ジョン・チャップマンがアメリカで人気があるからです」

▶本文の ⑬ を参照。「ジョン・チャップマンは人気がある」とは述べられているが、それは、恵子がりんごの木を好きな理由ではない。

　エ　「恵子とスミス先生は、みどりの日には通常、おたがいにりんごの木を植えます」
　　　▶本文の ⑮〜⑯ 、および ㉕〜㉖ の内容と不一致。スミス先生がりんごの木を植えるのは Arbor Day（植樹の日）。恵子は、「（これからは）みどりの日に何かの木を植えよう」と言っている。

問5 ①ニューヨーク州での Arbor Day については ㉓〜㉔ で述べられている。
　②本文の ⑱〜㉔ の対話の流れをつかんでいれば、「（アメリカには）アラスカのように寒い州もあればハワイのように暑い州もある」のあとに、どのような内容がくるかは推測できる。本文の ㉒ あるいは ㉑ の語句（choose the date for Arbor Day あるいは think of the best date for trees）を使って表現しよう。
　［説明文の日本語訳］アーバー・デイとは、アメリカにおける樹木のための日ですが、それはすべての州で同じ日になるわけではありません。
　アメリカはとても大きな国です。アラスカのように寒い州もあれば、ハワイのように暑い州もあります。そのため、それぞれの州が、その（＝アーバー・デイの）日を決めることができるのです。

表　現

　① the tree with white flowers：「白い花をもつ（＝白い花をつけた）木」
⑥〜⑦ I asked her to plant it：〈ask A to ＋動詞の原形〉で「Aに〜してくださいと頼む」の意味。「私は彼女にそれを植えてくださいと頼んだ」
　⑨ went across America：go across 〜で「〜を横切る、渡る」の意味。ここは「アメリカを横断した」くらいの意味。
　⑪ there are a lot of apple trees growing in my country：この文は a lot of apple trees are growing in my country とほぼ同じ意味を表している。「私の国では多くのりんごの木が育っている」
　⑫ So you loved the story of 〜：この so は「（相手の言ったことを受けて）それじゃ、では」の意味。「では、あなたは〜の話が大好きなんですね」
　⑮ my mother and I planted the tree：この the tree（その木）は、ここでは「りんごの木」を指している。冠詞の the に注意。
　⑯ a day for trees：「樹木のための日」
　⑱ I've never heard of it：hear of 〜は「〜のことを聞く」の意味。「私はそのことは（いままで）聞いたことがありません」
　㉑ must think of the best date：この think of 〜は「〜を考えつく、思いつく」の意味。「最もよい日を考え（つか）なければならない」

☞ 日本語訳は244〜245ページを参照。

PART
2

3

中学長文読解の完成！

8 ボランティア〈対話〉

☐ **STEP 68** ▪▪▪▪▪▪▪▪▪▪▪▪▪▪▪▪▪▪▪▪▪▪▪▪▪▪▪

美香 (Mika) と智也 (Tomoya) は、地域の人々による河川の美化活動について授業で発表することになり、その準備をしています。次は、その活動について、美香と智也と留学生のジョージ (George) が交わした会話です。これを読んで問いに答えなさい。

George : Hi, Mika and Tomoya. What are you doing?

Mika : Hello, George. We're writing about a *program to take care of rivers in some towns in Osaka. We're going to talk about it in English class.

5 *George* : Really? _____①_____

Mika : OK. In the program, people work as volunteers. They pick up *cans and bottles on the *riverside, and cut the grass there. A week ago, we visited a town to talk with some people doing the volunteer work there.

10 *Tomoya* : The program in the town is very interesting.

George : How is it interesting?

Tomoya : *Sheep are working with people to clean the riverside.

George : Sheep? I don't understand. _____②_____

Tomoya : Well, the sheep live on the riverside and they 'help' the people
15   doing the volunteer work.

George : How do the sheep help the people?

Tomoya : ③<u>That's a good question!</u> The people pick up cans and bottles, and the sheep eat the grass. So, we can say that the people and sheep together make the riverside beautiful.

20 *George* : That's interesting! Did you hear any good stories there?

Tomoya : Yes, I did. A woman doing the volunteer work on the riverside said to me, "Many children come here to see the sheep and become friends with them. I hope that many children will learn about this program and find something they can do as volunteer work."

25 *George* : I hope so, too. Did you hear about any other things, Mika?

Mika : Yes. A man working with her said to me, "This program started about two years ago. Since then, more people have done things for the river. For example, many people take care of flowers on the riverside to make it beautiful." I think this program is really good.

30 *George :* Mika and Tomoya, you heard very good stories. When I go back to my country, I want to do something for the river in my town.

Tomoya : It's a great idea to work together to take care of rivers.

〔注〕 program　活動　　can (名詞) 缶　　riverside　川辺　　sheep　羊 (複数も同じ形)

設 問

問1 本文中の＿＿①＿＿に入れるのに最も適しているものを1つ選びなさい。
　　　ア　Shall I tell you about it?
　　　イ　Can you tell me about it?
　　　ウ　May I tell you about it?
　　　エ　Did you tell me about it?

問2 本文中の＿＿②＿＿には、ジョージが智也の言ったことの意味をあらためてたずねる英文が入ります。適している英文を What につづけて書きなさい。
　　　What＿＿＿＿＿＿＿＿＿＿＿＿

問3 下線部③ That の表している内容を述べたところが本文中にあります。その内容を日本語で書きなさい。

問4 本文中には、智也に話をした女性が子どもたちに期待していることを述べたところがあります。その内容を日本語で書きなさい。

問5 本文中で、美香に話をした男性は、河川の美化活動が始まって以来多くの人々が取り組むようになったことの例を1つあげています。その内容を日本語で書きなさい。

問6 本文の内容と合うように、次の問いに対する答えをそれぞれ英語で書きなさい。
　　　① Did Mika and Tomoya visit a town and cut the grass on the riverside with sheep?
　　　② What does George want to do when he goes back to his country?

（大阪）

問1 イ

問2 (What) do you mean?

問3 羊がどのようにして人々の手伝いをするのかということ。

問4 多くの子どもたちがこの活動について学び、ボランティア活動として自分たちができることを見つけること。

問5 川辺を美しくするために、川辺の花の世話をすること。

問6 ① No, they didn't.

② He wants to do something for the river in his town.

解き方のポイント

問1 直後に、美香が「オーケー」と言って、その活動についての説明を始めていることから、①の空所には、その活動についての説明を求める表現がくると推測できる。
選択肢の日本語訳は次のとおり。

ア　「それについて（あなたに）お話ししましょうか」

イ　「それについて（私に）教えてくれませんか」

ウ　「それについて（あなたに）お話ししてもいいですか」

エ　「あなたはそれについて私に話しましたか」

以上のうち、相手に説明を求める表現として適切なのはイ。

問2 直前の「羊？　理解できないよ」ということばと、直後に、智也が自分の言ったこと (Sheep are working with people 〜) を説明しなおしている (the sheep live on 〜 and they 'help' the people 〜) ところから判断する。What で始まるという条件もヒントになる。

「（相手の言ったことが）理解できない」⇒「それはどういうこと（＝どういう意味）？」とする。What do you mean? は決まった言い方。

問3 代名詞の that には、すぐ前に述べられたことを指す用法がある。ここはその用法なので、すぐ前のジョージの発言に注目する。智也は That's a good question!（それはいい質問だ）と言っているので、ジョージの質問全体 (How do the sheep help the people?) を指していると考えられる。

問4 まず「智也に話をした女性」が本文のどこに出てくるかを見つける。本文 21 の A woman doing the volunteer work on the riverside がその女性。彼女の話 (Many children come here 以下) から、「子どもたちに期待しているところ」を述べた部分 (I hope that many children will 〜) を特定して、日本語にする。

問5 まず「美香に話をした男性」が本文のどこに出てくるかを見つける。本文 26 の A man working with her がその男性。彼の話 (This program started 以下) から、

「河川の美化活動が始まって以来多くの人々が取り組むようになったことの例」を述べた部分 (For example, many people take care of 〜) を特定して、日本語にする。

問6 ①「美香と智也は、ある町を訪れて、羊といっしょに川辺の草を刈ったのですか」

本文中で「ある町を訪れる」といった内容が書かれている部分を見つけて、これが正しいかどうかを確認する。本文 ⑦〜⑧ に A week ago, we visited a town 〜 とある。その部分を読み進めると、そこで美香と智也は、河川の美化活動をしたのではなく、そこでそうした活動をしている人たちと話をしたのだとわかる (to talk with some people doing the volunteer work there)。したがって、「いいえ、ちがいます」という内容の応答を英語で書く。

②「ジョージは、自分の国に帰ったら、何をしたいと思っていますか」

これも、本文中で「（ジョージが）自分の国に帰ったら」といった内容が書かれている部分を見つけて、そこで彼が「何をしたい」と言っているかを確認する。本文 ㉚〜㉛ に When I go back to my country, とある。そのあとに、I want to do something for the river in my town. と続いているので、その部分を答える。なお、本文では I が主語の文だが、ここでは He を主語にして書くので、必要な変更 (want ⇒ wants, my country ⇒ his country) をするのを忘れないように。

表現

②〜③ **a program to take care of rivers 〜**：to take 以下は program を修飾している。形容詞的用法の不定詞。「〜川の世話をする（＝川をきれいに保つ）活動」

③〜④ **in English class**：この class は「授業」の意味。「英語の授業で」

⑥ **work as volunteers**：「ボランティアとして働く」

⑥〜⑦ **pick up cans and bottles**：pick up 〜は「〜を拾い上げる」の意味の熟語。「缶やびんを拾い上げる」

⑧〜⑨ **some people doing the volunteer work there**：doing 以下は people を修飾している。「そこでボランティア活動をしている（何人かの）人たち」

⑪ **How is it interesting?**：「それはどのようにおもしろいのですか」

⑱〜⑲ **the people and sheep together**：together は副詞。「人と羊がいっしょになって」

㉒〜㉓ **become friends with 〜**：「〜と友だちになる、親しくなる」の意味。

㉔ **something they can do as volunteer work**：they can 以下は something を修飾している。「彼ら（＝子どもたち）がボランティア活動としてできる何か〔こと〕」

㉖ **A man working with her**：「彼女といっしょに働いている（1人の）男性」

㉜ **It's a great idea to work together to take care of rivers.**：It は to work 以下を指す形式主語。to take 以下は目的を表す副詞的用法の不定詞。

☞ 日本語訳は245〜246ページを参照。

☐ STEP 69

次は、高校生の真紀（Maki）が、留学生のエイミー（Amy）と会話をしている場面です。
下のマーク（mark）とポスター（poster）を参考にして、問いに答えなさい。

〈マーク〉

Amy : Maki, I have seen this mark on plastic food *containers
　　　many times in Japan. Is it something about recycling?

Maki : Yes, it is. This means that the containers can be
　　　recycled. You can see similar marks on *cans and *plastic bottles.

⑤ *Amy :* I see. There are similar ones on plastic bottles in America.

Maki : Look at this English poster. This shows us *information about
　　　collecting *recyclable resources in our city. Our city collects many
　　　things as recyclable resources. Of course, 〔　　①　　〕.

Amy : I see. We *dispose of many things every day. Many of them can be
⑩ 　　　recycled.

Maki : That's right.

Amy : In your city, 〔　　②　　〕,
　　　right?

Maki : Yes. How about your city?

⑮ *Amy :* It collects plastic bottles,
　　　cans, and newspapers on
　　　the same day.

Maki : Oh, really? Are they *separated for recycling?

Amy : Yes. All the recyclable resources are brought to recycling *facilities
⑳ 　　　after they are collected. Then, they are separated there.

Maki : Here in our city, we separate things for recycling at home before
　　　they are collected. And we have many other things to do before we
　　　dispose of recyclable resources.

Amy : What are they?

㉕ *Maki :* For example, when we dispose of plastic bottles, we must separate
　　　*caps and *labels from bottles, and wash the bottles.

Amy : Oh, I have many plastic bottles at home. Today is Tuesday. I have to
　　　dispose of them before 8:00 a.m. tomorrow.

〈ポスター〉

Recycling Information	Aozora City
Recyclable Resources	**Day**
Newspapers	Monday 9:00 a.m.
Cans	Tuesday 9:00 a.m.
Plastic Bottles	《　　》 8:00 a.m.
Other Plastics	Friday 8:00 a.m.

〔注〕 container 容器　can 缶　plastic bottle ペットボトル
information 情報　recyclable resource 再利用資源
dispose of ～ ～を捨てる　separate 分別する
facility 施設　cap ふた　label ラベル

設 問

問1 本文中の①、②に当てはまる最も適切なものを、ア～エからそれぞれ１つずつ
選んで記号を書きなさい。

① ア　it collects plastic bottles, too
　　イ　we don't recycle plastic containers in our city
　　ウ　newspapers are not recycled
　　エ　cans are collected every weekend

② ア　you reuse the same bottles
　　イ　they are collected on different days
　　ウ　too much paper is used every year
　　エ　things with these marks are not collected

問2 ポスターの《　　》に当てはまる曜日を、省略しない形の英語１語で書きなさい。

問3 次は、左の会話の１週間後に、真紀とエイミーが会話をしている場面です。①、
②にそれぞれ適する英語１語を書きなさい。ただし、答えは（　　　　）内に示
されている文字で書き始めること。

Amy : Hi, Maki. What are you looking at?

Maki : I have just found the information about recyclable resources
in Japan on the Internet. Look at this. About 84 percent of
plastic bottles were recycled in 2016.

Amy : Oh, really? Well, what will ① (h_____)to them after they are
recycled?

Maki : They become many things such as pens, clothes and food
containers.

Amy : What about other recyclable resources?

Maki : I don't know. We ② (n_____)information about them. Let's
check the Internet again.

（秋田）

問1 ① ア　② イ　**問2** Wednesday

問3 ① （例） happen　② （例） need

解き方のポイント

問1 ① 本文 ⑥ ～ ⑧ から、英語のポスターを見て話していることがわかる。また、ポスターには、真紀の市で集められている再利用資源のことが載っているとわかる。選択肢を見ると、

ア 「それ（私たちの市）はペットボトルも集めます」
▶ ポスターに Plastic Bottles（ペットボトル）とあることから、内容と一致。その他の選択肢は、

イ 「私たちの市ではプラスチックの容器はリサイクルしません」
▶ ポスターの一番下の段に Other Plastics（他のプラスチック）、Friday（金曜日）とあることから不一致。

ウ 「新聞紙はリサイクルされません」
▶ ポスターに Newspapers（新聞紙）、Monday（月曜日）とあることから不一致。

エ 「缶は毎週末集められます」
▶ ポスターの Cans の列を見ると、Tuesday（火曜日）とあることから不一致。よってアが正解となる。

② ここでは「あなたの市では〔　②　〕ですね」というエイミーの発言に対し、真紀が「はい。あなたの市はどうですか」と尋ねている。エイミーは次に「それ（私たちの市）はペットボトル、缶、新聞紙は同じ日に集めます」と言い、集める日について話していることがわかる。選択肢の内容から、イ「それらは異なる日に集められる」を入れると会話の流れに合う。他の選択肢は、ア「あなたたちは同じボトルを再利用する」、ウ「あまりに多くの紙が毎年使われる」、エ「これらのマークがついているものは集められません」、いずれも本文の内容と合わない。

問2 本文 ㉕ ～ ㉖ で、真紀がペットボトルのことを話している。それに対して、エイミーが「私の家にはたくさんのペットボトルがある。今日は火曜日だ。明日の午前8時までにそれらを捨てなければならない」と言っているので、ペットボトルが集められる日は、水曜日である。Wednesday を入れればよい。

問3 ① を含む文は、「それらがリサイクルされた後、それらに何が（　　）か」という意味。直前の真紀の発言に、「2016年にはペットボトルの約84％がリサイクルされた」とある。① を含む文はそれを受けての発言なので、them、they は plastic bottles を指す。また、その後の真紀の発言で、「それらはペン、衣類、食品の容器

になる」と言っていることから、①には「起こる」を表す happen が適切である。②を含む文は、「私たちはそれらについての情報を（　　）」。直前でエイミーは、「他の再利用資源についてはどうですか」と言っている。それを受けて、真紀は「わからない」と言っているので、②を含む文の them は other recyclable resources を指す。続く発言で、「もう一度インターネットで調べよう」と言っていることから、②は「必要とする」を表す need が適切である。

《訳》　エイミー：こんにちは、真紀。何を見ているのですか。

真紀：私はちょうどインターネットで、日本での再利用資源についての情報を見つけたところです。これを見てください。2016年にはペットボトルの約84％がリサイクルされています。

エイミー：まあ、本当ですか。それでは、それらはリサイクルされた後、それらはどうなるのですか。

真紀：それらはペン、衣類、食品の容器など、多くのものになります。

エイミー：他の再利用資源についてはどうですか。

真紀：わかりません。私たちはそれらについての情報が必要です。もう一度インターネットで調べてみましょう。

表現

⚓①〜② I have seen ... many times: 現在完了の経験（〜したことがある）の用法。many times は「何回も」の意味。time は回数を表す。

③〜④ This means that the containers can be recycled. : This は this mark のこと。can のあとに受動態がついて、「〜されることができる（される）」の意味。

⑧ as : 前置詞で、「〜として」の意味。

⑨ Many of 〜: 「〜の多く」。many は代名詞。〜には the や one's などをともなった名詞や them、us などを用いる。

⑭ How about 〜？: 「〜についてはどうですか」

⑯〜⑰ on the same day : 「同じ日に」。on は曜日、日付、特定の日の朝・昼・晩の前につける。on Monday（月曜日に）、on April 1（4月1日に）、on Sunday morning（日曜日の午前中に）

㉒ we have many other things to do ... : 「私たちには他に多くのするべきことがある」to do は形容詞的用法の不定詞（…する〜、…すべき〜）で、前の名詞を修飾する。

㉕ must : 「〜しなければならない」。ここでは義務の意味。否定形の must not は「〜してはいけない」という意味になる。

㉗ have to : 「〜しなければならない」。否定形の don't have to 〜は「〜する必要はない」という意味になる。

☞ 日本語訳は246ページを参照。

☐ STEP 70 ．．．．．．．．．．．．．．．．．．．．．．．．．．

次の対話を読んで問いに答えなさい。

Cathy, a student from Australia, studies Japanese in Tokyo. Mr. Nakano is her Japanese teacher. Satoru, a junior high school student, is Mr. and Mrs. Nakano's son. Now she is at their house for a "temaki-zushi" party.

Mrs. Nakano : OK, dinner is ready. I hear you like *sushi* very much.

5 *Cathy :* Wow, so many kinds of *sashimi* and vegetables! I like *sushi* very much. Are you going to make *sushi* for me, Mr. Nakano?

Mr. Nakano : No, no. You will make your own *sushi*.

Cathy : (1)I will?

Mr. Nakano : Yes. We'll all make our own *sushi* tonight. We call this kind

10 of *sushi* "*temaki-zushi*". *Temaki-zushi* is very popular in Japan. When we prepare *temaki-zushi*, we only have to cut some *ingredients, such as *sashimi* and vegetables, and put them on a big dish, and make *sushi* rice.

Satoru : Making *temaki-zushi* is easy and fun.

15 *Cathy :* I see. But I've never done it before. Do you mean we can choose our favorite ingredients to make our own *sushi*?

Mrs. Nakano : (2)That's right. OK, everyone, let's start. But first, why don't you show her the way to do it, Satoru?

Cathy : (3)Oh, will you, Satoru?

20 *Satoru :* Sure. First, put some rice on a piece of *nori*. Take some ingredients from the dish and put them on the rice. And then *roll it *into a cone shape like this.

Cathy : Thank you, Satoru. I'll try. Oh, it's not so easy for me.

Mrs. Nakano : Don't put so much rice on the *nori*. (4)When you do that, it

25 is hard to make the *sushi*.

Cathy : Oh, I see .... OK. Look. My first *temaki-zushi*!

Mr. Nakano : You did a very good job, Cathy! Try it.

Cathy : Very good! I've never had such nice *sushi*. I didn't know I could make *sushi* at home. I was surprised when you told me to make my

own. I'll introduce *temaki-zushi* to my friends in Australia. I think
they'll love it. And we'll be able to have a nice party at home.

Satoru : Do you often have parties at home in Australia?

Cathy : Yes. We have Christmas parties, birthday parties, housewarmings ....

Satoru : (5)What's a "housewarming"?

Cathy : Well, when we move into a new house, we invite old and new
friends or neighbors. We *treat them to some food and have a good
time together. We call this a housewarming.

Satoru : I understand.

Cathy : At parties, we eat, talk, and have a good time together.

Satoru : (6)I think eating together is a very good way to know each other
better.

Cathy : I think so, too.

〔注〕 ingredient 材料   roll 巻く   into a cone shape 円すい形に
treat ～ to … …で～をもてなす

設 問

問1 下線部(1) I will? とあるが、このときの Cathy の気持ちを次のように書き表すと
すれば、＿＿＿＿の中に下のどれを入れるのがよいか。

I am ＿＿＿＿＿＿.

ア happy because you will make *sushi* for me

イ surprised because you made *sushi* for me very well

ウ surprised because I have never made my own *sushi* before

エ happy because I know making my own *sushi* will be easy and fun

問2 下線部(2) That's right. の内容を、次のように書き表すとすれば、＿＿＿＿の中に
下のどれを入れるのがよいか。

When we make *temaki-zushi*, we ＿＿＿＿＿＿.

ア have to show the way to make it

イ can choose ingredients we like

ウ don't have to cut any ingredients

エ can't take any ingredients from the dish

PART 2

3

中学長文読解の完成！

問3 下線部(3) Oh, will you, Satoru? とあるが、このときの Cathy の思いを次のように書き表すとすれば、（　　）の中にどのような1語を入れるのがよいか。

Cathy wants to learn (　　　　) to make *temaki-zushi* from Satoru.

問4 下線部(4)を、次のように書き表すとすれば、＿＿＿＿＿＿の中に下のどれを入れるのがよいか。

When you ＿＿＿＿＿＿, it's difficult to roll your own *sushi*.

　ア　put too much rice on the *nori*

　イ　prepare *temaki-zushi* at home

　ウ　try to have nice parties at home

　エ　take some *sashimi* and vegetables

問5 下線部(5) What's a "housewarming"? とあるが、この質問に対する答えを次のように書き表すとすれば、（　　）の中にどのような1語を入れるのがよいか。

A housewarming is a (　　　) people in Australia have for their friends or neighbors when they move into a new house.

問6 下線部(6)を、次のように書き表すとすれば、＿＿＿＿＿＿の中に下のどれを入れるのがよいか。

I think we will know each other better after ＿＿＿＿＿＿.

　ア　moving into new houses

　イ　eating something together

　ウ　making some *temaki-zushi*

　エ　inviting some students from Australia

問7 次の文章は、Cathy が友人に送ったEメールの一部である。（　①　）および（　②　）の中に入る語の組み合わせとして正しいものは、下のうちではどれか。

　　　Today I was invited to a party at the home of my Japanese teacher. I had a very good time with his (　①　).

　　　At the party, we made our own *sushi*. They call it *temaki-zushi*. It was really good. And it was fun to make *sushi* at home. Do you want to know how I did it? I'll (　②　) it to you some day. This is a picture of some *temaki-zushi* I made. I'll write to you again soon. Good-bye.

　ア　① friends　② send　　　イ　① family　② move

　ウ　① friends　② introduce　エ　① family　② show

（東京）

問1　ウ　　　　　問2　イ　　　　　問3　how　　　　　問4　ア

問5　party　　　　問6　イ　　　　　問7　エ

解き方のポイント

問1　「私は_____」

下線部(1)は「私が（つくるん）ですか？」という意味。ナカノ先生に「あなたが自分ですしをつくるんですよ」と言われてびっくりした、という状況が理解できたかどうかがポイント。

ア　「あなたが私のためにすしをつくってくれるのでうれしい」

イ　「あなたが私のためにとてもじょうずにすしをつくってくれたのでおどろいた」

ウ　「これまで自分のすしを自分でつくったことはなかったのでおどろいた」

エ　「自分のすしをつくるのは簡単で楽しいと知っていたのでうれしい」

問2　「手巻きずしをつくるときは、私たちは_____」

下線部(2)は「そのとおりです」という意味。これは、直前のキャシーの問いに対する応答なので、キャシーの問いの意味（自分のすしをつくるために自分の大好きな材料を選んでいい、という意味ですか）がわかれば答えはでる。

ア　「それをつくるやり方（＝そのつくり方）を示さなくてはならない」

イ　「自分の好きな材料を選ぶことができる」

ウ　「どんな材料も切る必要はない」

エ　「皿からどんな材料も取ってはいけない」

問3　下線部(3)が、直前のナカノ夫人のことば（彼女にそのやり方〔手巻きずしのつくり方〕を見せてあげてはどうですか、サトル）を受けてのものだということに注目する。下線部(3)の will you …? は依頼（そうしてくれませんか）の意味。

したがって、「キャシーはサトルから手巻きずしのつくり方を習いたいと思っている」とする。how to ～（～のし方）の形を使う。

問4　「_____、自分のすしを巻くのはむずかしくなる」

下線部(4)は「そんなことをすると、すしをつくるのがむずかしくなる」という意味。これは、「のりの上にあまりたくさんごはんをのせないで」に続くことば。「そんなこと (that)」が「ごはんをたくさんのせること」だとわかれば答えはでる。

ア　「のりの上にごはんをたくさんのせすぎると」

イ　「家で手巻きずしの用意をするときは」

ウ　「家ですてきなパーティーをしようとするときは」

エ　「刺身と野菜を取ると」

問5　housewarming ということばは、もともと本文 32 のサトルの質問（オーストラリ

ア では家でよくパーティーを開くのですか）に対する応答の中で出てきたことに注意しよう。つまり、housewarming もパーティーの 1 つだということ。

したがって、「ハウスウォーミングとは、オーストラリアの人々が、新しい家に引っ越したときに友人や近隣の人たちのために開くパーティーである」とする。

問6 「_____ あとで、私たちはおたがいをよりよく知るのだと思う」

下線部(6)は「いっしょに食事をすることは、おたがいをよりよく知るためのとてもよい方法だと思う」という意味。これに合うように空所に入る語句を選ぶ。

ア 「新しい家に引っ越した」　イ 「いっしょに食事をした」

ウ 「手巻きずしをつくった」　エ 「オーストラリアから何人かの生徒を招待した」

問7 本文を適切に反映するように、文中に適語を選ぶ問題。空所①については、この手巻きずしパーティーが〈どこで〉〈どんなメンバーで〉行われているかが頭に入っていれば、すぐに答えはわかる。空所②については、直前の文（Do you want to know 〜?）のほかに、本文 17 〜 18 の why don't you show her the way to do it, Satoru? などもヒントになる。こんどはキャシーが友人にそのつくり方を見せてあげる、という流れにする。

［メール文の日本語訳］　きょう、私は私の日本語の先生の家で開かれたパーティーに招待されました。私は先生の家族といっしょにとても楽しいときをすごしました。

　パーティーで、私たちはすしをつくりました。それは手巻きずしといいます。とてもおいしかったです。それに、家ですしをつくるのはおもしろかったです。どうやってつくったか、知りたいですか。いつかあなたに（どうやってつくったか）見せてあげます。これは私がつくった手巻きずしの写真です。近いうちにまたメールします。さようなら。

表 現

5　Wow, so many kinds of 〜! : 動詞がなく、文の形になっていない。強い感情を表している。「わー、なんてたくさんの種類の〜（があるのかしら）！」

8　I will? : will のあとに make my own *sushi* が省略されている。「私が（自分のすしをつくるの）ですか」

11　only have to 〜 : 「〜しさえすればよい」の意味の熟語。

15〜16　Do you mean 〜? : 「〜という意味ですか」

20　a piece of *nori* : 「1 枚ののり」

27　Try it. : ここは「それを（試しに）食べてごらん」くらいの意味。

28　I've never had such nice *sushi*. : 「私はこんなおいしいすしを食べたことはない」

29〜30　make my own : own は名詞的に「自分自身のもの」の意味を表すことがある。この my own は my own *sushi* のこと。「自分自身のすしをつくる」

☞ 日本語訳は246〜247ページを参照。

付 録

日本語訳

- 本書の Part2 の 2 と 3 は、必ずしもすべての英文を日本語に訳しながら読む必要はありません。むしろ、あまり訳すことにとらわれず、英語で理解できるところは英語のままで読み進んでいく（＝速読する）ほうが望ましいともいえます。

- 解釈のむずかしい語句や重要語句については、解説があるので、そこを参考にしながら読んでください。どうしても意味がよくわからず、日本語訳を知りたい、という場合のために、ここに全訳を収録しておきます。必要に応じてご利用ください。

PART 2

2 さまざまな問題を解く

3 中学長文読解の完成！

2 さまざまな問題を解く

1 内容一致文問題（1）

146〜149 ページ

ナオトは中学生になると、テニスのチームに入りました。彼の父親が言いました。「おまえがテニスを始めると聞いてうれしいよ。すぐにいっしょにテニスができるようになるといいね。ところで、私はテニス・ラケットを2本もっている。数か月間、おまえが1本使ってもいいよ」「ありがとう、お父さん」とナオトは答えました。「でも、自分自身のシューズは必要だね。今度の週末に買いに行こう」と父親が言いました。

土曜日になりました。よく晴れた日でした。ナオトと父親はテニス・ショップへ行きました。そこには、たくさんの種類のテニス・ラケットとシューズがありました。すぐにナオトは1足のシューズを見つけ、はいてみました。「このブランドはぼくの大好きなブランドなんだ。これがほしいな、お父さん」 父親が言いました。「待ちなさい、ナオト。ほかのシューズもはいてみたほうがいいよ」「どうして？ 多くの人々がこのブランドのシューズを買うよ」「多くの人々が買うものがいつもおまえにとっていいものだと言えるかい？ 私はそうは思わないな。ほかのシューズもはいてみてごらん」と父親が言いました。ナオトはそのようにしました。彼は、もっとよい1足のシューズを見つけておどろきました。「お父さん、お父さんは正しいよ。これにする」それは有名なブランドのシューズではありませんでした。

買い物をしたあと、ナオトは父親に言いました。「人気のあるものがいつも最もよいものだと思っていたよ。だけど、ぼ

くはまちがっていたよ」 父親は答えました。「そうだね。私たちのまわりにはたくさんのものがある。その中から何かを選ぶとき、『人気がある』と『有名な』は使うべき最も適切なことばではない (=『人気がある』や『有名な』ということばを使うのはあまり適切ではない)。おまえは、自分自身の目でそれらを見て、自分の手でさわり、おまえにとって本当に大切なものは何かを考えるべきなんだ。このことをおまえに学んでほしい」「そうするよ」とナオトは言いました。それから彼はほほえみながら父親を見ました。「ところで、お父さん、おなかすいていない？もう少しで12時だけど。人気のあるレストランを知っているんだ。(でも) 本当においしいのかな？ それを自分自身の口で知りたい (=確かめたい) と思うんだ。いい？」

2 内容一致文問題（2）

150〜153 ページ

ナミは中学生で、3年間 (＝3年前から) 沖縄に住んでいます。ナミが12歳のとき、彼女の家族は父親の仕事のために (＝の都合で) 沖縄に引っ越してきました。ナミは、両親、兄、2人の姉妹、祖父といっしょに暮らしています。彼女は家族のことが大好きです。

6月7日の誕生日に、ナミの祖父はナミにコンピュータをあげました。ナミは、

インターネットとEメールに興味があったのでとてもうれしく思いました。彼女には、ケニーというアメリカ人の友だちがいます。彼はニューヨークに住んでいます。いま、ナミは彼にEメールを送ることができます。

誕生日から2か月後、ナミはケニーからEメールを受け取りました。（その中で）彼はナミに、沖縄は美しい海で有名なのだからダイビングをしに行くべきだと言って（＝書いて）いました。ナミの兄のツヨシは大学生で、夏の間は毎週末ダイビングをしに行きます。ナミはツヨシにダイビングに連れて行ってほしいとたのみました。ある晴れた日曜日に、彼らは、ダイビングをするのに最も適した場所の1つである真栄田岬に行きました。彼女は、美しい色をした多くの魚を見て、海の下の別世界を楽しみました。それはとてもワクワクドキドキでおもしろかったので、ナミは沖縄に住んでいて本当に幸運だと感じました。

ナミは帰宅したあと、インターネットで調べて、多くの人々が沖縄の美しい海を守ることにとても熱心に取り組んでいることを知りました。インターネットはまた、私たちが沖縄から世界の多くの人々に向けてメッセージを送ることがとても大切だということを、彼女に教えました。ナミはいま、沖縄の海のためにほかに何ができるかについて考えています。

3 空所補充問題（1）

154～157ページ

8月5日　晴れ

（きょうは）アメリカ人の家庭でのホームステイ初日だ。ぼくはこの家族の1人ボブと友だちになった。きょうは、すばらしい体験をいくつかした。

けさ、ボブがぼくを教会に連れて行ってくれた。（そこで）ぼくたちはまったく目の見えない人たちと会った。ボブは彼らに、きょうの新聞を読んであげた。彼は、彼らの目の役割をはたしたのだ。しばらくして、ぼくは彼に、「なぜあの人たちを助けてあげるんだい？」とたずねた。彼は、「そうだね、だれも1人では生きられないからさ。ぼくたちはみんないっしょに生きているんだ。だから、ぼくたちがおたがいに助け合うことは大切なんだ」と答えた。ぼくは彼のことばに感動した。

昼食のあとで、ボブはぼくを連れて、友人のペドロに会いに行った。ペドロはメキシコの出身だ。彼らは同じクラスだ。ボブは学校でスペイン語を習っているが、じょうずではない。ペドロはアメリカに数か月間住んでいるが、彼の英語は十分ではない。それで、彼らはいいことを思いついた。2人が（おたがいに）話すとき、ボブはスペイン語で、ペドロは英語で話すようにしなければならないのだ。

彼らが話しているあいだ、ぼくはペドロの言うことを理解しようとした。でも、何を言っているのかわからなかった。それでボブに、「きみにはペドロの英語がわかるのかい？」とたずねた。ボブは、「うん、とてもよくわかる」と答えた。ペドロはぼくよりじょうずに英語を話せるんだ、と思った。ペドロのようにじょうずに英語を話せる人になる（＝じょうずに英語を話せるようになる）ために、ぼく

はもっと一生懸命練習しないといけない。

夕方、夕食後にボブと釣りに出かけた。2、3時間しても、まだ明るかったので、ボブに、「8時すぎなのに、なぜ暗くならないんだい？」とたずねた。するとボブは、「夏は昼間が長いんだよ。日中の時間（＝日のさす時間）をむだづかいしないようにするために、ぼくたちは時計を1時間進めておくんだよ」と答えた。ぼくは、9時ごろまでは外にいられるな〔外にいていいんだ〕と思った。

（きょうは）楽しい時をすごした。明日は何を発見できる（＝どんな発見をすることができる）のだろうか。

4 空所補充問題（2）

158～161 ページ

貴子：亜紀、携帯電話を使っているあの男の子を知ってる？

亜紀：うん。彼と私は、去年同じクラスだったもの。

貴子：ほんと？ 私はこれまで一度も彼には会ったことがないわ。ところで、彼は電車の中で携帯電話を使うべきじゃないわよね。腹がたつわ。彼に何か言おうと思うの。

亜紀：何と言うつもり？

貴子：「やめなさい！ ここでは携帯電話を使わないで！」って言うつもりよ。

亜紀：まあ、だめよ！ それはよくないわ。

貴子：でも、彼はマナーがとても悪いわ。携帯電話を使うことはまわりの人々に迷惑をかけるのよ。私は彼に携帯電話を使うのをやめさせたいわ。

亜紀：あなたが彼に携帯電話を使うのをやめさせたいのはわかるわ。だけど待って、貴子。それを言う別の言い方があるわ（＝ほかに言い方があるわ）。

貴子：別の言い方？ たとえば？

亜紀：こんなふうに言ったらどうかしら？「あなたがいま話したいのはわかるわ。でも、電車を降りたあとで携帯電話を使うようにしてもらえませんか」って。

貴子：それはいいわね。私は彼に彼のマナーの悪さについて言わなきゃってことしか考えていなかったの。言い方については考えなかったわ。私の言い方で言ったら彼を怒らせると思う？

亜紀：うん、そう思う。あなたはいつも自分の考えを話す（＝自分の思ったことを言う）わ。それはあなたの長所よ。だけど、ときにはあなたにとって問題でもあるわ。母がよく言うの。「きょう考えてあす話しなさい」って。

貴子：それは何を意味しているの？（＝それはどういう意味？）

亜紀：話す前によく考えなければならないっていう意味よ。そうすれば、他人といい関係を保つことができるのよ。

貴子：わかったわ。ときどき私は、他人がどう感じるかを考えないことがあるの。それは私の短所ね。それじゃあ、あなたの言い方で彼に言うわ。

亜紀：まあ、私の言うことをわかってもらえたのね。うれしいわ。

5 内容説明問題

162〜165 ページ

ブラウン先生：みなさんはどこへホームステイしに行きたいですか。

ヨーコ：私にはイギリスに住んでいる友人がいます。私たちは1年間（＝1年前から）手紙をやりとりしています。だから彼女の家にホームステイしたいと思います。

アキラ：そうなの？ ぼくもイギリスを訪れたいと思っている。ぼくはサッカーに興味があって、大好きな選手がイギリスに住んでいるんだ。

ルミ：イギリスはいいわね。だけど、私はシンガポールでホームステイしたいわ。シンガポールはとても美しくて興味深い国だと思う。

アキラ：シンガポールにはいくつかの異なった民族が住んでいるそうだけど。彼らは英語を話すの？

ルミ：ええ、もちろんよ。英語は彼らの共通語なの。

ジュンコ：バングラデシュへの学習ツアーがあるそうね。私はそのツアーに参加して農場に泊まりたいわ。牛の乳をしぼったり、ポンプで井戸から水をくんだりするのっておもしろいだろうな。

ケン：それはよさそうだね！ ぼくがこの前の冬に家族とカナダへ行ったときは、ホテルに泊まったんだ。ぼくはもう一度そこへ（＝カナダへ）行きたいと思っているけど、今度はだれかの家にホームステイしたいな。そうすれば、カナダ人の（私たちとは）異

なる暮らし方についてたくさん学ぶことができる。ぼくの英語も上達するしね。

ヒロシ：そのとおりだね。去年、ニューヨークから来た生徒がぼくの家に1か月ホームステイしたんだ。彼は日本の文化にとても興味をもつようになって、日本の生活についてたくさん学んだ。彼の日本語も、毎日どんどん上達していったよ。

ブラウン先生：あなたはどうなの、コージ？

コージ：そうですね、ぼくはアメリカに行きたいと思っています。だけど、外国へは一度も行ったことがないので、アメリカの家には日本人の友人といっしょにホームステイしたいと思っています。

ヨーコ：それはいい考えではないわ。日本人の友人とホームステイしなければ、あなたは英語をたくさん話さなければならなくなる。それに友人の助けを借りずに、すべてを（自分で）考えて決めなければならない。そうしたほうがあなたにとってはいいのよ。

コージ：なるほどね。

ブラウン先生：みなさんの考えを楽しく聞かせてもらいました。外国へ行ってホームステイをすると、そこに住んでいる人々も、みなさんから日本について知りたい（＝教えてもらいたい）と思うものです。外国へ行く前に、自分の国と自分の国の文化について勉強するように心がけてください。

6 要約文完成問題

166〜169 ページ

私たちは日本で外国語を学ぶという問

題について興味深い討論をしました。ル
ミとタカシとマサコの3人の生徒がその
ことについて意見を述べました。それら
はとてもいい意見でした。これらが（＝
以下が）彼らの意見です。

ルミ：英語は私たちが勉強すべき外国語
　　　です。3つの理由があります。第一
　　　に、現在多くの日本人が他の国々へ
　　　行きます。そして多くの外国の人々
　　　が日本に来ます。私たちが外国の
　　　人々と意思を伝達し合うためには英
　　　語が必要です。第二に、世界の言語
　　　の中でも、英語はインターネット上
　　　でたくさん使われていると思います。
　　　最後に、私たちは英語を勉強するこ
　　　とで英語の歌や映画をもっと楽しむ
　　　ことができるようになります。私たち
　　　は英語を勉強するべきだと思います。

タカシ：私は外国語を学ぶ必要はないと
　　　思います。多くの人が外国語を学ぶ
　　　ことは大切だと言いますが、私は賛
　　　成ではありません。私たちは外国語
　　　を毎日使うわけではありません。た
　　　とえば、私たちは日本語で外国の映
　　　画を見て楽しむことができます。ま
　　　た、私の町では外国の人々と話す機
　　　会は多くありません。日本語〔国語〕
　　　を学ぶことが私たちにはもっと重要
　　　だと思います。

マサコ：英語を勉強することは大切だと
　　　いうことはわかりますが、英語は勉
　　　強すべき唯一の外国語ではありませ
　　　ん。昨年、私のおばがメキシコへ行
　　　きました。彼女は言いました。「メキ
　　　シコでは一部の人々と英語で意思を
　　　伝達し合うことができなかったわ。
　　　そこではスペイン語が話されている

の」と。彼女は日本に帰国したあと、
スペイン語の勉強を始めました。私
たちは英語と（そのほかに）もうひとつ
の外国語を勉強すべきだと思います。

　彼らが話したあと、私たちは授業でこ
れらの意見について討論しました。討論
の前には、私はこの問題に対する1つ
の明確な解答があると考えていました。
きょうの授業で私は、だれもが自分の意
見をもっているのだということを学びま
した。私は、個々の意見は正しく、討論
によって私たち自身の意見を交換するこ
とがとても重要だと思いました。異なっ
た意見は、私が新しい考え方を見つける
のを助けてくれました。私は次の討論で
は自分自身の意見を述べたいと思ってい
ます。

7 英作文問題（1）

170〜173 ページ

　ある金曜日の朝、コージが学校へ行く
ときに（＝行く途中）、彼の同級生のマリ
コが彼に話しかけました。「あすは何か予
定がある？ 私は公園のリサイクル・マー
ケットに行くつもりなの。（私と）いっ
しょに行かない？」彼は「リサイクル・
マーケット？ それは何？」とたずねまし
た。彼女は答えました。「人々が使わな
い物を持ってきて、そこで売るの。そこ
で売られているもののほとんどは中古品
なの。だからとても安いのよ。運がよけ
れば、真新しくてすてきなものを見つけ

ることができるわ」コージは言いました。「それはおもしろそうだね。わかった。きみといっしょに行くよ」

　翌朝、マリコとコージがリサイクル・マーケットにやってきたときには、そこにはすでに何百もの人々がいました。彼らはリサイクル・マーケットの中を歩きまわりました。本当に安くてすてきなものがたくさんありました。彼は彼女に「いまぼくは1つのことを学んだよ、マリコ」と言いました。「（それは）何？」とマリコはたずねました。彼は言いました。「私たちは物を簡単に捨てるべきではない（ということさ）」

　彼らがしばらくの間歩いたあと、コージが大きな声で言いました。「ねえ！　あの自転車を見て！　ぼくは長い間あんな自転車がほしかったんだ！」そして彼らはその露店のところへ走っていきました。その自転車を売っている男の人は外国人のように見えたので（＝のようだったので）、コージは英語で話しかけました。「すみません。この自転車はいくらですか」その男の人が言いました。「2千円です」コージが言いました。「わあ、とても安い！　それにそんなに古くも見えないよ！　どうしてこんなすてきな自転車を売っているのですか（＝売ってしまうのですか）」その男の人は答えました。「私は来月アメリカに帰らなければならないので、大きな持ち物を全部売りたいのです」「なるほど、わかりました。その自転車はどれくらいもっていたのですか（＝

買ってからどのくらい経つのですか）」とコージがたずねました。その男の人が言いました。「3年間くらいです。でも心配しないで。買ったときから注意深く（＝ていねいに）使っているので、まだ問題なく動きますよ」「わかりました。オーケーです。買うことにします」とコージが言いました。「ありがとう。あなたがそれをていねいに使ってくれるといいなあと思います。私はまだその自転車が大好きなので」とその男の人が言いました。「わかりました。そうします」とコージはほほえみながら言いました。

　そのあと、コージとマリコはその男の人と話をしました。それからコージはその男の人に「（いつかまた日本にもどってきてくれることを願っています）」と言いました。そしてコージとマリコはいっしょに家へ帰りました。その日はコージにとって本当にいい日になりました。すてきな自転車を手に入れた上に、楽しい思い出をつくることができたからです。

8　英作文問題（2）

174〜177 ページ

　アキラとサオリは、学校で英語の先生のスミス先生と話しています。

サオリ：次の日曜日に、私たちは私の家の近くの公園で子どもたちのためにフェスティバルを開きます。姉〔妹〕と私はそこで、子どもたちといっしょにお手玉をするつもりです。

スミス先生：お手玉とは何ですか。

サオリ：伝統的な日本の遊びです。布の小さな袋を投げ上げては受け取ります。その袋の中にはたくさんのあずきが入っています。いま姉〔妹〕と私は、フェスティバルのためにたくさんの袋を作っています。母が私たちに袋の作り方を教えてくれました。

スミス先生：なるほど。あなたたちは、いくつ袋を作らなければならないのですか。

サオリ：およそ30です。先生のお子さんたちにいくつか袋を作りましょうか。

スミス先生：ええ、お願いします。子どもたちはとても喜ぶでしょう。

アキラ：スミス先生、このおもちゃはけん玉と呼ばれています。祖父は子どものころ、よくけん玉で遊びました。この前の夏に、祖父が私にこのけん玉をくれました。これは私の宝物の1つです。

スミス先生：私はこれまでにそれを見たことがありません。けん玉はどうやって遊ぶのですか。

アキラ：先生にいくつか技をお見せします。これを見てください。

スミス先生：わあ、とてもじょうずですね！

サオリ：私たちはフェスティバルでけん玉コンテストを行いますが、アキラはそれに参加する予定なんです。

アキラ：ぼくは1か月ほど前に祖父とそのことについて話しました。彼は私に一生懸命練習するように言いました。

スミス先生：いま（＝それを聞いて）私は、なぜあなたがそんなにじょうずにけん玉ができるのかがわかりました。やってみてもいいですか。

アキラ：いいですよ。はい、どうぞ。

スミス先生：ありがとう…。ああ、むず

かしいですね。

アキラ：最初はむずかしいですが、簡単な技はすぐに覚えることができますよ。

スミス先生：あなたと同じくらいじょうずにけん玉をやりたいですね。

サオリ：フェスティバルでは、伝統的な日本の遊びを楽しむことができます。お子さんたちといっしょにそこへ行かれてはいかがですか。

スミス先生：それはいいですね。では日曜日にまた会いましょう。

9　グラフを使った問題

178〜181 ページ

親愛なるボブ、

　お手紙をありがとう。水質汚染についてのきみのレポートはとてもおもしろかったです。ぼくも水質汚染の問題には興味があります。ぼくの町の小さな湖についてきみに話したいと思います。その湖の水は30年ほど前はとてもきれいでした。たくさんの魚がいて、子どもたちはその湖で泳ぐことができました。だけど、湖が汚染されたため、20年ほど前に、人々はそこで泳ぐのをやめました。

　いまもまだ湖は汚染されています。ぼくは湖をふたたびきれいにしたいと思っています。だけど、どうやって（きれいにすればいいのでしょう）？　ある日、ぼくは市立図書館へ行って、2つのグラフを見つけました。グラフＡを見てください。水質汚染の程度を測るためには"ＣＯＤ"（化学的酸素要求量）を使います。大きなＣＯＤ（＝ＣＯＤの値が大きい場合）は、水がひどく汚染されていることを意味します。小さなＣＯＤ（＝ＣＯＤの値が小さい場合）は、水がそれほど汚染されていないことを意味します。グラフＡは、ぼくたちの町の湖には3つの水

質汚染の原因があることを示しています。それは、家庭の廃棄物、自然の廃棄物、そして産業廃棄物です。このグラフからぼくは、3つの中で、家庭の廃棄物が湖の水質汚染全体に最も大きな影響をおよぼしていることを知りました。

　次にぼくは、5つの異なる廃棄物、マヨネーズ、牛乳、シャンプー、しょう油、使用済みの料理用の油について話したいと思います。それらは、毎日家庭で使われて流されています。それで、ぼくはそれらについて調べてみました。グラフBを見てください。それは廃棄物をきれいにするのには大量の水が必要だということを示しています。20ミリリットルの牛乳は、魚が住めるくらいにきれいにするためには浴槽1個分の水が必要です。それは300リットルの水です。大量の水だと思います！ 20ミリリットルのしょう油には浴槽3個分の水が必要です。マヨネーズはシャンプー以上の水を必要とし、使用済みの料理用の油はすべてのうちで最も大量の水を必要とします。さて、水質汚染を減らすためにぼくたちは家庭で何をすることができるでしょうか。それはそんなにむずかしいことではありません。たとえば、ぼくたちは自分の食べ物をすべて（＝残さずに）食べるべきです。ぼくたちは、使用済みの料理用の油を流すべきではありませんし、シャンプーを使いすぎないようにすべきです。ぼくは、水質汚染の減らし方についてレ

ポートを書き、そのことについて学校の友だちに知らせることに決めました。いつか湖で楽しく泳げるようになれればいいなあと思っています。あなたはどう思いますか。

　　　　　あなたの友だち、雅夫

10　さまざまな問題

182〜185 ページ

　江戸時代の末期（＝幕末）の1860年2月10日に、1そうの船が太平洋を横断するために日本を出発しました。それは、幕府によってアメリカへ派遣された日本の船でした。長くて困難な航海をするにしては、大きな船ではありませんでしたが、乗船している人々はこの偉大な仕事を首尾よくやりとげたいと思っていました。彼らは、この航海は日本の将来にとって重要であると考えていたのです。彼らのうちの何人かはまた、自分自身の目でアメリカを見たいとも思っていました。

　この航海以前の1853年に、黒船が日本にやってきました。それらの船は、日本が世界に対してその扉を開けることを望みました。当時、多くの人々はその船を恐れましたが、なかには日本は世界についてもっと学ぶべきだと考える人々もいました。

　その日本の船には、11人のアメリカ人も乗っていました。彼らは、海上での

経験（＝航海の経験）が豊富で、すぐれた船乗りでした。だが、日本人はアメリカ人の船乗りに船にいてほしくはなかったのです。彼らは「私たちは彼ら（＝アメリカ人）の助けなしで太平洋を横断することができる！」と言いました。

太平洋の航海は簡単ではありませんでした。船はしばしば嵐の中へと入っていきました。日本人は船をうまく操縦することができませんでした。彼らは十分な経験がなく、彼らの多くは悪天候が原因で気分が悪くなりました。

ある日、とても大きな嵐がやってきました。日本人は船を操縦することができませんでした。そのため、アメリカ人の船乗りが船の操縦を始めました。何人かの日本人が彼らに加わりました。たいへんな努力によって、船は嵐から脱出しました。これ以降、日本人とアメリカ人はいっしょに働き始め、意思の疎通もよりうまくいくようになりました。アメリカ人は日本人に船の操縦のしかたを教えました。なかにはアメリカ人からアメリカについて学ぼうと努力する日本人もいました。のちには、日本人とアメリカ人は友人になりました。３月１７日、船上の人々はサンフランシスコの山々を目にしました。彼らはとてもうれしく思いました。

この船の名前は咸臨丸といいました。福沢諭吉やそのほかの（＝福沢諭吉をはじめとする）日本人の若者たちがその船に乗っていました。彼らはアメリカ滞在中に多くのことを学び、新しい考えを日本に持ち帰りました。のちに、明治時代になって、彼らは国のために一生懸命働きました。

3 中学長文読解の完成！

1 自己紹介〈授業〉

188〜191 ページ

こんにちは！ はじめまして。私の名前はワン・リーです。私はシンガポール出身です。

最初に、私の国のことをお話しします。シンガポールについて（何か）知っていますか。シンガポールはマレーシアの近くにあります。１つの大きな島とたくさんの小さな島からなります。シンガポールは一年中ずっと美しい木と花でいっぱいです。そのため、シンガポールは〈庭園都市〉あるいは〈清潔な緑の都市〉と呼ばれています。

シンガポールでは英語が共通語ですが、他のいくつかの言語も使われています。私たちの多くは２つの言語を話すことができます。たとえば、私は、両親がマレーシア出身なので、英語とマレー語を話します。みなさんはマレー語を聞いたことがありますか。１つの例は（＝１つ例をあげると）Selamat pagi. です。Selamat pagi. がどんな意味か知っていますか。これは、朝のあいさつとして、マレーシアの人々によって使われます。英語で Good morning. の意味です。

次に、家族についてお話しします。私の家は４人家族です。母と父、それに弟がいます。両親は料理がとてもじょうずで、私は２人がつくった食べ物〔料理〕が大好きです。弟は高校生です。彼はコン

239

ピュータを使うことに興味があります。

　最後に、自己紹介をします。私は、スポーツと読書と映画を見ることが好きです。いちばん好きなスポーツは水泳です。私の国では、友だちとよく泳ぎに行きました。この町ではどこで泳げばいいか、あとで教えていただけませんか。

　今回が初めての日本訪問です。私は5年間（＝5年前から）日本語を勉強しています。日本に来たことをうれしく思っています。いっしょに英語を勉強しましょう。私はみなさんに日本語と日本の文化について教えてほしいと思います。外国語を勉強することは、私たちが外国の文化と自分自身の国の文化を理解するのを助けてくれると思います。

2　職場体験〈日記〉

192〜195 ページ

　　　　　　　10月16日木曜日
　けさ、私は9時にアサガオ幼稚園へ友だちのトモコといっしょに行きました。私たちのクラスには18人の子ども（＝園児）がいました。園児の世話をするのはむずかしかったけれど、楽しかったです。園児はみんながかわいくて、トモコと私は、彼らと話をしたり歌ったりして楽しみました。園児もまた、大好きな歌を歌っているときにはうれしそうに見えました。

　午後、園児が私たちに私たちの顔をかいた絵をくれました。私は彼らに言いました。「すてきなプレゼントをありがとう。私たちはこの絵が気に入っています！　私たちはうれしいけれど、悲しいです。あすもみんなといっしょにいたいけれど、いられないのです。みんなにまた会えるといいなあと思っています」そして2時に、園児たちは友だちや先生や私

たちにさようならを言いました。

　家へ帰る途中、トモコと私は幼稚園での仕事について話しました。トモコが言いました。「私は幼稚園で働いて本当に楽しかったわ。子どもたちに本を読んであげているとき、子どもたちはほほえみながら私の話に耳を傾けていたわ。他人のために何かをするのってすてきなことだと思う。きょう私は大切なことを学んだわ」私は同意しました（＝私も同じだと言いました）。

　家で私は、幼稚園での経験について家族に話しました。私は子どもたちからもらった絵を家族に見せました。両親は幼稚園での私の仕事について知りたいと思い、仕事についてたくさん質問をしました。母は「あなたがとても楽しい時をすごしたことを知ってうれしいわ」と言いました。

　私は幼稚園での経験が自分を変えたと思います。人々はふつう自分自身を幸せにするために働く。それが仕事に対する私の（これまでの）考えでした。でも、いまは新しい考えをもっています。私たちはまた、他の人々を幸せにするためにも働くべきなのです。

　きょう、私は私の夢を見つけました。私は将来他の人々を助けるために働きたいと思っています。だけど、私に何ができるのでしょうか。私はたくさん勉強して答えを見つけるつもりです。私はいま未来への新しい旅を始めたばかりなのです。

3 国際交流〈スピーチ〉

196～199 ページ

こんにちは、みなさん。きょうは韓国にいる親友についてお話しします。私はこの前の夏、私の町の国際交流プログラムのメンバーとして韓国へ行きました。私は韓国人の家族のところにホームステイしました。その家族には男の子がいました。名前はチョルスといいます。チョルスは私と同い年です。私たちはたがいの言語のことばは（＝たがいに相手の言語のことばは）少ししか知らなかったので、英語を使いました。私たちの英語はそれほどうまくはありませんでしたが、身ぶりの助けを借りて意思の疎通をしようと一生懸命努力しました。私がチョルスの家族が言ったことばを理解できないときは、チョルスが英語で私に説明してくれました。

ホームステイ中のある日のこと、チョルスの父親が私たちをその町のいくつかの有名な場所へ車で連れて行ってくれました。そのあと、私たちはチョルスの学校を訪ねました。そこでは何人かの生徒がバスケットボールをしていました。チョルスは私を彼の友人たちに紹介してくれました。私は韓国語で彼らにあいさつしました。「私たちといっしょにやりませんか」と何人かの生徒が聞いてきました。「いいよ」と私は答えました。試合のあと、チョルスの父親が私たち全員の写真を撮ってくれました。私たちはいっしょに楽しい時間をすごしました。

最後の夜に、チョルスの家族が私のためにパーティーを開いてくれました。チョルスと彼の母親が伝統的な韓国料理をつくってくれました。チョルスの父親は、私が滞在している間に撮った写真を見せてくれました。私は彼らととても楽しい時間をすごしました。パーティーの

最後に私は、「ありがとう。私はホームステイをとても楽しみました。私はあす日本に帰りますが、（いつかまたここに来ます）」と言いました。パーティーのあと、私はチョルスと彼の部屋で真夜中まで話しました。私たちは、学校生活や大好きなものや夢など多くのことについて話しました。彼は「きみと連絡をとり続けたいな、拓也」と言いました。

チョルスと私はそのときからずっと（＝それ以来）親友です。私たちは、おたがいについてもっとよく知るために、よく英語でEメールを交換しています。そのため、私はいま、以前よりももっと一生懸命英語を勉強しています。外国の人々と意思の疎通をはかることはとても楽しいことだと思います。ありがとうございました。

4 夢〈手紙〉

200～203 ページ

9月5日

親愛なるジェーン先生、

そちらでの先生の生活はどうですか。私はよく先生のことを友だちと話します。私たちは先生の授業が好きでした。先生といっしょにたくさんの英語の歌を歌って楽しんだからです。授業中に、先生はよく私たちに「夢をもつことは大切です」と言いました。私もそう思います。

では私の夢についてお話しします。私は、宇宙でたくさんの実験をする科学者になりたいと思っています。実験によって宇宙について多くのことを学べば、私たちは（いまよりも）もっと長く宇宙に滞在することができます。私の実験が宇宙旅行を容易にすることができればいいなあと思います。そうなれば、私たちは家族や友だちと宇宙旅行を楽しむことがで

きます。私の実験が未来をよりよくすると考えるとわくわくします。

お時間があればお便りをください。

敬具
健太
9月20日

親愛なる健太、

お手紙をありがとう。あなたたちが私の授業を楽しんでくれたということを知ってうれしいです。私もまた、教えることが楽しかったし、あなたたちからたくさんのことを学びました。健太、あなたは大きな夢をもっていますね。夢のために勉強してください。私も宇宙へ行きたいと思います。

私は先月アメリカにもどってきました。そして、森林監視員になるために勉強を始めたところです。森林監視員は、森の世話をし、森を訪れる人々に森にすむ動物について教えます。この手紙に同封した写真を見てください。写真には美しい森があります（＝写っています）。私は7歳のときに、家族といっしょにこの森へキャンプをしに行きました。そしてそこで、私たちは森林監視員に会い、彼といっしょに美しい森の中を歩きました。彼は私たちに、木や鳥についてたくさんのことを教えてくれました。私たちは彼と楽しい時間をすごしました。そしてそのとき私は、「森林監視員になって美しい森の中で働きたい」と思いました。

英語の授業の中で私は、森林監視員に

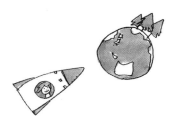

なるという私の夢について話し、あなたたちに「夢をもつことは大切です」と言いました。私は森林監視員として、若い人たちに森の楽しみ方を教えたいと思っています。そうすれば、彼らは未来のために自然を保護することがとても重要だということを学ぶでしょう。「未来をよりよくする」ためにいっしょに働きましょう。

敬具
ジェーン

5 科学〈記事〉

204〜207 ページ

あなたはクモが好きですか。ほとんどの人は、「いいえ」と答えるでしょう。突然クモが現れると、あなたは怖くなるかもしれません。あなたはクモを危険だと考え、クモから逃げたくなるかもしれません。でも、少し待ってください！クモはすばらしい生き物なのです。

ご存じの通り、クモは巣を作ります。クモの巣はクモの糸でできており、たくさんのものを捕まえられます。水滴で覆われたクモの巣を、あなたは今までに見たことがありますか。そうです、クモの糸は空気中の水分を捕まえることができます。科学者たちは、クモの糸の偉大な力について研究しています。彼らはそれが水に関する問題の解決策になると考えました。世界の一部の地域では、人々は十分な水を得ていません。もしクモの糸のような何かを作ることができたら、そのような場所に住んでいる人々の助けになることでしょう。

クモの糸はとても細いため、私たちはそれを弱いと考えます。しかし、それはとても強く、軽く、伸縮性があるため、私たちはそれを衣服に使いたくなります。けれども多くのクモの糸を集めることは

難しいです。そのため、科学者たちは人工のクモの糸を作る方法を見つけました。これを用いることにより、いくつかの会社は素敵な服を作っています。衣服はより強く、軽くなるのです。加えて人工のクモの糸は、地球と私たちの未来にとって良いものです。私たちは人工の繊維を作るために油を使わなければなりませんが、人工のクモの糸を作るには油に頼る必要がありません。もし私たちがそれを用いれば、油を溜めておくことができます。このように、クモから未来に生きる方法を学ぶことができます。

あなたはクモにすばらしい力があることを見つけましたね。いま、同じ質問をもう一度してもよいですか。あなたはクモが好きですか。

6 ホームステイ〈作文〉

208〜211 ページ

夏休みの間、私はアメリカ合衆国のブラウン家に3週間ホームステイしました。ブラウン夫妻と17歳の娘のジェーンは、とても親切な人々でした。彼らはサニーという犬を飼っていました。私が初めてサニーに会ったとき、彼はしっぽをふって私を歓迎してくれました。彼はとても人なつっこくて行儀がよかったです。私はすぐに彼のことが好きになりました。サニーはいつも家族といっしょにいました。彼らはよく、毎日の会話の中でサニーについて話しました。サニーが家族の大切な一員であることを理解するのは私には容易でした（＝サニーが家族の大切な一員であることは、私にもすぐにわかりました）。ジェーンがサニーの世話をし、私はよく彼女の手伝いをしました。

ある日、ジェーンが私に言いました。「（これから）サニーといっしょにボラン

ティアとして病院へ行きます。ときどき私たちは、いっしょに病院の人々を訪れるように頼まれるんです。きょう私たちは5歳の女の子と会うことになっています。いっしょに行きませんか」私は何が起こるのかわかりませんでしたが、彼女らといっしょに行きました。

私たちが病院へ着いたとき、看護師の1人が言いました。「サラは2週間前に大きな自動車事故にあいました。彼女はそのときからほかの人々に心を開こうとしません。彼女の両親でさえ彼女を元気づけることができませんでした」

私たちが歩いて部屋の中に入っていったとき、サラはベッドの中にいました。ジェーンと私は「こんにちは」と彼女に言いましたが、彼女は何も言いませんでした。私は少し心配になりました。ジェーンは彼女と話そうとしましたが、彼女は返事をしませんでした。

数分後、ジェーンがサニーを持ち上げたので、サラはサニーを見ることができるようになりました。それから、それが起こりました。彼女はサニーを見るとすぐに体を起こし、サニーをやさしくなで始めたのです。サニーはしっぽをふり、彼女の手に優しいキスをしました。彼のキスが彼女にほほえみをもたらしました。彼女は本当に笑っていて、サニーに話しかけ始めたのです！ 私たちはこれを見て本当におどろきました。（私たちが）部屋から出ると、ジェーンはサニーに「よく

やったわね。おまえのことをとても誇りに思うわ」と言いました。

　私は日本にもどってきてジェーンから手紙を受け取りました。手紙には「あなたが出発したあと、サニーと私はさらに2度サラを訪ねました。彼女はサニーと遊んで楽しみました。彼女は以前よりもずっと元気です。彼女はもうすぐ退院できます」と書かれていました。その女の子に何が起こったのか（＝その女の子がどうなったのか）は、私にははっきりはわかりません。だけど、サニーには人々を幸せにするすばらしい力があるのです。私は、サニーはサラの命を照らす日の光だと思います。

7　外国の文化〈対話〉

212～215 ページ

恵子：わあ！　この写真の中の白い花をつけた木は何ですか。

スミス先生：それはりんごの木です。私の母はニューヨークに住んでいます。彼女がこの写真を撮って送ってくれました。

恵子：これらの美しい花は私を幸せな気持ちにしてくれますよ、スミス先生。

スミス先生：それはよかったです。それは、私が小さな子どもだった頃から特別な木なのです。母とジョン・チャップマンについての本を読んでいたとき、私は母にそれを植えてほしいと頼みました。そして、私は長い間その木の世話をしました。

恵子：へえ、ジョン・チャップマンについて教えてください。

スミス先生：いいですよ。チャップマンは200年ほど前にアメリカを横断しました。彼はとてもたくさんのりんごの木を植えて、りんごの種を貧しい開拓者たちにあたえました。いまでは、私の国にはたくさんのりんごの木が育っています。

恵子：では、先生はジョン・チャップマンの生涯についての物語（＝伝記）が大好きで、りんごの木を植えたいと思ったのですね。

スミス先生：そのとおりです。彼は（いまでも）人気があり、ジョニー・アップルシードと呼ばれています。

恵子：それはすてきな名前ですね。

スミス先生：ええ、私もそう思います。それで、母と私はアーバー・デイ（植樹の日）にその木を植えました。それはアメリカでは樹木のための日で、多くの人々がその日に木を植えます。

恵子：へえ、私はそのことはいままで聞いたことがありませんでした。アーバー・デイはいつですか。

スミス先生：そうですね、ほら、アメリカは多くの州をもつ（＝多くの州か

らなる）とても大きな国ですよね。アラスカのような寒い州もあれば、ハワイのような暑い州もあります。だから、私たちは樹木にとっての最もよい日を考えなければなりません。

恵子：それぞれの州がアーバー・デイの日を選ぶことができるのですか。

スミス先生：そうです。そして、ニューヨーク州とその他の（＝ニューヨーク州を始めとする）多くの州では、それは4月の最後の金曜日です。もうすぐですね。

恵子：わかりました。日本ではみどりの日がもうすぐやってきます。だから、私も先生のように木を植えることにします。

8 ボランティア〈対話〉

216～219ページ

ジョージ：やあ、美香と智也。何してるの？

美香：こんにちは、ジョージ。私たち、大阪の町を流れる川をきれいに保つ活動について書いているの。英語の授業でこのことについて話すつもりなのよ。

ジョージ：ほんと？ そのことについて教えてくれない？

美香：いいわよ。その活動では、人々はボランティアとして働くの。川辺に落ちている缶やびんを拾ったり、そこで草を刈ったりするのよ。1週間前、私たちはボランティア活動をしている人々と話をするために、ある町を訪れたの。

智也：その町の活動はとてもおもしろいんだ。

ジョージ：どのようにおもしろいの？

智也：羊が川辺をきれいにするために

人々といっしょに働いているんだ。

ジョージ：羊？ わからないよ。それはどういうこと？

智也：あのね、羊が川辺にすんでいて、ボランティア活動をしている人々を「手伝う」んだよ。

ジョージ：どうやって羊は人々を手伝うの？

智也：それはいい質問だね！ 人々は缶やびんを拾い、羊は草を食べる。だから、人々と羊がいっしょに川辺を美しくしていると言えるんだ。

ジョージ：それはおもしろいね！ そこで何かいい話を聞いた？

智也：ああ、聞いたよ。川辺でボランティア活動をしている1人の女性がぼくに話してくれたんだ。「たくさんの子どもたちが羊を見るためにここへ来て、羊と友だちになるの。（そんなふうにして）たくさんの子どもたちがこの活動について知り、ボランティア活動として自分たちにできることを見つけてくれるといいなあ」と。

ジョージ：ぼくもそう思うよ。ほかに何か聞いたかい、美香？

美香：ええ。その女性といっしょに活動している男性が私に言ったの。「この活動はおよそ2年前にスタートした。それ以来、より多くの人々が川のために何かをするようになってきた。

たとえば、多くの人々が川辺を美しくするために、川辺の花を世話しているんだ」と。私は、この活動は本当にいいものだと思うわ。

ジョージ：美香と智也、きみたちはとてもいい話を聞いたね。ぼくも自分の国に帰ったら、自分の町の川のために何かしたいな。

智也：川をきれいに保つためにいっしょに活動するというのはいい考えだね。

9　環境〈対話〉

220〜223 ページ

エイミー：真紀、私は日本でプラスチック製の食品容器にあるこのマークを何度も見たことがあります。それは再利用についての何かですか。

真紀：はい、そうです。これは容器が再利用できることを意味します。缶やペットボトルにおいても似たようなマークを見ることができますよ。

エイミー：なるほど。アメリカのペットボトルにも同じようなものがあります。

真紀：この英語のポスターを見てください。これは私たちの市における再利用資源の収集に関する情報を私たちに示しています。私たちの市は再利用資源として多くのものを集めます。もちろん、ペットボトルも回収します。

エイミー：そうなのですね。私たちは毎日たくさんのものを捨てます。それらの多くは再利用ができますね。

真紀：その通りです。

エイミー：あなたの市では、異なる曜日に回収されるのですよね。

真紀：そうです。あなたの市はどうですか。

エイミー：ペットボトル、缶、新聞を同じ曜日に集めます。

真紀：まあ、本当ですか。再利用のために分別されるのですか。

エイミー：はい。全ての再利用資源は回収されたあと、リサイクル施設に運ばれます。その後、そこで分別されます。

真紀：ここ、私たちの市では、回収される前に自宅にて再利用のためにものを分別します。そして私たちが再利用資源を捨てる前にすべきことは他にもたくさんあります。

エイミー：それらは何ですか。

真紀：例えば、私たちがペットボトルを捨てる際、ボトルのふたやラベルを分別し、その後ボトルを洗わなければなりません。

エイミー：あら、私は家にたくさんペットボトルがあります。今日は火曜日です。明日の午前8時より前にそれらを捨てなければなりません。

10　日本の文化〈対話〉

224〜228 ページ

　オーストラリアから来た学生のキャシーは、東京で日本語を勉強しています。ナカノ先生は彼女の日本語の先生です。中学生のサトルは、ナカノ夫妻の息子です。いまキャシーは「手巻きずし」パーティーのために彼らの家にいます。

ナカノ夫人：さあ、夕食の準備ができましたよ。あなたはおすしが大好きだそうですね。

キャシー：わあ、なんてたくさんの種類の刺身と野菜があるのかしら！　おすしは大好きです。私のためにおすしをつくってくれるのですか、ナカノ先生？

ナカノ先生：ちがう、ちがう。きみが（自分で）自分のすしをつくるんだよ。

キャシー：私が？

ナカノ先生：そう。今夜はみんな、（自分で）自分のすしをつくるんだ。このタイプのすしは「手巻きずし」っていうんだ。手巻きずしは日本ではとても人気があるんだよ。手巻きずしを用意するときには、刺身や野菜といった材料を切って大きな皿にのせ、すし飯をつくりさえすればいいんだ（＝つくるだけでいいんだ）。

サトル：手巻きずしをつくるのは簡単で楽しいよ。

キャシー：わかりました。でも、私はこれまで一度もやったことがありません。自分のおすしをつくるために自分の好みの材料を選ぶことができるということですね？

ナカノ夫人：そのとおりよ。さあ、みんな、始めましょう。でも、最初に、手巻きずしのつくり方をキャシーに見せてあげたらどう、サトル？

キャシー：まあ、見せてくれる、サトル？

サトル：いいよ。まず、ごはんを１枚の海苔（のり）の上にのせる。皿から材料をとり、ごはんの上に置く。そして、こんなふうに円すい形に巻くんだ。

キャシー：ありがとう、サトル。やってみるわ。あれ、私にはそんなに簡単じゃないわ。

ナカノ夫人：海苔の上にそんなにたくさんのごはんをのせちゃ、だめよ。そんなことをすると、おすしをつくるのがむずかしくなるのよ。

キャシー：ああ、わかりました……。これでいいわ。見てください。私の初めての手巻きずしです！

ナカノ先生：とてもうまくできたね、キャシー！　食べてごらん。

キャシー：とてもおいしいわ！　こんなにおいしいおすし、食べたことがありません。家でおすしがつくれるなんて知らなかったわ。（でも）自分で自分のおすしをつくりなさいって言われたときにはおどろきました。私、オーストラリアの友だちに手巻きずしを紹介しようと思います。彼らはとても気に入ると思います。そうすれば、家ですてきなパーティーを開くことができるようになりますね。

サトル：オーストラリアでは家でよくパーティーを開くの？

キャシー：ええ。クリスマスパーティーでしょう、誕生日パーティーでしょう、ハウスウォーミングでしょう……。

サトル：「ハウスウォーミング」って何？

キャシー：ええとね、私たちは、新しい家に引っ越したとき、古い友人や隣人と新しい友人や隣人を招待するの。（そして）彼らを料理でもてなして、いっしょに楽しい時間をすごすの。これをハウスウォーミングって呼んでいるのよ。

サトル：そうなんだ。

キャシー：パーティーでは、食事をして、会話をして、いっしょに楽しい時間をすごすのよ。

サトル：いっしょに食事をするのは、おたがいをよりよく知るためのとてもいい方法だと思うね。

キャシー：私もそう思うわ。

本書では、実戦的な読解力を養うために、実際の入試問題を多数使用しています。英文や設問は、本書の意図に沿って多少アレンジしてある場合もあります。また、付属の音声は、さまざまな学習に活用できるよう、弊社で独自に収録したものです。この場を借りて、入試問題を制作された諸先生方に深く感謝いたします。

スーパーステップ **中学英語リーディング**

2021年2月　第1版第1刷発行
2024年3月　第1版第2刷発行

発行人　志村 直人
発行所　株式会社くもん出版

カバーイラスト	小幡彩貴
本文イラスト	大沢純子
装丁	佐々木一博（GLIP）
デザイン・DTP	佐々木一博（GLIP）
音声制作	一般財団法人 英語教育協議会（ELEC）
ナレーター	Jennifer Okano、Howard Colefield
協力	Rumiko Varnes、惣坊均、谷口岳男、宮本知子、株式会社キーステージ21

〒141-8488 東京都品川区東五反田 2-10-2
東五反田スクエア 11F
電話　編集直通 03（6836）0317
　　　営業直通 03（6836）0305
　　　代表　　 03（6836）0301
https://www.kumonshuppan.com/

印刷・製本　壮光舎印刷株式会社

公文式教室では、
随時入会を受けつけています。

KUMONは、一人ひとりの力に合わせた教材で、
日本を含めた世界60を超える国と地域に「学び」を届けています。
自学自習の学習法で「自分でできた!」の自信を育みます。

公文式独自の教材と、経験豊かな指導者の適切な指導で、
お子さまの学力・能力をさらに伸ばします。

お近くの教室や公文式
についてのお問い合わせは　**0120-372-100**
　　　　　　　　　　　　　　　　　ミン　ナ　ニ　　　ヒャクテン

受付時間 9:30～17:30　月～金(祝日除く)

教室に通えない場合、通信で学習することができます。

公文式通信学習　（ 検 索 ）

通信学習についての
詳細は　　**0120-393-373**

受付時間 10:00～17:00　月～金(水・祝日除く)

お近くの教室を検索できます　▶　くもんいくもん （ 検 索 ）

公文式教室の先生になることに
ついてのお問い合わせは　　0120-834-414

くもんの先生 （ 検 索 ）

　公文教育研究会

公文教育研究会ホームページアドレス
https://www.kumon.ne.jp/

●読解で重要な "形" の読み方

ing形	① 《be動詞 + ～ing》 ～している、～していた 〈進行形〉
	She **was crying**. 彼女は泣いていた。
	② ～すること 〈動名詞〉
	I like **playing** tennis. 私はテニスをすることが好きです。
	③ ～している ☐ 〈形容詞の働き〉
	The man **standing** over there is my uncle.
	あそこで立っている男の人は私のおじです。
過去分詞	① 《be動詞 + 過去分詞》 ～される、～された 〈受け身〉
	This picture **was painted** by Picasso.
	この絵はピカソによって描かれた。
	② 《have + 過去分詞》 ～したところだ、～してしまった 〈完了〉、
	（ずっと）～している 〈継続〉、～したことがある 〈経験〉
	He **has lived** in Kyoto for five years.
	彼は京都に5年間住んでいる。〈継続〉
	I **have visited** New York twice.
	私はニューヨークを2回訪れたことがある。〈経験〉
	I **have** already **eaten** my cake.
	私はもう自分のケーキを食べてしまった。〈完了〉
	③ ～された ☐ 、～してしまった ☐ 〈形容詞の働き〉
	He has a car **made** in Germany.
	彼はドイツでつくられた（＝ドイツ製の）車をもっている。
不定詞	① ～すること 〈名詞的用法〉
	I like **to travel**. 私は旅行をすることが好きです。
	② ～するための ☐ 、～すべき ☐ 〈形容詞的用法：名詞を後ろから修飾〉
	Give me something **to drink**. 何か飲むものをください。
	③ ～するために 〈副詞的用法／目的〉
	I came **to see** you. 私はあなたに会うために来た。
	④ ～して 〈副詞的用法／感情の原因〉
	He was glad **to know** that. 彼はそれを知って喜んだ。
前置詞＋名詞	① 〈副詞の働き〉
	She lives **in Osaka**. 彼女は大阪に住んでいる。
	② 〈形容詞の働き〉
	That girl **with long hair** is Mary.
	長い髪をしたあの女の子はメアリーです。